LE JUDAÏSME
Vécu et Mémoire

Albert Guigui
Grand Rabbin de Bruxelles

LE JUDAÏSME
Vécu et Mémoire

ÉDITIONS
Racine

49, rue du Châtelain · B-1050 Bruxelles
www.racine.be

D. 2004, 6852. 15
Dépôt légal : septembre 2004
ISBN 2-87386-347-1

Rica !
Tu es le soleil
de notre vie.

PRÉAMBULE

En 2003, la Communauté israélite de Bruxelles a célébré le 125e anniversaire de la construction de la Grande Synagogue. Cet anniversaire a été marqué par une série de manifestations parmi lesquelles nous pouvons citer :
– un office religieux au cours duquel le message des bâtisseurs a été rappelé, message basé sur la fidélité, l'ouverture et l'accueil ;
– une séance académique à l'hôtel de ville de Bruxelles, séance au cours de laquelle nous avons rendu hommage aux édiles de la Capitale pour leur aide et leur soutien constants ;
– un concert liturgique regroupant des *Hazanim*[1] de renommée internationale.
Un point commun ressort de toutes ces manifestations : la fidélité à notre tradition et l'ouverture vers le monde extérieur.

Par sa position géographique, sa liturgie, et ses traditions, notre Communauté se veut porteuse d'un message particulier, celui du peuple juif ouvert sur l'universel. C'est dans cet esprit d'ouverture vers l'autre et surtout afin de mieux faire connaître nos traditions et nos valeurs que M. Albert Guigui, grand rabbin de notre Communauté, a proposé d'insérer la publication du présent ouvrage *Le judaïsme. Vécu et mémoire* dans le cadre du prestigieux anniversaire de notre Synagogue. Nous l'en remercions très sincèrement.

Une grande partie de ces textes ont été prononcés pour la première fois sous forme de sermons les jours de *Chabbath* et lors des fêtes. Une autre partie a été publiée dans notre revue trimestrielle *Kehilatenou*.

---

1 Chantres.

Nous tenons à féliciter le Grand Rabbin Albert Guigui pour son initiative heureuse et formons le vœu que cet ouvrage puisse connaître le succès que nous lui souhaitons de tout cœur.

Raymond Cahen
Président de la Communauté israélite de Bruxelles

PRÉFACE

Mettons en préliminaire la conclusion que nous avons hâte de communiquer, car elle a valeur informative : dans cet ouvrage vit une sagesse juive qui nous rappelle que le juif est un homme comme les autres, sauf, comme le veut un pieux dicton, « qu'il est un peu plus comme les autres que ces autres ». Car ce livre nous démontre par ses réflexions propitiatoires sur les sciences et sur la temporalité rythmée, la continuelle insertion de l'homme juif dans l'histoire. Non pas comme l'affirment volontiers certains apologistes bien pensants qu'Israël est le centre du monde, mais tout simplement, à cause de l'étrange destinée de l'homme juif tant par rapport à lui-même que par rapport au monde ; destinée qui fait qu'il est au cœur de tous les problèmes. Si bien qu'un débat contemporain quelconque sur n'importe quel thème prend automatiquement l'allure inévitable d'un dialogue judéo-juif. La constatation s'en fait chaque jour et est particulièrement poignante à notre époque difficile.

De cet ouvrage se dégage en plus une réflexion désireuse d'établir un climat fraternel que l'on retrouve par ailleurs en tout lieu où le judaïsme existe et qui est la condition sine qua non de toute approche de l'autre. Il s'agit de faire tomber dans la vérité et dans le respect mutuel des consciences, les préjugés, les incompréhensions, les haines qui séparent les uns des autres. De plus, dans les textes réunis ici, ce qui frappe ce sont la droiture du propos, la sincérité, la profondeur de l'engagement et la volonté lucide de s'approcher d'une tradition juive, libérée de certaines alluvions qui l'ont parfois déparée au cours de tant de siècles.

Mais accoudée au sens de l'histoire ou plongée dans l'urgence journalière, on a longtemps tenu pour démodée cette méditation inactuelle sur l'existence du prochain. Le Grand Rabbin Albert Guigui nous invite ainsi à affronter l'obligation de la vraie confrontation avec l'autre ; car toute rencontre avec une personne autre est une expérience à visage et à texte découverts. Puisque, comme dit Levinas, « avant d'être regard, autrui est visage ».

Laissons rapidement de côté ces cotations pédantes de maître d'école concernant la qualité d'écriture, mais disons que complément à son action concrète sur le terrain de la pensée, ces pages composent, dans un style sobre qui est le sien, sans accent pathétique, une marquante et impressionnante illustration de la pensée juive dans sa grande diversité.

Merci à l'auteur qui illustre que la pensée d'Israël, elle, à cause de la substance religieuse qui n'a cessé de la nourrir et qui, acceptée ou rejetée, n'en préside pas moins à chacune de ses élaborations, même les plus abstraites, demeure inhérente à une finalité qui n'a guère dévié depuis ses origines : celle de la connaissance et du progrès, de la transcendance et de l'unité.

Nous devons lire et faire lire cet ouvrage. La jeune, généreuse et parfois insouciante génération juive doit s'imprégner de ces textes qui s'insurgent, en toute originalité, contre la banalisation et l'oubli de l'être juif. Car l'oubli, c'est l'abandon de notre identité, de cette part de notre âme éthique qui a toujours été la source de notre espérance millénaire. C'est sur et autour de cette vérité que résonne, soliloque et dialogue, avec les lecteurs du livre, un auteur qui me rappelle cette histoire que Joseph Caro relate dans son *Maguid Mesharim :* chaque nuit, son devin, la *Michna,* frappait à la porte de sa bouche et ainsi il se mettait à l'écoute d'une sorte de voix intérieure qui permit à la tradition de parler à travers lui. Cette voix, nous la retrouvons dans ces pages.

Professeur Julien Klener
Président du Consistoire central israélite de Belgique

AVANT-PROPOS

Il y a une vingtaine d'années, j'ai reçu dans mon bureau la visite d'un homme qui s'est présenté comme le chroniqueur religieux de *La Libre Belgique*: le père Fabien Deleclos. C'était un homme affable, très attentif mais surtout soucieux de promouvoir la connaissance du judaïsme et de ses valeurs aux lecteurs de *La Libre Belgique*. Il voulait jeter un pont entre les différentes communautés religieuses et renforcer, par ce biais, les relations entre juifs et chrétiens. Il cherchait, me disait-il, à briser les murs de l'ignorance et de l'incompréhension.

En effet, pendant deux millénaires, le judaïsme a été victime de préjugés. La religion juive, mère du catholicisme, du protestantisme, de toutes les religions chrétiennes et, bien entendu, de l'islam, devrait être, pour cette raison, la religion la mieux connue de toutes. Pourtant, il faut constater qu'il en est tout autrement. C'est pourquoi le père Fabien Deleclos voulait rompre le cou aux préjugés pour faire acte de justice.

Le judaïsme. Vécu et mémoire est le fruit de ces rencontres passionnées et passionnantes avec cet homme d'ouverture, rencontres qui ont pris, avec le temps, la forme d'articles qui puisent leur source dans la tradition juive tout en s'ouvrant sur le monde pour embrasser souvent l'actualité. Aussi, durant des années, le père Fabien Deleclos décida de publier régulièrement dans les colonnes de *La Libre Belgique* des articles sur les fêtes juives, les étapes de la vie, les questions d'éthique médicale vues à travers le judaïsme.

L'objectif visé par nous était simple: informer le grand public et expliquer clairement le sens de l'événement en actualisant le message biblique tel qu'il est vécu au quotidien à travers les principales fêtes de notre calendrier et les principales étapes de la vie juive. Le *Chabbath*, les fêtes, tout en puisant leur essence dans un passé lointain, nous parlent, nous saisissent, nous mettent en cause au moment où nous les évoquons. La parole divine transcende le temps et l'espace pour arriver jusqu'à nous. Elle épouse notre quotidien et apporte une réponse sereine à notre âme angoissée.

Le judaïsme. Vécu et mémoire est aussi le résultat de travaux et de recherches menés dans le domaine de l'éthique médicale au niveau du Conseil de l'Europe. En effet, conscient de l'importance des problèmes d'éthique médicale, le Réseau européen de Coopération scientifique « Médecine et droits de l'homme » de la Fédération européenne des réseaux scientifiques (FER) a publié ces dernières années une série d'ouvrages collectifs auxquels nous avons apporté notre contribution[1].

Nous avons ainsi jugé bon d'insérer dans cet ouvrage un choix assez large de questions éthiques qui ont dominé l'actualité de ces dernières décennies. Ce qui est marquant, c'est qu'un grand nombre de principes éthiques, communément admis, sont acceptés par la tradition juive. Néanmoins, malgré cette similitude, nous retrouvons certaines prises de position particulières au judaïsme. Parmi celles-ci, nous pouvons citer notamment : la primauté de la vie sur tout autre principe religieux, le rôle déterminant du médecin et l'importance des décisions prises par lui, le respect du malade et de sa dignité, la transgression éventuelle du secret médical lorsque l'intérêt particulier du patient se trouve confronté à l'intérêt général. Ce qu'il importe également de souligner, c'est la richesse des avis face à une situation donnée. Les réponses ne sont pas toujours évidentes et il existe, assez souvent,

---

1 *Le médecin face aux droits de l'homme*, Éd. Conseil de l'Europe, CEDAM, Padoue 1990 ; *La santé face aux droits de l'homme, à l'éthique et aux morales*, Éd. Conseil de l'Europe, Strasbourg, 1996. Cet ouvrage contient 120 cas pratiques examinés sous l'angle des normes juridiques, des repères éthiques internationaux et européens, des morales catholique, protestante, juive, musulmane, bouddhiste et agnostique. Orienté vers la réflexion, la pédagogie et l'action, cet ouvrage interdisciplinaire s'adresse à tous les acteurs de la santé, membres de comités d'éthique, responsables d'associations, juristes, philosophes, théologiens, sociologues et patients ; *Éthique et médecine des catastrophes*, Éd. Conseil de l'Europe, Strasbourg, 2002. Face à des situations de catastrophes (tremblements de terre, explosions, irradiations, attentats, etc.) caractérisées par l'inadéquation des moyens avec les besoins, les médecins se trouvent confrontés à d'importants problèmes humains et éthiques, liés aux circonstances dramatiques d'urgence et de nécessité. Cet ouvrage interdisciplinaire décrit les réponses du droit international, de l'éthique et des morales religieuses et agnostiques aux questions relatives aux situations de catastrophes ; *Les transplantations*, Éd. Conseil de l'Europe, Strasbourg, mars 2003 ; *L'euthanasie : aspects éthiques et humains*, Éd. Conseil de l'Europe, Strasbourg, septembre 2003.

des interprétations discordantes. Cela entraîne parfois des divergences entre les décisionnaires. Il est donc important de rester prudent et modeste dans les jugements que l'on porte, surtout lorsqu'on parle de situation a posteriori.

Enfin, nous avons inséré dans *Le judaïsme. Vécu et mémoire* certaines conférences ou études qui ont été prononcées ou écrites lors de colloques universitaires ou qui ont paru dans des ouvrages. Ces textes abordent les problèmes de société auxquels nous sommes confrontés, tels que la protection de l'environnement, la vieillesse : couronne de roses ou coronne d'épines ?, le dialogue interreligieux entre défis et réalités, etc.

Ainsi, notre ouvrage se veut pluriel, de par la diversité des sujets traités et la richesse des éclairages proposés. Chaque texte est ainsi une parole unique. En même temps, des convergences apparaissent, comme autant de fils d'or tout au long du propos. Les multiples idées développées se croisent et s'interfèrent dans un faisceau commun : l'ouverture vers l'autre et le respect de la dignité humaine par-delà les différences.

Nous tenons à exprimer nos remerciements les plus sincères à Monsieur Thomas Gergely qui, malgré son emploi du temps chargé, a accepté la lourde tâche de lire le manuscrit et de nous faire bénéficier de ses remarques judicieuses. Que Madame Olga Elkaim trouve aussi l'expression de toute notre gratitude pour le travail de relecture et pour ses remarques judicieuses.

Nous voudrions exprimer nos remerciements aux Éditions Racine qui ont mis à notre disposition le meilleur de leurs compétences.

Last but not least, nous voulons souligner combien nous a été précieuse et irremplaçable l'aide financière qui nous a été apportée par le Ministre des Arts et des Lettres et de l'Audiovisuel de la Communauté française de Belgique. Qu'il trouve ici l'expression de nos remerciements les plus sincères.

Ce livre étant en grande partie le fruit d'entretiens et de discours, le style en est plus oral que littéraire. C'est pourquoi, je réclame l'indulgence du lecteur.

Albert Guigui
Grand Rabbin de Bruxelles
Grand Rabbin attaché au Consistoire central israélite de Belgique

Introduction

« MIEUX SE CONNAÎTRE POUR MIEUX S'AIMER »

« Je suis Joseph votre frère. » C'est ainsi que Joseph Roncalli, mieux connu sous le nom de Jean XXIII, accueillit en octobre 1961, un groupe de juifs américains. Ils étaient venus à Rome pour remercier le pape de ses initiatives prises en vue de débarrasser la liturgie et la prédication chrétiennes de malentendus ou de termes blessants pour les juifs. Il n'était point nécessaire d'insister. La conviction de Jean XXIII était faite. Mieux encore, la même année, le bon et courageux « frère Joseph » donnait personnellement mandat au cardinal Béa, président du Secrétariat pour l'Unité des Chrétiens, d'élaborer un décret concernant les juifs (*Decretum de Judaeis*) comme schéma conciliaire.

Justice rendue

De fil en aiguille, d'obstacles accumulés en difficultés surmontées, on en vint au 28 octobre 1965 où « Paul, évêque de l'Église catholique » signait avec tous les pères conciliaires une « Déclaration sur les relations de l'Église avec les religions non-chrétiennes » dont le chapitre IV rendait justice à la religion juive. L'Église y reconnaissait « que ses racines plongeaient profondément dans la terre de l'ancien Israël » et que, malgré son essentielle nouveauté, elle était « en pleine continuité avec l'Israël d'autrefois ». Des regrets aussi pour les souffrances et les tourments infligés à ses sœurs et frères juifs. Rappel également de la judaïcité de Jésus, de Joseph et de Marie, des apôtres et des premiers disciples. Et encore, cette affirmation capitale, lourde de conséquences, que « l'Évangile est et reste incompréhensible en beaucoup de points » si on le coupe de ses racines et de sa sève familiale. Le tout assorti d'un souhait pressant pour que, à tous les niveaux, chacun s'efforce de « promouvoir la connaissance et l'estime mutuelles » et que « chrétiens et juifs nouent un dialogue fraternel ». Merveilleux programme, admirable mission, accessibles à tous et capables de « renouveler la face de la terre ».

Une mission

Dans cet effort de connaissance et de reconnaissances mutuelles, les médias sont un instrument de choix. Ne sont-ils pas les haut-parleurs d'une information proclamée ainsi « sur les toits » ? L'expérience quotidienne nous prouve d'ailleurs à loisir que, sur la route de la réconciliation et de la paix, de l'amour et de l'unité, une connaissance meilleure et plus juste de l'autre, dans son être, son histoire et sa culture, sa foi, ses traditions et ses épreuves, est indispensable et singulièrement efficace.

C'est bien dans cet esprit que j'ai voulu que les lecteurs de *La Libre Belgique* puissent découvrir progressivement le sens et les richesses des fêtes juives d'abord, celui des grandes étapes de la vie ensuite, telles qu'elles sont célébrées dans la tradition juive. La rencontre avec le rabbin Albert Guigui, la même passion de Dieu et des hommes, la communion aux mêmes préoccupations, à la même ouverture, à la même souffrance d'une méconnaissance mutuelle, ont permis de passer harmonieusement du projet à la réalisation. Des contacts providentiels, métamorphosés en collaboration et amitié, en dialogue et partage, en articles et interviews. J'en ai été le premier et grand bénéficiaire, tant il est vrai que l'ignorance ou la mauvaise connaissance, aggravées de préjugés tenaces, nous empêchent de découvrir des trésors inconnus, des sources vives et l'esprit à l'œuvre. Bien loin d'avoir été « relativisée », ma foi n'en est que mieux nourrie, mieux éclairée, mieux fondée, car ce qui nous rassemble et qui nous unit est infiniment plus vaste et fort que ce qui nous sépare. Et quelle paix, quelle action de grâce, de pouvoir accepter l'autre dans sa différence de frère du même Père.

Fr. Fabien Deleclos, franciscain
Chroniqueur à *La Libre Belgique*

LE TEMPS HUMAIN

LA GESTION DU TEMPS DANS LE JUDAÏSME

> « Chacun connaît le temps mais nul ne le voit face à face. Il fait partie de ces choses dont nous avons tous l'expérience mais dont il est inutile (et d'ailleurs impossible) de donner une description. Si le mot est clair, la chose ne l'est pas. [...] Nous confondons presque toujours le temps avec sa manifestation première, qui est le mouvement[1]. [...] Les philosophes, qui ont vite compris le problème, n'ont cessé d'interroger la réalité paradoxale du temps : puisque le passé n'est plus, puisque l'avenir n'est pas encore, puisque le présent lui-même a fini d'être dès qu'il a commencé d'exister, comment pourrait-il y avoir un être du temps[2] ? »

Toutefois, s'il est difficile de donner une définition du temps, il est en revanche facile de remarquer ses effets. « Comment ne pas voir les marques et autres raclures qu'il imprime sur les choses ? Comment oublier le vieillissement irréversible qu'il nous impose, à nous autres, mortels[3] ? » Par-delà ces réflexions générales sur le temps et ses conséquences, le temps est un problème qui embrasse l'activité humaine dans sa totalité[4].

---

1 « Heidegger disait que le temps ordinaire se montre dans "la présentification de l'aiguille qui avance". Lorsque nous regardons l'aiguille qui avance sur le cadran, nous sommes persuadés que c'est le temps lui-même que nous voyons passer. Mais, en réalité, nous n'observons qu'un mouvement, celui d'une aiguille se déplaçant dans l'espace. Ainsi confondons-nous presque toujours le temps avec sa manifestation première, qui est le mouvement » (É. Klein, « Le temps n'est-il qu'une illusion ? », in *La Croix*, 17 octobre 1998, p. 14).

2 *Ibid.*

3 *Ibid.*

4 O. Cullmann, *Le Christ et le temps*, Paris, 1947 ; G. Pidoux, « À propos de la notion biblique du temps », in *Revue de Théologie et de Philosophie*, 1952, p. 120-125 ; R. Martin-Achard, « La signification du temps dans l'Ancien Testament », in *Revue de Théologie et de Philosophie*, 1954, p. 137-140 ; G. von Rad, « Les idées sur le temps et l'histoire en Israël et l'eschatologie des prophètes », in *Maqqel Shaquedh*, Montpellier, 1960, p. 198-209 ; J. Muilenbourg, « The biblical View of Time », in *The Harvard Theological*

> « Les grands concepts moraux de responsabilité, de fidélité, sont inséparables d'une perspective temporelle. La responsabilité implique qu'il y ait une continuité inéluctable entre ce que je fais aujourd'hui et ce dont j'aurai à répondre demain. Le concept de fidélité, comme celui de responsabilité, est inséparable de la notion du temps[1]. »

Aussi, il nous semble important au début de notre étude de nous arrêter sur la notion du temps telle que le judaïsme la définit afin de mieux saisir sa réalité et ses contours[2].

Les principes du temps selon le judaïsme

> « Le temps grec est un temps cyclique, souvent, qui dévalue tout accomplissement, qui le dédramatise[3]. Il est aussi, souvent, un temps de déchéance. Bergson disait que le temps des Grecs "avait toujours tout gâté". »

C'est l'Alliance qui, chez les Hébreux, est le ressort d'une conception du temps différente, ainsi que l'écrit André Neher dans *L'essence du prophétisme* :

> « Les Grecs ont laissé mourir le temps en des boucles infinies. Les Hébreux ont fait vivre le temps en y construisant l'imprévisible et perpétuellement féconde histoire de leur alliance conjugale avec Dieu[4]. »

Le temps grec se caractérise par une conception statique du temps qui se referme sur lui-même dans une éternelle répétition. C'est certainement la contemplation des révolutions sidérales, leur rythme périodique et leur répétition régulière qui ont suggéré la conception cyclique où le temps est un éternel recommencement.

Review, 54, 1961, p. 225-252 ; J. Barr, *Biblical Words for Time*, London, 1962 ; A. Petitjean, « Les conceptions vétéro-testamentaires du temps », in *Revue d'Histoire et de Philosophie religieuse*, 56, 1976, p. 383-400 ; A. Heschel, *Les bâtisseurs du temps*, Paris, 1957 ; A. Neher, *L'essence du Prophétisme*, Calmann-Lévy, 1972 ; A. Neher, *Notes sur Qohelet*, Paris, 1951 ; H. Bergson, *L'évolution créatrice*, Paris, 1983.

1 É. Amado Levy-Valensi, *La racine et la source*, Paris, 1968, p. 168.

2 André Neher dans son étude sur *Qohelet* (L'Ecclésiaste) distingue soigneusement deux termes. *Zeman* et *'et*. *Zeman* est la période de temps, la durée. *'Eth*, l'époque, le moment. Il cite également une troisième dimension : *'olam*, l'éternité. *Cf.* A. Neher, *Notes sur Qohelet*, Paris, 1951, p. 92 et suiv.

3 *Ibid.*, p. 168-169.

4 A. Neher, *L'essence du prophétisme*, *op. cit.*, p. 233.

Dans la tradition juive, l'Alliance forme le cadre privilégié à l'intérieur duquel l'action de l'homme peut évoluer en se conformant à la volonté divine. Elle oriente ainsi le temps et lui confère sa fécondité. Le point de départ de cette Alliance prend naissance avec la création. Par cet acte de volonté, Dieu inaugure une histoire dans laquelle l'homme est appelé à participer à l'édification du monde. Le temps est ainsi affirmé dans sa positivité. Non seulement il ne s'oppose pas à l'éternité de Dieu, mais cette dernière ne se conçoit pas pour l'homme en dehors de l'aventure historique. C'est parce que la création est forcément inachevée et qu'elle tend vers son accomplissement, que le temps prend immédiatement une signification positive. Le créateur, en inaugurant le monde par le mot *béréchit*, « au commencement », donne au temps une orientation. Il impose du même coup la nécessité d'un avenir qui seul pourra justifier le passé en lui conférant un sens. Le messianisme, c'est-à-dire le mouvement qui porte l'histoire à son achèvement, est ainsi inclus dans l'acte même de la création dont il est une exigence de sens.

On ne saurait trop insister sur cette origine du temps qui fonde la vocation de l'homme en l'appelant à poursuivre une œuvre, à se construire dans le temps. Le « commencement » oriente sa liberté et ouvre son action sur l'avenir. Il fixe ainsi le but : l'achèvement de l'homme qui doit parvenir à l'accomplissement total de toutes ses possibilités. Le temps est donc la possibilité offerte à l'homme pour opérer les changements requis afin d'atteindre le but ultime, l'achèvement. Le temps n'a d'autre raison que cette fin. Et l'homme doit saisir cette opportunité qui lui est offerte pour diriger son existence vers l'accomplissement de la volonté divine. Ces accomplissements du temps, comme l'écrit Éliane Amado Lévy-Valensi, peuvent être compris comme une sanctification du temps :

> « La sanctification du monde commence par la sanctification du Temps. La première fois où, dans la Torah, est prononcé le mot Saint (*Kadoch*), c'est à propos du Temps et de la sanctification du septième jour[1]. »

C'est au sujet du *Chabbath* que la Torah introduit pour la première fois, à la fin du récit de la création, la notion de « sainteté ». « Dieu bénit le septième jour et le proclame saint » (Gen. 2, 3). Il est à remarquer que, dans le Décalogue, le mot « saint » n'est employé que

1 É. Amado Levy-Valensi, *La racine et la source, op cit.*, p. 451.

pour le *Chabbath*. « C'est pourquoi l'Éternel a béni le jour du *Chabbath* et l'a sanctifié » (Ex. 20, 11). « La sainteté du temps est la grande révolution apportée par le judaïsme. La sanctification n'atteint le lieu (le tabernacle) qu'après un second épisode[1] » : la tentation du veau d'or. La construction du tabernacle fut une concession que Dieu fit à la demande pressante du peuple. Et c'est Moïse, un homme, qui consacra le tabernacle, élevant ainsi des objets au rang de la sainteté. « Lorsque Moïse eut achevé de dresser le tabernacle, il l'oignit et le déclara saint avec toutes ses pièces, ainsi que l'autel et tous ses ustensiles, il les a oints et consacrés. » (Nb. 7, 1) C'est bien pour cette raison que Dieu place, juste après les ordres consacrés à la construction du tabernacle, le rappel impératif de l'observance du *Chabbath* (Ex. 31, 13). « Et toi [Moïse], parle aux enfants d'Israël en ces termes : "Toutefois, vous observerez mes *Chabbath*, car c'est un signe entre Moi et vous dans toutes vos générations, pour qu'on sache que c'est Moi l'Éternel qui vous sanctifie." »

La sainteté du *Chabbath* est telle qu'elle transcende et dépasse les travaux que l'on devait effectuer pour la construction du Sanctuaire[2]. Les objectifs les plus sacrés ne légitiment pas la violation du *Chabbath*. En effet, le Sanctuaire comme le Temple permettent au peuple juif de s'approcher de Dieu. Les sacrifices offerts dans le Tabernacle et par la suite dans le Temple s'appellent *qorbanôt*. Ce mot dérive de la racine *qarôb* dont la signification est « s'approcher, évoluer spirituellement, aspirer à la sainteté ». Ainsi la destruction du Temple, même si elle est considérée comme une grande catastrophe nationale, ne constitue pas une rupture de l'Alliance avec Dieu. « En revanche, le *Chabbath* est le signe perpétuel et invariable de cette Alliance qui accompagne Israël en tous lieux et en tous temps, à travers toutes ses pérégrinations[3]. » Ainsi, le judaïsme connaît deux types de temple. Des palais dans l'espace tels que les synagogues, et des temples dans le temps tels que le *Chabbath* et les fêtes. Le premier temple dans le temps – c'est-à-dire le *Chabbath* – a été consacré par Dieu. C'est Dieu qui, après avoir créé le monde en

---

1 *Ibid.*

2 La seule valeur qui permette de transgresser le *Chabbath* est la défense de la vie. Pour sauver une vie, il est non seulement permis mais obligatoire d'effectuer toutes les opérations indispensables.

3 É. Munk, *La voix de la Thora. Commentaire du Pentateuque*, vol. II, L'Exode, Paris, Fondation Samuel et Odette Levy, 1977, p. 367.

Récipient contenant les *bessamim* (plantes odoriférantes) pour la cérémonie de la Havdala.
Collection Communauté israélite de Bruxelles

six jours, a béni le temps en donnant le *Chabbath*. Le premier palais dans l'espace, le tabernacle, a été consacré par l'homme, par Moïse.

Le temple dans l'espace est temporaire. Il subit l'influence des conditions climatiques et des accidents naturels. Il peut s'effondrer. Il est unité dans l'espace. C'est ainsi que pour ceux qui ne viennent pas à la synagogue, par exemple, la synagogue ne va pas vers eux. Par contre le temple dans le temps est éternel. II existe de façon permanente. II ne change pas. Il demeure intact. II a la faculté de transcender le temps et l'espace et arrive à toucher l'individu là où il se trouve. *Yom Kippour* ou le *Chabbath* touchent l'individu où qu'il réside.

Une histoire impressionnante illustre bien cette force du temps. En octobre 1943, un juif pieux fut déporté à Auschwitz, et avec lui, d'autres juifs. Sa tâche consistait à faire des trous dans le sol avec une pioche. Ce jour-là, ils avaient jeûné. Ils savaient tous que c'était *Yom Kippour*: II n'y avait évidemment pas de synagogue. Mais le temple dans le temps qu'était *Kippour* est descendu à Auschwitz. Que faire dans ces circonstances? Ne pas travailler, c'était se condamner à coup sûr. Notre homme s'est mis à creuser avec rage. Puis vers le soir, il leva ses regards vers le ciel et s'écria: « J'ai été empêché de prier ce *Yom Kippour*. Je ne pouvais que creuser avec ma pioche. Fais des coups de pioche que j'ai donnés la meilleure prière qui convienne à Ta gloire. »

La pénétration du temps dans l'espace est considérable. Elle ne s'est pas arrêtée aux murs des camps de concentration. Une autre histoire en témoigne. Elle commence par cette prière rédigée par des hommes condamnés à mort, dans des camps de concentration, à la veille de *Pessah*.

> Notre Père qui êtes aux cieux, Tu sais bien que notre désir est de réaliser Ta volonté et de célébrer la fête de *Pessah* en mangeant la *Matsa* [pain sans levain] et en nous abstenant du *Hamets* [pain fermenté]. Malheureusement, la servitude dans laquelle nous nous trouvons nous empêche de le faire. Nous sommes en danger de mort. Aussi, nous sommes prêts à accomplir ton commandement: « et tu vivras par eux... » (Lév. 18, 5) et à faire attention à la prescription que tu nous as donnée: « fais attention et prends garde à ta vie... » (Dt. 4, 9) Aussi, nous T'implorons Éternel, notre Dieu, de nous faire vivre, de nous maintenir et de nous délivrer vite pour accomplir Ta volonté et Te servir d'un cœur parfait.

Après la récitation de cette prière, les juifs asservis et opprimés prirent leur misérable ration de pain que l'ennemi implacable, dans sa généreuse bonté, leur a donnée et, avec une grande ferveur empreinte de tristesse et de souffrance, ils récitèrent la prière du *motsi* (prière que l'on récite avant de consommer le pain). Les yeux embués de larmes et le cœur brisé, ils mangèrent avec lenteur la miche de pain en ayant la certitude d'avoir mangé la *matsa* et d'avoir surtout goûté à la liberté.

Dans l'enfer concentrationnaire, ces hommes, affaiblis et épuisés, affamés et malades, n'ont pas oublié le soir de *Pessah*. Mais plus encore, dans leur prière, ils se sont excusés d'être obligés de manger du pain contrairement aux injonctions divines. Ils mangeaient 1e pain, non pas en raison de la faim qui les tourmentait, non pas pour avoir des forces nouvelles. Non ! Rien de tout cela. Ils étaient obligés de manger du pain parce que Dieu a ordonné dans sa Torah de « vivre par ses commandements et non de mourir ». Comment ont-ils pu préserver leur identité juive dans cette atmosphère qui voulait faire d'eux des hommes et des femmes sans nom ? Ce soir de *Pessah*, à Bergen, ces hommes et ces femmes ont libéré leurs corps et leurs âmes de l'Égypte comme leurs ancêtres l'avaient fait, il y a quelque 3 300 ans. Mais est-ce possible de parler de liberté dans des camps ? Voilà la réponse donnée par l'un des détenus :

> Nous qui étions dans les camps de concentration, nous nous souvenons de ces hommes qui passaient d'une baraque à l'autre pour redonner force et courage aux autres détenus, pour partager avec eux le morceau de pain qui était peut-être leur dernier repas. Ainsi, nous voyons comment la fête de *Pessah*, ce palais dans le temps – comme toutes nos autres fêtes – a pu transcender les camps de concentration pour atteindre ces hommes et ces femmes épris de liberté.

Avec ces témoignages, cités librement, qui attestent la transcendance du temps par rapport à l'espace, on comprend maintenant pourquoi, lors de la construction du Temple, le *Chabbath* devait être respecté. Car, comme le temps est éternel, la sainteté qui s'en dégage pour nous en certaines occasions nous fait participer à cette éternité.

> C'est en ce sens sans doute qu'il faut comprendre le mot de *Neher* selon lequel c'est « la parole de Dieu [qui] rend l'univers historique », la dimension intime du temps biblique étant l'Alliance, la *berit* qui « place les hommes dans le temps d'un Dieu qui les appelle ». « Avec la *berit*, l'existence des Hébreux se transforme en histoire[1]. »

---

1 É. Amado Levy-Valensi, *La racine et la source*, *op. cit.*, p. 451, qui cite A. Neher, *L'essence du prophétisme*, Paris, 1955, p. 110, 112 et 114.

Le temps humain

Les principes du temps selon le judaïsme ont à s'inscrire dans le quotidien de l'existence. Le temps humain se traduit dans un calendrier. Le judaïsme a déterminé un calendrier qui lui est propre, qu'il convient de rappeler brièvement, pour aborder ensuite l'enseignement qui le traverse.

Le calendrier hébraïque

Comme le calendrier civil, le calendrier hébraïque connaît la division du temps en jours et en semaines, en mois et en années. Mais, alors que le jour civil commence et finit à minuit, la journée dans le calendrier hébraïque commence et finit à la tombée de la nuit. C'est ainsi que le *Chabbath* débute à la tombée de la nuit du vendredi et se termine le lendemain à la même heure. La semaine comporte sept jours, qui sont comptés à partir du dimanche. Le *Chabbath* est le septième jour de la semaine. Les jours de la semaine sont désignés non par des noms propres mais par des chiffres de 1 à 6 (premier jour...), le *Chabbath* faisant exception.

L'année solaire est déterminée par le temps que met la Terre pour tourner autour du soleil, soit 365 jours et 6 heures environ. II n'en était pas ainsi à l'époque du Talmud. Jusqu'à Copernic, on considérait la terre comme immobile, et c'est la course apparente du soleil parmi les constellations du zodiaque qui était prise en considération. L'année solaire était alors définie comme le temps moyen mis par le soleil à revenir au même point du zodiaque d'où il était parti. Le mois, quant à lui, est un mois lunaire. La Torah demande de contempler la lune pour fixer le nouveau mois. Pourquoi cette obligation de scruter la naissance de la lune ? À l'instar de cette lune qui se renouvelle chaque mois, la Torah veut rappeler que nous avons le devoir de nous renouveler constamment. Nous devons refuser de tomber dans le piège de l'embourgeoisement et de l'habitude. Il nous faut continuellement renouveler notre table de valeur et secouer nos certitudes.

Ainsi, une année religieuse dépend essentiellement du mouvement de la lune autour de la Terre[1]. Pour tourner une fois autour de

---

1 É. Munk, *La voix de la Thora, op. cit.*, vol. II, p. 112 : « Le calendrier hébraïque est basé sur l'astre de la lune et sur son constant renouvellement. » Pourquoi ? En le prescrivant, Dieu demande à Israël « de conserver un élan toujours renouvelé vers son idéal, et une éternelle jeunesse morale. Le cinquième livre de Moïse nous parle du

Les mois de l'année juive

la Terre, la lune met 29 jours, 12 heures et quelques minutes. Les mois du calendrier hébraïque devraient ainsi tous avoir 29 jours et demi environ. Pour éviter de changer de mois au milieu de la journée, les mois ont les uns 29 jours et les autres 30 jours. Le premier jour de chaque mois s'appelle en hébreu *roch hôdech*, c'est-à-dire « le commencement du mois ». On obtient une année lunaire en multipliant la durée de chaque rotation de la lune autour de la Terre par douze, soit trois cent cinquante-quatre jours environ.

Les fêtes, cependant, sont liées aux saisons, ainsi qu'il est écrit : « Prends garde au mois du printemps » (Dt. 16, 1). De ce verset, les

danger de vieillissement de cet état d'esprit qui s'enlise dans un bien-être matériel, et qui y subordonne toutes les aspirations spirituelles. La lune, dont l'évolution comporte en apparence un rythme régulier de disparition et de renouveau, est alors choisie comme symbole éloquent de cette exigence capitale qui conditionne l'existence d'Israël en tant que nation. Elle devient "l'astre d'Israël", au double sens, moral et historique. »

rabbins déduisent que la fête de *Pessah* doit tomber impérativement au printemps. Ainsi, pour l'établissement du calendrier hébraïque, l'année solaire doit également être prise en compte. Il faut dès lors à la fois faire des mois, des mois lunaires, et des années, des années solaires. Or, l'année solaire comprend trois cent soixante-cinq jours. Il y a donc une différence de onze jours entre l'année lunaire et l'année solaire (6 x 30 jours = 180 jours et 6 x 29 jours = 174 jours. Le tout fait 354 jours). Sans tenir compte de cette différence, l'année juive serait en retard chaque année de onze jours environ sur l'année écoulée. De ce fait, les fêtes parcourraient toutes les saisons et la fête de Pâques serait parfois célébrée en hiver (comme le Ramadan dans le calendrier islamique, qui est purement lunaire). Pour remédier à cet état de fait, on intercale, certaines années, un mois entier. Ce mois intercalaire est placé juste avant le mois de *Nissan* et s'appelle *Adar*. Ainsi, sur une période de dix-neuf ans, sept mois intercalaires sont ajoutés respectivement aux troisième, sixième, huitième, onzième, quatorzième, dix-septième et dix-neuvième années. Ces années qui ont treize mois portent le nom d'années « embolismiques » (du grec *embolismos*, « ajouté »). Pour savoir si une année est embolismique ou non, il suffit de diviser le millésime de cette année par dix-neuf. Si la division donne un reste de trois, six, huit, onze, quatorze, dix-sept ou zéro, l'année est embolismique. Pour trouver la date civile correspondant à une année juive, on retranche de cette dernière quatre mille puis on ajoute deux cent quarante. Exemple : 5757 - 4000 = 1757 et 1757 + 240 = 1997[1].

Le temps confié à l'homme

En raison de cette importance capitale du temps dans la tradition juive, nous comprenons pourquoi le premier commandement que Dieu ait donné à son peuple avant même la sortie d'Égypte se rapporte au temps. Ce commandement règle le problème de la fixation du mois. « Ce mois sera pour vous le commencement des mois » (Ex. 12, 2).

> « Sans aucune liaison apparente avec le récit de la libération d'Égypte, la parole divine institue la loi concernant la fixation du calendrier, basé sur le cycle de la lune.

---

1 Pour une étude complète des règles qui régissent l'établissement du calendrier hébraïque, voir S. Gerstenkorn (éd.), *Lettre de Maimonide sur le calendrier hébraïque* (trad. R. Weil), Paris, 1988.

> On peut se demander pourquoi Dieu a donné à cette réglementation une place d'honneur parmi les institutions nationales juives, puisque, effectivement, c'est la première loi constitutionnelle dont la Torah, s'adressant à la collectivité juive, donne connaissance.
> La proclamation d'une nouvelle ère, partant du jour de la libération, [avait pour but de] marquer la rupture définitive avec l'Égypte. Les ponts avec l'exil et l'esclavage égyptiens sont coupés. C'est une nouvelle évolution historique qui commence et, en comptant désormais toutes les dates à partir de l'heure de sa libération, Israël est appelé à se souvenir d'elle à perpétuité[1]. »

Or, cette proclamation, Dieu l'a confiée à l'homme. Cette tâche devait être accomplie par le Tribunal rabbinique de l'époque[2]. Et la décision prise par ce dernier était celle qui prévalait même si elle était prise sur une base erronée. L'important, ce n'était pas tellement la réalité des faits mais la décision prise par ce tribunal. Pour bien saisir l'importance de cette règle et les problèmes qu'elle suscitait à l'époque talmudique[3], il nous a semblé important de reprendre ici

---

1 É. Munk, *La voix de la Thora, op. cit.*, vol. II. p. 112.

2 « La consécration du mois sur base de l'observation de la nouvelle lune par des témoins était en vigueur en Israël aussi longtemps qu'il y avait un *Bet-Din* [tribunal] suprême en Israël, c'est-à-dire, déclare Maimonide, jusqu'à la fin de l'époque talmudique. Depuis lors, le calendrier est fixé de manière permanente [...] sur la base du calcul astronomique établi (en l'an *4119*) par Hillel [...] et son *Bet-Din* » (É. Munk, *La voix de la Thora, op. cit.*, vol. II, p. 113). Même à notre époque, les Caraïtes (mouvement dissident du judaïsme qui n'accepte pas le Talmud comme loi orale) ne reconnaissent que la méthode de la détermination de la nouvelle lune basée sur l'observation des témoins.

3 Le Talmud est une somme de controverses, d'interprétations et des commentaires de l'Écriture accumulés depuis le IVe siècle avant l'ère chrétienne jusqu'au VIe siècle après l'ère chrétienne. Le Talmud se présente sous la forme de textes de la *Michna* (Enseignement) et de la *Gémara* (Étude). Il existe deux versions du Talmud, celle rédigée en Israël appelée le Talmud de Jérusalem et celle rédigée en Babylonie, nommée le Talmud de Babylone. C'est surtout cette dernière version qui est devenue le fondement de la loi orale. Le Talmud est divisé en six grandes sections. Chaque section est divisée en traités qui à leur tour sont subdivisés en chapitres. Pour éclairer le lecteur sur l'importance du Talmud, nous reproduisons quelques citations de penseurs juifs contemporains qui ont manié avec dextérité le Talmud et ses commentaires.

« Le Talmud nous enseigne qu'un texte est indéfini, ouvert à des interprétations toujours nouvelles. Les interprétations les plus diverses, philosophiques, sociologiques, politiques, linguistiques et historiques, n'épuisent chacune qu'une partie des possibilités du texte. Celui-ci demeure inépuisable et indéfiniment ouvert. Le commentaire talmudique est un long voyage qui invite à l'urgence de renoncer à ce besoin, souvent passionné, de tirer des conclusions, de se forger une opinion et un jugement définitifs. » (Marc-Alain Ovaknine)

« Le peuple juif n'est pas le peuple du Livre mais le peuple de l'interprétation du Livre et le Talmud est le lieu de la mise en scène de ces interprétations. » (Armand Abecassis)

La lune et son évolution au cours du mois

un passage de la *Michna*[1] se rapportant au problème de la fixation du mois[2].

> « Deux témoins[3] vinrent dire : “Nous avons vu [la lune] en son temps[4].” Or la nuit suivante elle ne fut pas visible ; cependant Rabban Gamaliel[5] tint leur témoignage pour valable[6]. R[abbi] Dossa b[en] Harkinas[7] dit : “Ce sont de faux témoins. Comment peuvent-ils témoigner qu'une femme a accouché quand le lendemain [on constate qu'] elle est enceinte jusqu'aux dents[8] ?” Rabbi Josué[9] lui dit[10] : “Je suis de ton avis.”

« Il est certain que, en discutant du droit de consommer ou de ne pas consommer un œuf pondu un jour de fête ou des indemnités dues pour des dommages causés par un bœuf furieux, les sages du Talmud ne discutent ni d'un œuf, ni d'un bœuf mais, sans en avoir l'air, mettent en cause des idées fondamentales. » (Emmanuel Levinas)

1 Le Talmud se compose de la *Michna* et de la *Gemara. Michna* signifie « répétition », car ce n'est que par la répétition qu'un enseignement oral peut être fixé dans la mémoire. *Gemara* signifie « complément ».

2 *Rosh Hachana*, 25a, dans *Agadoth du Talmud de Babylone*, Paris, Verdier (coll. « Les dix paroles »), 1982, p. 437-438.

3 Un témoignage ne peut être valable que s'il émane de deux personnes différentes (Dt. 19, 15).

4 La nuit du trentième jour du mois précédent. Selon Rachi (commentateur du XIe siècle), le trentième jour du mois précédent.

5 Appelé également Rabban Gamaliel de Yabné, il a présidé le Sanhédrin pendant 38 ans (entre 80 et 118). Il est mort quelque temps avant le déclenchement de la révolte de Bar Kochba.

6 Il a accepté leur témoignage et a sanctifié le mois en son temps.

7 Il a vécu au temps de Rabbi Yohanan ben Zaccaï (*Ketoubot*, 105b). Il était aimé et estimé par les membres du Tribunal rabbinique de Rabban Gamaliel.

8 Si la lune est apparue en son temps, comment est-il possible qu'elle n'apparaisse pas un jour plus tard ?

9 Il s'agit de Rabbi Yéhoshoua ben Hanania. Il a vécu à l'époque de la destruction du Second Temple (130).

10 À Rabbi Dossa ben Harkinas. Le nouveau mois devrait être sanctifié un jour plus tard.

Rabban Gamaliel lui[1] envoya alors le message suivant : "Je t'ordonne de venir me voir muni de ton bâton et de ton argent le jour même qui, selon tes calculs, est le Jour d'Expiation." Rabbi Akiba[2] alla voir Rabbi Josué et le trouva affligé[3]. "Je peux prouver que toute décision prise par Rabban Gamaliel est valable par ce passage : Voici les fêtes de l'Éternel, que vous publierez vous-mêmes (Lév., 23, 4)[4]", dit-il à R. Josué. Cela signifie : Qu'elles soient réellement publiées en leur temps ou qu'elles ne le soient pas, elles seront à mes yeux vos fêtes.
Rabbi Josué se rendit chez Rabbi Dossa ben Harkinas, qui lui déclara : "Si nous devions contester les décisions du Tribunal de Rabban Gamaliel, nous devrions également contester celles de tous les Tribunaux qu'Israël a connus depuis l'époque de Moïse jusqu'à nos jours ; or il est dit : 'Moïse monta avec Aaron, Nadab et Abihou, et soixante-dix anciens d'Israël' (Ex. 24, 9). Pourquoi le nom des anciens n'est-il pas spécifié ? C'est pour t'enseigner que chaque fois que trois hommes se constituent en Tribunal en Israël, ce Tribunal vaut celui de Moïse." Rabbi Josué prit donc son bâton et son argent et se rendit à Jabné[5] auprès de Rabban Gamaliel le jour qui, selon ses calculs, était celui de l'Expiation. Rabban Gamaliel se leva, l'embrassa sur la tête et lui dit : "Bienvenue à toi, mon maître[6] et mon disciple[7] ! Car tu es mon maître par la sagesse, et mon disciple puisque tu as respecté mes ordres." »

---

1 À Rabbi Yéhoshoua.

2 Né d'une famille de prosélytes en l'an 41 et mort en 120. Savant, moraliste et héros national, il fut un des puissants propagateurs de la science religieuse et nul ne contribua plus efficacement au progrès des études sacrées. C'était un grand patriote. Il prit une part prépondérante dans les préparatifs d'une dernière insurrection contre les Romains. Il fut un des plus fervents admirateurs de Bar Kochba. Au mépris de la mort, Rabbi Akiba continua à enseigner à ses élèves. Il fut arrêté et torturé. Rabbi Akiba est l'auteur d'une méthode d'interprétation des textes sacrés qui s'ajouta et se substitua parfois aux sept règles de Hillel et aux treize règles d'Ismaël ben Elisha.

3 Selon Rachi, Rabbi Akiba a trouvé Rabbi Yéhoshoua affligé parce que le Président du *Bêt-dîn* (Rabban Gamaliel) lui a ordonné de profaner le jour du pardon qui tombait selon le compte qu'il avait adopté personnellement.

4 Selon Rachi, la sanctification du mois dépend du Tribunal rabbinique, que ce soit en son temps ou non. On comprend traditionnellement « vous les (*otam*) publierez ». Mais on pourrait aussi lire « vous publierez vous-mêmes (*attem*). Le mot « *otam* » revient à trois reprises dans le verset biblique. Le Talmud (*Rosh Hashana*, 25a), commentant cette triple répétition, écrit : Il ne faut pas lire « *otam* » mais « *attem* » (« vous ») :
- « *attem* » - « vous » même si vous agissez par erreur (en d'autres termes, même si le mois a été fixé de façon erronée)
- « *attem* » - « vous » : même si vous agissez consciemment et volontairement (en d'autres termes, vous décidez de fixer le mois à une autre date)
- « *attem* » - « vous » : même si vous agissez suite à une information erronée (fournie par de faux témoins).

5 Siège du Sanhedrin après la destruction de Jérusalem.

6 Rabbi Yéhoshoua était le plus grand en sagesse de sa génération.

7 « Tu as accepté ma décision même si tu n'étais pas totalement d'accord avec elle. »

Ce texte nous enseigne que nous devons refuser une perception du temps qui n'est pas humaine. Bien que tous s'accordent sur la date du jour de l'Expiation (le 10 *Tichri*), les deux rabbins s'opposent quant au jour exact du début du mois. Rabban Gamaliel se réfère aux témoins qui ont affirmé avoir vu la lune. Pour lui, le témoignage humain suffit. Mais Rabbi Dossa ben Harkinas apporte des preuves irréfutables de l'erreur commise par les témoins. Scientifiquement, il peut prouver que la position de la lune contredit les dires des témoins et que le début du mois de *Tichri* n'est pas le jour que tous croyaient. Rabban Gamaliel n'adopte pourtant pas l'opinion de celui qui se base sur la preuve scientifique, mais bien celle qui s'appuie sur le témoignage humain. Pourquoi ? Parce que le temps juif veut être avant tout un temps qui ne dépend que de l'homme.

Ce renouvellement, effectué par le *bêt-dîn*, « signifie clairement notre capacité potentielle d'entreprendre l'œuvre de perfectionnement, en employant toutes les réserves de nos moyens. Nul mystère de la grâce n'intervient dans la morale juive. Bien au contraire : "Tout est entre les mains du ciel, sauf la crainte du ciel[1]." Nous sommes maîtres absolus de notre condition morale », de notre évolution spirituelle. Nous sommes responsables de nos actes. « Le symbole du renouvellement du mois, geste effectué par le peuple en grande solennité, aura donc pour effet un encouragement efficace à travailler dans un esprit de jeunesse à la sanctification de l'individu et de la nation[2]. »

Le temps juif n'est pas lié au destin. Nous sommes loin des conceptions anciennes du temps mythique où le temps est défini par des choses qui ne changent pas, à savoir, le mouvement des planètes, le cycle des saisons, l'éternel retour de la naissance, de la croissance et de la mort, le temps où toutes les choses retournent à leur source et recommencent ; le temps cyclique décrit par les mythes païens. Le temps dans la tradition juive est un temps qui se trouve entre les mains de l'homme. Nous pensons. Nous créons des concepts. Nous pouvons imaginer et construire un monde différent de celui qui existe. Être juif signifie être libre, capable de choisir entre le bien et le mal. La faculté de déterminer le temps est confiée à l'homme, malgré ses imperfections, malgré ses lacunes. Dieu a

---

1 Berakot, 33b.

2 S. R. Hirsh (rabbin allemand 1808-1888), cité par É. Munk, *La voix de la Thora, op. cit.*, vol. II, p. 112.

chargé le *bêt-dîn* de fixer les mois selon ce qu'il considère le plus juste. Et la décision humaine est agréée par Dieu. Nous comprenons dès lors pourquoi le Talmud[1] commence par la question relative au temps « *Mé'êmatay ?* » « À partir de quand ? À partir de quel moment doit-on lire le *Chema*[2] du soir ? » La réponse donnée par la *Michna* à cette question est étonnante. « Dès que les prêtres rentrent pour manger les nourritures provenant des offrandes jusqu'à la fin de la première veille, selon Rabbi Eliezer. » Pourquoi la *Michna* ne donne-t-elle pas directement une heure précise ? Pourquoi cette réponse énigmatique ? » Pourquoi la *Michna* ne dit-elle pas « dès que se lèvent les étoiles ? »

L'objectif de la *Michna* est de refuser une perception du temps qui ne soit pas humaine. Se référer aux étoiles revient tout simplement à se soumettre au temps purement astral, temps sur lequel nous n'avons aucune emprise. La *Michna* préfère se référer à un temps humain. Un temps que nous pouvons contrôler. La *Michna* donne une réponse imprécise mais une réponse qui a trait à l'action humaine. Et c'est bien en raison de l'importance de cette prise de responsabilité de l'homme que le Talmud commence par une question ayant trait au temps.

La valorisation du temps

Nous avons vu précédemment que, avant même la sortie d'Égypte, Dieu a ordonné aux enfants d'Israël de respecter les lois relatives à la fixation du mois. Ce commandement a reçu une place prioritaire pour montrer l'importance que la Torah accorde au problème du temps. Toujours dans le même ordre d'idées, nous trouvons dans le texte biblique (Lév. 23, 15) l'ordre de compter à partir du deuxième soir de *Pessah*[3] les jours qui nous séparent de la fête de *Chavouot*[4].

---

1 *Berakot*, 2a.

2 Le texte du *Chema*` (« Écoute Israël... ») est issu de Dt. 6, 4-9 ; Dt. 11, 13-21.

3 Pâques. Fête qui tombe du 15 au 22 *Nissan*. Elle commémore entre autres l'événement de la sortie d'Égypte. Elle célèbre la libération physique du peuple d'Israël de la matrice égyptienne.

4 Semaines (pluriel de *chavoua*'). Nom hébreu de la Pentecôte, qui se fête sept semaines après la Pâque. Cette fête commémore entre autres le don de la Torah sur le Mont Sinaï.

Ce compte s'appelle le compte du *`omer*[1] en souvenir de la moisson d'orge que le grand prêtre faisait en grande pompe le deuxième soir de *Pessah* et qui lançait la saison de la moisson d'orge.

Depuis le deuxième soir de *Pessah*, les juifs ont le devoir de compter les jours et les semaines[2] qui les séparent de *Chavouot*. Ils additionnent ainsi les jours pour former des semaines. Pourquoi les sages ont-ils institué un double compte ? Pourquoi le compte des jours n'est-il pas suffisant ? Pourquoi faut-il ajouter le nombre des semaines ? Pour bien comprendre la raison de ce double compte, il nous semble important d'analyser un processus similaire.

Ce processus se retrouve dans l'écriture de la Torah. Chacune des lettres doit être indépendante. Une lettre ne doit en aucune façon être collée à une autre lettre. Si c'était le cas, le rouleau de la Torah deviendrait impropre à la lecture. La lecture du texte biblique cependant ne se fait pas lettre par lettre. C'est l'addition de toutes ces lettres qui va former des mots, nous permettant d'obtenir par la suite des versets, et enfin la Torah dans sa totalité. Il apparaît donc que la lettre doit impérativement être préservée de façon spécifique, mais insérée dans un ensemble.

Ainsi donc, l'objectif du compte du *`omer* est de se concentrer sur l'individu mais tout en l'intégrant au niveau social. Il est donc formellement interdit de sacrifier l'individu sur l'autel de la société – comme, d'ailleurs, il est interdit de porter atteinte à la société pour sauvegarder l'intérêt individuel. Respect de l'individu au sein de la société dans laquelle il évolue, tel est un des enseignements que le compte du *`omer* nous rappelle avant le don de la Torah sur le mont Sinaï.

Mais le compte du *`omer* vient surtout nous demander de ne pas perdre la dimension temporelle. Il vient nous réveiller de notre torpeur. Il nous rappelle que le temps n'est pas statique, que les aiguilles de la montre tournent sans relâche. Le jour qui passe ne revient plus. Et le présent n'est rien d'autre qu'un pont qui permet de faire passer le temps du passé au futur. L'attitude passéiste qui idéalise le passé est étrangère à l'esprit du judaïsme. Chaque journée est progrès en tant qu'éloignement progressif de l'horizon de l'esclavage.

---

1 Le *'omer*, littéralement « gerbe », désigne étymologiquement une mesure de céréales. Le *'omer* était l'équivalent de 2,10 litres. On l'offrait le deuxième jour de *Pessah* au Temple de Jérusalem. C'est aussi le nom donné à la période séparant Pâque de Pentecôte. Cette période dure 49 jours.

2 Il s'agit en fait d'un double compte. On compte d'abord les jours (ex : aujourd'hui, c'est le 33e jour du *'omer*), puis on dit en plus : « Ceci donne 4 semaines et 5 jours ».

Plat du Seder. Cologne, XVIIIe ou XIXe siècle. Coll. MRAH

L'homme juif annonce solennellement chaque soir, par ce compte qui lui est imposé, la progression continue vers ce monde amélioré. Le *`omer* est le préapprentissage du temps. Il corrige l'erreur de ceux qui n'ont plus la conscience du temps. Perdre la sensation du temps est une faute cardinale. Malgré la certitude que la vie de l'homme est éphémère, l'être humain continue à croire qu'il est éternel sur cette terre. II fait des projets. Il prend des risques. Il construit des monuments comme pour se convaincre en quelque sorte de sa force, de sa puissance, de son éternité. En réalité, le temps ne bouge pas. Le temps ne passe pas. C'est nous qui passons. Aujourd'hui, nous sommes là. Demain, serons-nous encore présents ?

Alors, si l'homme n'est qu'un jonc qui tremble au vent, s'il n'est qu'un locataire passager des lieux, il doit agir en conséquence et comprendre, que ce monde dans lequel nous vivons n'est qu'un vestibule[1], un passage forcé. Le commandement de compter le

1 *Traité des Pères,* IV, 21.

`*omer* vient rasséréner l'âme de l'individu soumise au stress et aux progrès technologiques continus. Il vient redonner à l'homme sa place dans ce monde et lui rappeler surtout combien il a le devoir de se préparer ici-bas pour mériter le monde de vérité.

C'est pour lutter contre la tentation d'oublier sa condition temporelle et mortelle, source d'erreurs, que la Torah demande chaque année de compter le `*omer*. C'est une *Mitsva* («commandement») pour chacun à titre individuel de compter les jours du `*omer* ainsi qu'il est dit: «Et vous compterez, pour vous...» (Lév. 23, 15) Le mot *lachem* («pour vous») vient nous rappeler cette obligation[1]. Ce compte se fait tous les soirs à la tombée de la nuit. Il est précédé d'une bénédiction[2]. Nous ne pouvons pas interrompre ce compte pendant les 49 jours qui séparent *Pessah* de *Chavouot*, fût-ce un soir. Chaque jour compte: il est irremplaçable. Oublié, négligé, il entrave la bonne marche des jours qui suivent. C'est probablement pour cette raison que Rabbi Yossef Caro, dans son *Choulhan Arouch*[3], précise que si nous avons omis de compter un jour, par oubli ou par inadvertance, consciemment ou inconsciemment, nous ne pouvons continuer les soirs suivants le compte entamé et le poursuivre jusqu'à la fin. Mais nous ne devons en aucune façon faire précéder ce compte de la bénédiction usuelle[4]. L'individu qui perd la notion du temps durant toute une journée peut y perdre le sens de ses responsabilités. Il est incapable de progresser. Il ne peut plus procéder à la bénédiction. Il en est de même s'il s'est trompé de compte et n'a pris conscience de son erreur que le soir suivant[5].

La Torah insiste sur le compte que chacun doit faire pour nous enseigner que chaque homme doit prendre son temps entre ses mains: il doit se charger de son destin. La Torah nous prévient du danger qui guette nos civilisations et qui consiste à se décharger sur

---

1 *Menahot 65b; Soucca 30, b.*

2 «Béni sois-Tu, Éternel notre Dieu, Roi de l'Univers, qui nous as sanctifiés par Ses commandements et nous as ordonnés de compter les jours du `*omer*».

3 Code fondamental de la loi juive, ayant pour auteur Rabbi Yossef Caro (1488-1575) et dont la première édition parut en 1567. Il est devenu le livre de référence «halakhique» pour tous. Après chaque paragraphe, se trouvent des ajouts *(Hagahot)* qui, parfois, contredisent les décisions de Rabbi Yossef Caro, mais, souvent, les complètent. Ces «ajouts» sont l'œuvre de Rabbi Moshé Isserlès (1522-1573). Lorsqu'il y a une discussion entre Rabbi Yossef Caro et Rabbi Moshé Isserlès, les Sépharades (Juifs originaires d'Espagne et d'Afrique du Nord) suivent les décisions du premier et les Ashkénazes (Juifs originaires d'Allemagne et d'Europe de l'Est) se rangent sous l'autorité du second.

4 Voir O. Yossef, *Yalkouth Yossef sur les fêtes, vol.* 2, Jérusalem, 5748 [1988], p. 423.

5 *Ibid.*

les autres et à faire tomber la responsabilité sur autrui. L'éducation, c'est l'affaire de l'école ; l'éducation religieuse, c'est l'affaire de la synagogue ; le travail, c'est l'affaire de la société, et ainsi de suite... Chacun a le devoir de se sentir responsable de soi et d'essayer dans la mesure du possible de responsabiliser l'autre. Ce n'est qu'en prenant notre destin entre nos mains que nous pourrons maintenir vivantes nos valeurs et nos traditions. « *Usfartem lachem* » (« Vous compterez pour vous »), nous dit le texte biblique (Lév. 23, 15). Nous devons surtout prendre conscience de la responsabilité que nous avons vis-à-vis des jeunes car nous les rendons responsables d'un monde qu'ils n'ont pas créé. Nous sommes tous responsables les uns des autres. Et c'est en vertu de cette responsabilité que nous devons veiller aux autres. L'homme juif ne doit pas vivre en rupture avec le monde naturel mais il doit maîtriser le temps, lui donner un contenu progressif, en sainteté et en réalisations constructives. Le temps devient alors bénédiction.

La gestion du temps

Lorsque nous percevons le temps, nous le percevons dans sa dimension quantifiable, dans sa dimension de durée. Une minute est plus longue qu'une seconde, une heure plus longue qu'une minute. Lorsque nous percevons le temps dans sa dimension de durée, nous nous sentons affectés par lui : nostalgie du passé, caractère éphémère du présent, angoisse face à l'avenir. Le temps nous inquiète. Nous essayons de nous y accrocher mais il nous échappe. Nous ne le possédons pas. Nous le sentons passer derrière nous parce que nous le percevons en tant que durée.

Pendant des millénaires, tout le monde a cru que l'essentiel était de définir où le monde avait été créé. Rome se prenait pour le centre du monde. Athènes se prenait pour le centre du monde. On pensait que c'était là où on est que se passe l'essentiel. La Torah, en commençant par le mot *béréchit*[1], vient nous enseigner que ce n'est pas le lieu où l'on est qui est l'essentiel, mais le moment que l'on vit. « Veux-tu réussir dans ta vocation de juif ? », disait un jour Rabbi Menahem Mendel de Kotsk (1787-1859) à l'un de ses disciples. Agis

1 « Au commencement » (Gen. 1, 1).

de telle sorte que tu ne puisses pas commettre un péché, que tu n'aies pas le temps de commettre une erreur de temps[1]. » Par les responsabilités que l'homme est amené à prendre dans sa vie, il est capable d'acquérir le monde, son monde à lui, et le monde tout entier en une heure, mais aussi susceptible de perdre son monde à lui et le monde tout entier en une heure[2]. Vu ainsi, le principe du repentir s'éclaire et s'illumine. La *Téchouva* (le retour vers Dieu) devient notre planche de salut. Car Dieu ne cherche pas la mort du pécheur, mais son retour vers Lui. Dieu est en quête du repentant. Grâce à ce don divin, nous ne sommes plus captifs du passé. Nous ne sommes plus destinés à reproduire sans fin les erreurs du passé. Pour reprendre l'expression de Joseph Heller, nous ne sommes pas « un dépotoir des coïncidences fortuites dispersées par le vent ». La miséricorde divine nous donne notre chance. Elle nous fait vivre pour avoir la possibilité de comprendre ce que nous avons raté et de réaliser que demain sera une nouvelle chance, une nouvelle opportunité, une nouvelle tentative qui pourra nous mener au succès total.

On pourrait donner l'image d'une plage dont le sable fin a été remué de manière désordonnée jusqu'à offrir le spectacle d'un paysage lunaire dans lequel les crevasses et les monticules représenteraient les fautes, les manquements et les péchés. Arrive une grosse vague qui déferle de toute sa force. En se retirant, elle laisse une plage nette : le sable bien nivelé comme si jamais main d'homme n'y avait touché. Ainsi en est-il du vrai pardon de *Kippour*. Notre plage devient nette comme si jamais péché n'avait troublé notre conscience.

Ainsi, le judaïsme nous enseigne la sainteté dans le temps :

> « Le *Chabbath* est notre cathédrale, et notre Saint des Saints est un sanctuaire que ni les Romains ni les Germains n'ont pu détruire, un sanctuaire que l'apostasie même ne saurait souiller : le jour de *Kippour*, le Grand Pardon. Selon nos anciens rabbins, ce n'est pas le fait que nous priions au jour du Grand Pardon, mais le jour en lui-même, l'essence du jour qui, “avec le repentir de l'homme, expie le péché de l'homme[3]”. »

---

1 *Emet Vé Emouna*, Jérusalem, 5708 (1948) p. 54.

2 *Yoma* 86a ; *Sanhedrin*, 37a ; *Avoda Zara* 10b.

3 A. Heschel, *Les bâtisseurs du temps, op. cit.*, p. 105, qui se réfère à Maimonide, *Michné Tora, Hilchot Techouva*, I, 3 ; aux Traités *Yoma* VIII, 8 et *Chevouot* 13a ; *Sifra* dans Ex. 23, 27.

Yom Kippour est une nouvelle chance dans notre vie. Le fait de pouvoir s'arrêter un instant pour contempler le passé est une bénédiction en soi. Car à partir de cet instant précis, nos actes deviennent des actes neufs. Nous sommes métamorphosés en personnes qui ne portent pas les marques de leurs traumatismes et de leurs échecs. On aimerait pouvoir dire chaque matin : je suis un être nouveau avec tout ce que j'ai compris, mais en oubliant ce que je n'ai pas compris. La force du judaïsme est de laisser nos chances intactes. Demain matin, quand on ouvrira nos livres de prière, on lira : « Éternel, l'âme que Tu as mise en moi est pure[1]. » Si mon âme est encore pure, même si j'ai gâché un temps fou, je garde toutes mes chances. Il faut seulement se réveiller à temps. Il y a urgence. Il est impératif de se demander aujourd'hui ce que je suis par rapport à hier. Ai-je profité de cette journée que Dieu m'a donnée pour acquérir une dimension supplémentaire ?

Lorsque les jours de notre vie se ressemblent, nous sommes désespérément vieux. Lorsque les jours de notre vie se présentent comme une invention nouvelle, comme une transformation, comme une mutation, alors nous sommes jeunes ! Chaque jour nous rajeunit parce que nous sommes en chantier. Les chantiers respirent la jeunesse car on sent que tout est possible. C'est comme cela que nos jours doivent être. Différents, dynamiques, nouveaux. On se construit. On n'est pas parfait. On est ce qu'on devient.

Notre société et le *Chabbath*, âme de la création

Dans notre société, tout est fait pour occulter la notion du temps. Le maître mot est le progrès. Le progrès était le grand espoir de l'humanité. Grâce au progrès scientifique, on pensait vaincre l'ignorance. Grâce à la raison, on pensait bannir les préjugés. Mais en ce début du XXIe siècle, nos certitudes sont ébranlées. La technologie nous a donné la capacité de détruire la vie sur terre. Les préjugés n'ont pas été éradiqués. Pour preuve, les mouvements d'extrême droite voient en Europe leur suffrage augmenter d'élection en élection. Lors du dernier scrutin régional en Belgique, le Vlaams Blok est devenu le deuxième parti de Flandre avec 24,20 % des voix. L'explosion de la consommation

1 Extrait de la prière du matin. C'est d'ailleurs par cette phrase que s'ouvre l'office quotidien.

attaque l'environnement. On pousse les gens à consommer de plus en plus pour faire tourner la machine économique.

C'est pour lutter contre cette course effrénée dans l'acquisition de l'avoir, c'est pour libérer l'homme de l'emprise de l'objet qui le saisit à la gorge sans vouloir le relâcher, que la Bible revient sans cesse sur l'obligation de respecter le *Chabbath*. Après avoir érigé le repos du *Chabbath* en loi universelle dans le livre de la Genèse (Gen 2, 1-3), le commandement de garder le *Chabbath* et de s'en souvenir est mentionné dans le Décalogue (Ex. 20, 8-12), juste après les paroles se rapportant à Dieu. «*Zâkôr ét yôm hassabbat lekadecho*» («Souviens-toi du jour du *Chabbath* pour le sanctifier», Ex. 20, 8). Nos sages remarquent que *lekadecho* est au masculin alors que le mot *Chabbath* auquel il se rapporte est un nom féminin (Is. 49, 3). La Torah aurait dû dire *lekadechah*. En fait, observe le Maharal de Prague (Rabbi Low Ben Bezalel 1512-1609), c'est Dieu lui-même, auteur du *Chabbath*, que nous sommes appelés à sanctifier par le souvenir que nous gardons du *Chabbath*[1].

Que signifie le mot *Chabbath* et pourquoi cette importance surtout lorsqu'on parle de l'argent? *Chabbath* signifie «cesser». «J'observe le *Chabbath*» veut dire: «J'observe le jour de la cessation.» Respecter le *Chabbath* ne signifie pas seulement se reposer. Quand nous nous interdisons de prendre la voiture ou de faire des achats, nous voulons nous interdire toute relation avec l'objet. Nous voulons nous libérer du monde matériel dans lequel nous sommes plongés toute la semaine. Pendant les six jours de la semaine, l'objet nous accapare. Le septième jour, nous nous en libérons. En refusant de faire nos achats le jour du *Chabbath*, en nous interdisant de faire nos comptes et de vaquer à nos occupations quotidiennes, nous coupons avec l'engrenage dans lequel nous sommes projetés au cours de toute la semaine. Nous récupérons notre liberté vis-à-vis de l'objet. Le *Chabbath* est un arrêt. C'est un jour de prise de conscience. En ce jour, je dois apprendre à dire «assez», tout comme Dieu a dit «assez». Pris dans le cycle de la production, l'homme pourrait aisément succomber à la tentation de la croissance illimitée. Dès lors, il se croit puissant et riche parce qu'il produit beaucoup. Mais alors, il n'est plus celui qui domine le monde. Il en devient l'esclave et son pouvoir se retourne contre lui.

---

1 Dans son commentaire des *aggadot* du Talmud (*Peroushei Maharal mi P'rag le Aggadot ha Shass*, I, Jérusalem, 5718 [1958], p. 48).

> Réserver dans la semaine un jour à la liberté, un jour où nous laissons chômer ces outils dont nous forgeons si facilement des armes meurtrières, un jour où nous demeurons face à nous-mêmes, où nous nous détournons de tout ce qui est vulgaire, un jour où nous renonçons à toutes les obligations extérieures, où nous interrompons notre culte idolâtre des produits de la civilisation technique, où nous ne touchons pas à l'argent, un jour d'armistice dans notre guerre contre les hommes et les forces de la nature – est-il une institution qui, plus que le Sabbat puisse soulever l'espoir en un progrès de l'homme? Nous ne pouvons résoudre le plus angoissant problème de l'humanité en renonçant à la civilisation technique, mais en nous efforçant d'atteindre à une certaine indépendance à son égard. Envers les dons extérieurs, les biens corporels, une seule attitude est vraie: même si nous les possédons, savoir nous en passer. Le Sabbat, nous vivons pour ainsi dire libérés de la civilisation technique; nous nous abstenons d'abord de toute activité qui aurait pour but de refaire, de remodeler les objets de l'espace. La conquête de la nature, ce royal privilège de l'homme, est suspendue le septième jour[1].

Le *Chabbath* est le passage à une dimension nouvelle, celle du repos et de la réflexion. Il est une étincelle d'espoir dans ce monde d'illusion qui nous subjugue. Il est une parcelle d'éternité. Il est une source d'amour et de paix. Il libère l'homme de tous les soucis quotidiens.

C'est ainsi que l'on compte les jours en vue du *Chabbath*. Nous orientons chaque jour de la semaine vers celui-ci. Tout ce à quoi pense le juif, tout ce qu'il voit, dit et fait pendant les jours de semaine, c'est au nom du *Chabbath*, en son honneur.

> «On a raconté sur Chamaï l'Ancien: toute la semaine il mangeait en l'honneur du *Chabbath*. Lorsqu'il voyait une belle pièce de bétail, il disait: "Ah c'est pour *Chabbath*!" En voyait-il une plus belle encore, il la mettait de côté et mangeait la première. Mais Hillel l'Ancien avait une autre façon d'apprécier les choses. Car il faisait tout au nom du Ciel conformément au verset: "Béni soit l'Éternel jour après jour." [Ps 68, 20] Dans la même veine, on a rapporté l'enseignement suivant. L'école de Chamaï disait: depuis dimanche, en vue du *Chabbath*, et l'école de Hillel disait: "Béni soit l'Éternel jour après jour[2]."»

L'un et l'autre, Hillel et Chamaï, poursuivent un même but: ne pas oublier l'inspiration du *Chabbath* durant la semaine. Prolonger son

---

1 A. Heschel, *Les bâtisseurs du temps, op. cit.*, p. 130.
2 *Betsa* 16a.

esprit dans notre quotidien. Sanctifier le travail journalier. Le *Chabbath* n'est pas un jour d'inactivité et de chômage. Le travail des six jours de la semaine et le repos du septième jour sont intimement liés. Le *Chabbath* est l'inspirateur des autres jours. Il représente le résultat tangible des efforts de l'homme. Il apporte à l'homme libéré l'apaisement après la tension. II est non seulement l'âme de la création, mais aussi l'âme du travail fourni au cours de la semaine.

> Il nous est impossible de résoudre le problème du temps par la conquête de l'espace, par des pyramides ou par la gloire. Le problème du temps ne peut être résolu que par la sanctification du temps. Aux hommes coupés de leurs racines, le temps paraît s'écouler inconsistant ; aux hommes qui vivent avec Dieu, « le temps est un visage de l'éternité[1] ».

Et Heschel conclut son livre par ces mots : « Même si notre âme est angoissée, même si nos gorges serrées ne laissent s'élever aucune prière, le pur et silencieux repos du Sabbat nous mène vers un royaume de paix infinie, au seuil de l'éternité. Il est peu d'idées au monde aussi chargées de force spirituelle que l'idée du Sabbat. Dans bien des siècles, lorsque de toutes nos théories ne subsisteront plus même les traces, la splendeur du Sabbat illuminera encore l'univers[2]. »

---

1 A. Heschel, *Les bâtisseurs du temps, op. cit.*, p. 205.
2 *Ibid.*

LE TEMPS D'UNE ANNÉE

ROCH HACHANA

Le nouvel an juif [1]

Anniversaire de la création

À *Roch Hachana* (Nouvel An dit aussi jour du jugement) et à *Yom Kippour* (jour du pardon) nous sommes invités à nous pencher sur nous-mêmes et à faire le bilan de l'année écoulée. Mais, par-delà le retour sur soi et l'examen de conscience auxquels nous convie cette période clé de l'année, une idée fondamentale revient comme un leitmotiv et rythme nos prières durant ces journées. Dieu est Roi. Il est Roi de l'Univers. *Roch Hachana* est l'anniversaire de la Création de l'Univers et de l'homme. C'est à *Roch Hachana*[2] – disent nos sages – que le monde a été créé. Il nous paraît intéressant de nous poser la question : pourquoi la tradition juive établit-elle un lien

---

1 Article paru dans *La Libre Belgique* le 13 septembre 1988.

2 La fête de *Roch Hachana* tombe le 1 et 2 *Tichri*. Cette fête a plusieurs significations : *Roch Hachana* ou Nouvel An : c'est à cette date que l'année nouvelle commence. On se souhaite une bonne et heureuse année et, au cours du repas, on consomme de la pomme trempée dans du miel. Jour du son du *chofar* : le *chofar* est une corne de bélier dans laquelle le rabbin souffle à l'office du matin. Le *chofar* doit nous rappeler le dévouement admirable dont ont fait preuve Abraham et Isaac, l'un en sacrifiant son fils unique, l'autre en offrant sa vie à Dieu. C'est au son du *chofar* que, du sommet du Sinaï, Dieu s'est révélé à son peuple. Le son strident du *chofar* doit nous remuer jusqu'au plus profond de notre être et stimuler ainsi notre retour à Dieu. *Yom ha Din* ou Jour du Jugement : en ce jour, Dieu juge toutes ses créatures. « Pareils aux moutons dénombrés par leur berger, les hommes et leurs actes sont scrutés par Toi. Qui vivra et qui mourra. Qui sera fortuné et qui sera indigent. Mais le repentir, la prière et la *tsedaka* annulent la sanction. » *Yom ha zikaron* ou Jour du Souvenir : nous devons en ce jour nous souvenir de nos fautes, les regretter et prendre la ferme décision de ne plus les commettre à nouveau. Les jours qui séparent *Roch Hachana* et *Yom Kippour* sont appelés jours de repentance ou *Asseret yémey techouva*.

Sonnerie du *chofar*

entre la nouvelle année et la création du monde ? Pourquoi, à l'instar des autres religions, ne comptons-nous pas les années à partir d'un événement capital de notre religion comme l'hégire pour les musulmans ou la naissance du fondateur de la religion chrétienne ? C'est que notre religion refuse d'attacher son calendrier à un événement qui n'intéresse que les croyants de sa communauté religieuse. Elle compte le temps à partir de la création du monde, événement qui concerne tous les humains. Ceci illustre le caractère universel du judaïsme qui se préoccupe du sort de chaque homme et proclame avec le prophète Malachie : « N'avons-nous pas tous un même père ? N'est-ce pas le même Dieu qui nous a créés[1] ? »

C'est cet amour du prochain et du lointain qui, tel un cri d'espérance invincible, a déjà traversé des millénaires et qui traversera, s'il le faut, d'autres millénaires, que nous retrouvons dans cette prière de

1 Mal. 2, 10.

Roch Hachana précédant la sonnerie du *chofar*[1], et dans laquelle nous formons le vœu qu'un jour disparaîtra de la terre la tyrannie arrogante et que toutes les créatures formeront une alliance pour accomplir la volonté divine d'un cœur entier. Aussi, fidèles à la vocation d'Israël, symbole d'amour et d'espérance, il nous faut constamment essayer d'agir en faveur des humiliés, des immigrés, des exilés qui veulent vivre et vivre libres. Nous devons penser à agir en faveur de ceux qu'on bâillonne, qu'on persécute et qu'on torture parce qu'ils veulent vivre, et vivre libres. Dès lors, le respect quotidien des commandements divins, la volonté de mieux appliquer les valeurs divines n'ont de sens que si elles parviennent à se situer par rapport à l'immensité du monde qu'ils sont censés améliorer physiquement et moralement. *Roch Hachana*, temps de l'universel, nous rappelle cette obligation en début de chaque année.

Année de combat

Cependant, et malgré son caractère universel symbolisant l'unité du genre humain, ce progrès souhaité à *Roch Hachana* ne peut se réaliser que par le progrès individuel. Chacun d'entre nous doit se sentir interpellé par le cri rauque et perçant du *chofar* qui nous invite à faire un retour sur nous-mêmes et à améliorer notre comportement. Se travaillant comme on le ferait d'une motte d'argile inerte, chacun d'entre nous devrait se prendre en main pour faire de soi-même un juif conscient de ses valeurs et de ses traditions, désireux de changer le monde dans lequel nous vivons. Cela signifie qu'il n'est aucun combat au sein des pays dans lesquels nous vivons qui ne soit pas notre combat. Nous devons être le frère d'action de tous les hommes. Ne pas se battre aujourd'hui pour les hommes opprimés et otages du monde, c'est accepter pour notre siècle d'autres génocides. Faisons de chaque année qui commence une année de combat contre la torture et l'oppression. Appelons les hommes et les peuples à la fraternité et à la solidarité. Dénonçons l'abomination de tout racisme et de tout antisémitisme. Ce changement imposé par ces

1 Nb. 29, 1. Les notes du *chofar* invitent le peuple juif à un réveil spirituel qui rappelle la révélation du Sinaï. Pendant l'office à la synagogue, on récite trois groupes de prières, à la fin de chacun desquels on sonne le *chofar*. Le premier groupe, formé de dix versets de l'Écriture, proclame la souveraineté de Dieu sur toute l'humanité ; le deuxième décrit la providence de Dieu sur Ses créatures; le troisième concerne le *chofar* lui-même.

fêtes doit intervenir aujourd'hui et non demain. *Hayom* (aujourd'hui) sera notre mot d'ordre, notre formule de combat. Nous ne devons rien regarder au monde que le moment présent. L'heure que nous vivons maintenant est la seule qui compte. Si nous laissons le passé nous écraser et le futur nous empêcher de réaliser nos espérances, que reste-t-il de nos espérances, que reste-t-il de notre vie, de notre présent ? Ce que Dieu nous demande, c'est d'écouter sa voix aujourd'hui.

■

Roch Hachana et les enfants martyrs[1]

Dans la tradition juive, le Nouvel An est une fête « austère ». Il n'y a ni bals masqués ni cotillons. Ce sont des journées réservées à la prière, à la réflexion, à la méditation. Durant cette période de l'année, l'homme contemple le passé pour éclairer l'avenir. Il fait le bilan de ses actes. Il répond de ses faits et gestes devant Dieu et devant sa conscience. À la synagogue, on sonne le *chofar* (corne de bélier) pour réveiller les consciences et tâcher d'améliorer les voies à suivre. Aussi, il nous paraît opportun et important de jeter un regard sur le monde qui nous environne et de nous demander pourquoi notre société est malade. Pourquoi tant de violence, tant de crimes commis contre des enfants ? Pourquoi tant d'horreurs perpétrées contre des innocents ? Il faut que la vérité éclate. Il faut que justice soit faite. Ne sommes-nous pas tous responsables de la société que nous avons nous-mêmes engendrée ? Comment notre société démocratique a-t-elle pu générer tant de pervers, souvent sadiques ?

---

1 Article paru dans *Le Soir* du 13 septembre 1997. Il a été quelque peu modifié suite aux événements dus à la canicule de l'été 2003.

Ce texte a été publié au lendemain de la Marche blanche qui a secoué la Belgique et a focalisé l'attention des médias sur le problème des enfants martyrs. Cette Marche blanche faisait suite à la découverte macabre des petites filles Julie et Mélissa, An et Eefje qui avaient été séquestrées et assassinées par Marc Dutroux. Le procès de Marc Dutroux a commencé le 1er mars 2004 devant la Cour d'assises d'Arlon qui a statué en juin 2004 en condamnant les quatre inculpés. Ce procès était indispensable. Il fait partie intégrante de ce processus de deuil entamé le 12 août 1996. Le deuil de ces « parents magnifiques », le deuil d'un pays.

On cultive l'avoir tout en étouffant l'être

Notre société est malade. Il y a, me semble-t-il, plusieurs facteurs qui peuvent expliquer cette explosion de violence et d'horreur. En premier lieu, cette course effrénée à la conquête de biens matériels qui pousse l'homme à commettre les crimes les plus abjects. Nous vivons dans une société où les maîtres mots sont « consommation à outrance ». On pousse les gens à consommer de plus en plus pour faire tourner la machine économique. On crée des besoins. On cultive l'avoir tout en étouffant l'être. Les médias exacerbent davantage les passions en mettant en évidence la violence et le relâchement des mœurs. Tout est bon pour augmenter l'audimat[1]. Seul le résultat compte. On ne recule devant rien.

Il y a aussi ce monde où l'homme est traité comme un moyen et non comme une fin. Dans nos sociétés, les individus ne sont plus considérés comme des hommes ou des femmes, mais comme des numéros, des dossiers, des séries de chiffres accolés les uns aux autres. Quand on numérote les individus sans plus reconnaître le visage qu'ils présentent, alors on menace ce qu'il y a de singulièrement humain chez chacun d'entre nous. D'où une grande perte d'humanité et de contact humain. Les gens sont seuls. Leur solitude est d'autant plus grande que le nombre des médias augmente. Les moyens de communication n'ont jamais atteint un niveau de développement aussi important. Et pourtant, la solitude des gens et leur misère n'ont jamais été aussi grandes. Il y a trop de bruit, trop de brouhaha. On ne s'entend plus. C'est à qui crie le plus fort.

L'actualité, cette année, nous fournit malheureusement un exemple dramatique qui illustre nos propos. L'été 2003 a été un scandale inimaginable pour la France et pour l'Europe. La canicule aurait fait des milliers de morts. En quinze jours, il y eut, en France seulement, 15 000 personnes ayant perdu la vie à cause de la canicule, des personnes âgées pour la plupart. Les corps des personnes décédées par hyperthermie s'accumulaient dans les chambres funéraires ou les morgues improvisées. Les délais légaux d'inhumation ont été allongés. Il fallait aménager des camions-frigos pour les dépouilles.

---

1 Un jour, j'ai posé la question suivante à un directeur d'une chaîne de télévision belge : « Pourquoi, dans vos informations, vous ne donnez que des nouvelles sur la violence, la guerre et la mort ? Pourquoi ne cherchez-vous pas à informer vos citoyens en citant aussi des éléments positifs ? » Il me répondit : « Un train qui arrive à l'heure n'intéresse personne. »

Mais par-delà le nombre considérable des victimes, 57 cadavres n'ont pas été réclamés par les familles. Ces victimes solitaires de l'été meurtrier ont été enterrées dans le carré des indigents du cimetière de Thiais, en banlieue parisienne. Luc Dumoulin, venu assister aux obsèques des victimes dont les corps n'ont pas été réclamés, s'était écrié: «C'est quoi, cette société? Celui qui peut faire une chose pareille à sa mère ou à son père, je vous laisse imaginer ce qu'il est capable de faire avec le voisin ou l'étranger.» Cinq mois après, les leçons de la canicule n'auraient toujours pas été retenues, selon Patrick Pelloux, porte-parole des médecins urgentistes, attaché à l'hôpital Saint-Antoine à Paris[1]. «Au niveau politique, deux commissions d'enquête ont été mises en place. Mais au niveau administratif, rien n'a changé. Il y a une vraie fracture entre les gens de terrain et une technostructure qui vit en autarcie.»

Et puis l'absence des valeurs morales… Nous vivons dans une société où il est honteux d'interdire quelque chose. Au nom de la liberté, tout doit être permis. Droit à l'avortement libre. Droit à l'euthanasie active… Nous avons oublié qu'une société ne peut pas se baser uniquement sur des droits. Les droits doivent être couplés à des devoirs si nous voulons que nos enfants puissent vivre dans une société heureuse et harmonieuse.

La famille: univers privilégié de la transmission

Il me semble vital de redonner à la famille le rôle qu'elle a toujours eu. La famille est le lieu de l'éclosion des valeurs. L'univers privilégié de la transmission de la connaissance et de la morale. La Torah rêve de parents enseignants. Les parents doivent reconstituer la cellule familiale où l'enfant pourra trouver une ambiance saine. Il faut donner aux enfants la possibilité de pouvoir dialoguer en toute connaissance. Il faut limiter ou au moins choisir avec eux les émissions de télévision à voir ou surtout à éviter. Les parents doivent prendre en main l'éducation de leurs enfants et ne pas baisser les bras en prétextant que la société est là pour le faire à leur place. […] C'est à ce prix seulement que nous pourrons améliorer la société de demain et bâtir pour nos enfants et nous-mêmes un avenir plus serein.

■

---

1 Ce médecin fut le premier à donner l'alerte et à avertir les pouvoirs publics du désastre provoqué par la canicule.

La philosophie du cheveu

Roch Hachana se traduit par « tête de l'année ». À l'instar de la tête qui est l'organe le plus important du corps, ainsi le rendez-vous de *Tichri*[1] conditionne notre vie spirituelle, l'année durant. *Roch Hachana* nous invite à l'introspection. Nous devons scruter nos actes pour essayer de ne pas retomber dans les erreurs que nous avons commises. « Mon péché doit rester face à moi, constamment[2] », dit le Psalmiste. Mais alors, ma faute est-elle irréparable ? Non. Dieu nous a donné la *Téchouva* (le repentir), cette bouée de sauvetage qui nous permet d'effacer le passé et de gommer nos erreurs. Or la *Téchouva* trouve son essence dans ce que les *Hassidim* appellent « la philosophie du cheveu ».

Qu'est-ce qu'un cheveu ?

Un cheveu est un filament fin et fragile. Une simple pression du doigt suffit pour le casser. Mais dès que l'on ajoute au premier cheveu un second, l'ensemble devient plus résistant. Et plus on ajoute de cheveux, plus le faisceau gagne en résistance jusqu'à devenir une corde. Si l'on remonte à la source de nos plus grandes erreurs, on constate que l'écart du début est toujours minime, insignifiant. On a dévié d'un cheveu, puis de cheveu en cheveu, on s'est retrouvé à mille lieues du point de départ. Il convient donc de se surveiller et de ne pas se permettre d'écart, fût-il négligeable. D'autant plus qu'au début cet écart n'est pas difficile à surmonter. Faute de quoi, la petite faute s'élargirait, s'enracinerait au point de devenir une habitude quasiment insurmontable. Mais voilà, justement, ce principe du cheveu qui s'applique à la chute de l'individu peut également s'appliquer à sa réhabilitation, à son retour, à sa *Téchouva*. Car, s'il est vrai qu'un faible écart peut nous amener très loin, il est encore plus vrai qu'un petit effort peut nous faire réagir contre une mauvaise habitude et nous permettre de nous en débarrasser. Jour après jour,

---

1 Septième mois de l'année du calendrier religieux juif et premier mois de l'année civile hébraïque. *Tichri* compte trente jours et coïncide généralement avec septembre-octobre. La Balance, signe du zodiaque de *Tichri*, fut associée par les rabbins à la justice divine qui évalue les actions des hommes. *Tichri* n'est pas mentionné dans la Bible, bien que de nombreuses références soient faites au « septième mois » qui s'appelle aussi *Etanim* (I Rois 8, 2).

2 Ps. 51, 5.

en additionnant les petits efforts, nous progressons de façon importante sans nous imposer de gros sacrifices. Quel merveilleux encouragement de savoir qu'un peu de bonne volonté peut nous aider à nous libérer de nos graves erreurs ! Au fil des jours, ces petites victoires s'accumuleront.

Nous avons failli. Qu'importe !

De là, nous pouvons déduire un principe fondamental qui pourra guider notre existence : ne jamais se résigner. Nous avons failli. Qu'importe ! L'essentiel est de ne pas sombrer dans la détresse. De ne pas se laisser aller, mais de recommencer, à chaque instant, une nouvelle vie. Tourner la page immédiatement. Ne pas regarder ce passé détestable. Ne pas tomber dans la tristesse et le désespoir.

Un exemple instructif est celui qui nous est donné par notre patriarche Jacob. La Torah nous raconte que, après vingt ans de deuil et de tristesse, Jacob retrouve son fils bien-aimé. Joseph, fier de son père, le présente à Pharaon. Celui-ci lui demande son âge. « Les années de ma vie furent peu nombreuses et mauvaises[1] », répondit le patriarche. Dieu n'a pas apprécié que Jacob se plaigne. Il n'a pas apprécié qu'il dise à un étranger : « Les années de ma vie furent peu nombreuses et mauvaises. » Pour le punir, il réduisit sa vie de trente-trois années. Jacob a vécu cent quarante-sept ans, alors qu'il aurait dû en vivre cent quatre-vingts. Il va perdre trente-trois ans parce qu'il a dit trente-trois mots déplacés.

De là, nous tirons un enseignement précieux : éviter de nous plaindre de ce que nous avons. C'est vrai, ce n'est pas chose aisée. On a toujours besoin de l'écoute d'autrui, de sa compassion. On veut que les autres partagent nos soucis et nos peines. Mais, au lieu de nous focaliser sur nous-mêmes, ne devons-nous pas regarder autour de nous et voir comment les autres vivent ?

Et si on se plaignait moins...

Le récit suivant illustre bien nos propos. Dans une ville, beaucoup de personnes se plaignaient de leur sort. Face à leurs doléances, le

---

1 Gen. 47, 9.

Conseil communal décida de mettre un panneau au milieu de la Grand-Place pour permettre à chacun de raconter ses malheurs. Le Conseil espérait ainsi donner la possibilité à chacun de faire partager ses souffrances aux autres. Le lendemain, les édiles communaux venus recueillir les plaintes, les souffrances de leurs administrés constatent, à leur étonnement, qu'il n'y avait qu'une seule fiche de doléances écrite par une vieille personne qui racontait ses déboires. Étonnés, les édiles communaux ne comprenaient plus rien. Alors, où sont passées toutes les personnes qui se plaignaient quotidiennement ? Pourquoi n'ont-ils pas saisi l'occasion qui leur était offerte pour raconter leurs malheurs aux autres ? Après enquête, les membres du Conseil se sont rendus compte que lorsque chacun venait consigner ses plaintes, il lisait celles d'autrui. Voyant les malheurs et les souffrances de l'autre, il cachait les siennes. Non pas que leurs malheurs aient disparu, mais, face aux malheurs des autres, leurs propres souffrances perdaient de leur acuité et de leur gravité. Il en va de même pour nous. Nos propres souffrances perdraient quelque peu de leur acuité si on se penchait sur les souffrances des autres.

■

Émeth

À *Roch Hachana* et à *Yom Kippour*, il nous est demandé de revenir vers Dieu et vers l'homme. Ce retour imposé au juif lors de cette période de l'année nécessite de chacun d'entre nous une introspection sincère et un examen de conscience honnête. L'honnêteté (*Émeth*) est le maître mot de la *Téchouva*. Sans une introspection honnête et une prise de conscience sincère, l'homme ne pourra jamais se débarrasser des fautes qu'il a pu avoir commises.

La lettre qui fait passer de la naissance à la mort

Or, nous savons que les trois lettres *Alef*, *Mem*, *Tav* du mot *Émeth* correspondent à la première lettre de l'alphabet (*Alef*), à la lettre du milieu « *Mem* » et à la dernière lettre « *Tav* ». *Alef* (A) première lettre de l'alphabet représente l'histoire, la tradition, la révélation, les racines, la mémoire juive. Elle est en d'autres termes l'incarnation du passé. *Alef* représente la valeur numérique 1. Elle affirme le monothéisme absolu, source de la vérité, de l'existence et de l'unité de Dieu. *Mem*, lettre médiane, représente le présent, l'espace de notre liberté et de notre action ; c'est la conjonction entre le passé et le futur. *Tav* représente l'avenir, le futur, la conviction en la réalisation de la perfection future et le projet messianique. Si nous associons le *Mem* avec la première lettre de l'alphabet, cela donnera le mot : « *EM* » (la mère). La matrice qui m'a contenu. Le début de ma vie, ma mère. Si je prends la lettre *Mem* et je l'associe avec la dernière lettre de l'alphabet, j'obtiens le mot « *MeT* » (mort). La mort, la fin de la vie. Ainsi, la lettre *Mem* est la lettre qui fait passer de la naissance à la mort. C'est donc toute la vie de l'homme. Quelle est la spécificité de cette lettre ? Elle peut être ouverte comme elle peut être fermée. Un être humain, c'est quelqu'un qui absorbe ou quelqu'un qui refuse de prendre. C'est quelqu'un qui s'ouvre ou qui se ferme. Quelqu'un qui reçoit ou quelqu'un qui donne. *Mem*, c'est cette lettre de transition entre le passé et le futur. Le passé, c'est déjà de l'histoire, je ne peux plus le changer. Le futur, c'est demain, je ne sais pas ce qu'il sera. Quel est le lieu de la vie ? C'est le présent. C'est dans le présent que tout se passe. Celui qui dit, lorsque je serai libre, j'étudierai, n'étudiera jamais[1]. Nos sages nous enseignent : « Un commandement qui se présente à toi, ne le laisse jamais passer[2]. »

La *Cachrouth*[3] : pourquoi ?

Cette vision des choses nous permet de comprendre les règles imposées par la Torah quant aux animaux permis et interdits. Les animaux permis sont ceux qui ruminent et qui ont les sabots fendus. Qu'est-ce que ruminer ? Un animal qui rumine est un animal qui remâche les aliments ramenés de la panse vers la bouche. Ruminer, c'est revenir sur son passé. Ruminer, c'est être tourné vers le passé, s'y accrocher de façon définitive. L'Orient est une civilisation de nostalgiques. Les Orientaux se tournent constamment vers le passé qu'ils idéalisent dans la plupart des cas. Les sabots, quant à eux, sont le symbole de la démarche. La démarche, c'est l'avenir et l'ouverture vers l'autre, c'est le futur et le progrès. L'Occident, c'est la civilisation

---

1 *Traité des Pères*, chap. 2, p. 5.
2 *Mekhilta Bo*, 9.
3 Lois alimentaires.

du juvénisme, du progrès. Quand on tourne les pages de l'Occident, demain, c'est mieux qu'hier. Tout est mieux parce que nouveau. On pense que, dans la recherche effrénée du progrès, on trouve la solution à tous ses problèmes de société. Aujourd'hui, dans nos sociétés, il n' y a qu'un mot qui fasse recette et qui revienne dans toutes les bouches : « progrès ».

En tant que juifs, où nous plaçons-nous ?

Ni le progrès ni la nostalgie ne contiennent le bonheur de l'homme. Le seul animal *cacher*[1], ce n'est pas uniquement celui qui rumine. Ce n'est pas seulement celui qui a le sabot fendu. L'animal permis est celui qui rumine *et* qui a les sabots fendus. Cette loi de l'équilibre, qui est la loi du milieu, nous rappelle que c'est dans ce moyen terme que se trouve la plénitude. C'est là le vrai sens de *Roch Hachana*. C'est contempler le passé pour éclairer l'avenir. Ne rien sacrifier du passé tout en se tournant vers l'avenir. Ainsi, la réponse de la Torah est claire : « Souviens-toi des jours antiques. Médite les annales de chaque siècle. Interroge ton père, il te l'apprendra. Les vieillards, ils te le diront[2]. » Les personnes âgées sont symbole d'expérience, symbole des tempêtes auxquelles on a su faire face, exemple d'une vie qui a su se maintenir malgré les adversités. La Torah imagine des personnes âgées qui auraient accumulé cette expérience de la vie, susceptibles d'être la référence visible de tous les combats de l'existence.

Mais les jeunes constituent l'avenir, la pierre angulaire du judaïsme de demain qu'il faut aider et éduquer. Trouver la perfection, ce n'est possible ni par un retour sur notre passé, ni par une projection exclusive vers notre avenir. La mutation est au présent. Et voilà pourquoi chaque instant de la vie est un instant magique.

Nous devons savoir que le lendemain n'existe pas. Seul ce jour existe. Le lendemain n'est pas entre nos mains. S'occuper du lendemain, c'est grignoter sur le présent. Quand on sait comment vivre le présent, le temps se dilate. Celui qui vit intensément le présent et s'y adonne complètement voit le passé et l'avenir se fondre en lui et se réaliser dans le présent. Lorsque l'homme est absorbé par le présent,

---

1 Apte à la consommation.
2 Dt. 32, 7.

il donne libre cours à sa faculté créatrice. C'est là certainement une chose positive, car il vit ce qu'il fait. L'homme devient un homme créateur.

■

J'entends une voix à Rama

« J'entends une voix à Rama, j'entends des soupirs et des gémissements plaintifs. C'est Rachel qui pleure ses enfants ; elle refuse toute consolation parce qu'ils ont disparu. Cesse de gémir, dit le Seigneur, cesse de pleurer ; pour récompenser ta vertu, je ramènerai tes descendants des contrées éloignées. Il y a encore de l'espoir pour ton avenir ; ta postérité reprendra possession de son pays[1]. »

Max Nordau et l'enfant du *Héder*

Ce verset tiré de la *Haftara*[2] que nous lisons à *Roch Hachana*, nous interpelle. Quel rapport a-t-il avec *Roch Hachana*, jour du souvenir ? Pourquoi seulement Rachel ? Pour répondre à ces questions, j'aimerais rappeler le récit suivant.

Un jour Max Nordau, grand ami de Hertzl, reçut dans son cabinet de psychiatrie la visite d'un juif et de son fils. C'était un homme religieux. L'enfant était quelque peu timide et Max Nordau pour le mettre à l'aise lui demanda de lui raconter ce qu'il avait étudié dans le *Héder*[3] qu'il fréquentait. L'enfant lui raconta l'histoire de Rachel.

---

1 Jér. 31, 15.

2 Passage extrait des livres prophétiques et récité à la Synagogue après la lecture de la Torah durant l'office du matin, le *Chabbath* et les jours de fête, ainsi que durant l'office de l'après-midi lors des jours de jeûnes, et au cours des deux offices de *Tich'a Be Av*. Lire des passages de livres prophétiques était devenu un usage fermement établi bien avant la destruction du Second Temple. Tous les livres prophétiques sont représentés au sein du cycle des *Haftaroth* des *Chabbath* et jours de fêtes, à l'exception de *Nahoum*, *Sophonie* et *Agée*.

3 Type d'institution scolaire largement répandue en Europe occidentale jusqu'à la Seconde Guerre mondiale et encore en vigueur dans les communautés orthodoxes. Le *Héder* se composait généralement d'un petit nombre de jeunes garçons âgés de cinq à treize ans, qui se réunissaient au domicile de leur rabbin. Le Rebbe divisait généralement ses élèves en trois groupes d'âge avec lesquels il travaillait à tour de rôle. Les plus jeunes apprenaient à lire et on accordait une importance particulière à ce qu'ils sachent prier en utilisant un livre de prières. Le groupe intermédiaire étudiait généralement le Pentateuque avec le commentaire de Rachi. Tandis que les plus âgés étudiaient le Talmud.

Il lui cita le commentaire de Rachi dans lequel Jacob s'excuse auprès de son fils Joseph d'avoir enterré sa mère en chemin et de ne pas l'avoir ensevelie comme les autres matriarches dans la caverne de Machpela. « Je l'ai fait, dit Jacob, sur ordre de Dieu pour qu'elle puisse sortir de sa tombe et prier pour ses fils exilés. Je l'ai fait, continua Jacob, pour qu'elle puisse aider ses enfants et leur insuffler force et courage au moment où ils quitteront le pays. Je l'ai fait pour qu'elle annonce à ses enfants que cet exil ne sera que provisoire et que le Tout-Puissant ramènera les exilés des contrées lointaines. » Max Nordau, ému, prit l'enfant et l'embrassa sur la tête. Il lui dit : « Un peuple qui garde ses souvenirs dans sa mémoire, ce peuple ne périra jamais. »

« C'est dans le souvenir que réside le secret de la rédemption »

Se souvenir, véhiculer et transmettre les valeurs de notre peuple, c'est ce qui nous a permis de survivre. Comme le dit Rabbi Nahman de Bratslav[1] : « C'est dans le souvenir que réside le secret de la rédemption. » La Torah et, en particulier, le livre du Deutéronome, nous enjoignent maintes et maintes fois de « nous souvenir » et de « ne pas oublier[2] ». Même dans ses dernières paroles d'adieu, dans le style poétique de son dernier discours, Moïse adjure le peuple d'Israël :

> Souviens-toi des jours antiques
> Considère la génération du lointain passé
> Interroge ton père, il te l'apprendra
> Tes vieillards, ils te l'expliqueront[3].

Ce qui est précisé ici, c'est que « se souvenir » des faits historiques n'est pas suffisant. On doit aussi y réfléchir, les analyser afin d'en comprendre le sens. Évoquer le passé et le comprendre nous aide à regarder les événements sous leur jour véritable.

---

1 Tsaddik du mouvement hassidique d'Ukraine. Arrière-petit-fils du Baal Chem Tov par sa mère, il était également du côté paternel, le petit-fils de Nathan de Horodenka, l'un des guides spirituels de la mouvance du Baal Chem Tov.

2 Dt. 25, 19.

3 Dt. 32, 7.

Mais pourquoi se souvenir de Rachel à *Roch Hachana* ?

Le Talmud[1] raconte qu'au moment de l'exil Rachel dit à Dieu : « Éternel, tu n'ignores pas que Jacob m'a aimé d'un amour intense. Il a travaillé sept ans pour pouvoir m'épouser. Or, au terme de ces sept années, mon père a décidé de donner Léa à ma place. Ce fut pour moi une épreuve terrible. Et puis, j'ai réprimé ma douleur et pour éviter la honte à ma sœur je lui ai remis le mot que j'avais convenu avec Jacob pour qu'il croie que c'est bien moi. Je n'ai pas été jalouse. Moi qui suis un être de chair et d'os, j'ai réprimé mes sentiments. Et Toi, Être suprême, Tu as exilé Tes enfants parce qu'ils ont été infidèles. » À ce moment, Dieu dit : « Rachel, ne te préoccupe pas. Cesse de pleurer. »

Mais qui est Rachel ? Elle est l'incarnation de la femme juive qui, contre vents et marées, a toujours veillé à transmettre le flambeau du judaïsme. Un exemple parmi tant d'autres. Ce sont les femmes qui en Égypte ont permis la libération du peuple de l'esclavage. Le *Midrach* raconte : « Israël fut sauvé de l'Égypte grâce aux femmes de cette génération. Que faisaient-elles ? Lorsqu'elles allaient puiser de l'eau, Dieu disposait des petits poissons dans leurs récipients, de sorte qu'elles les trouvaient emplies moitié d'eau et moitié de poissons. Elles les apportaient à leurs époux et les versaient dans deux pots ; l'un pour l'eau chaude et l'autre pour les poissons. Ensuite, elles utilisaient cette eau pour les nourrir, les laver et les faire boire. »

Dans son style propre, le *Midrach* nous permet de comprendre la nature de la résistance des femmes juives. Elles résistaient au triple processus de dégradation : physiologique, psychologique et historique que subissaient les époux. Les femmes apportaient en premier lieu à leurs maris de l'eau. Ainsi, elles préservaient leur résistance physique et morale. Physique, parce qu'elles les nourrissaient ; morale, en préservant leur intégrité corporelle. « N'est-ce pas, disaient-elles, le désespoir qui tue en premier lieu ? » « Pourquoi un homme préserverait-il son corps, s'il a perdu sa raison d'être ? » Et c'est bien cette raison d'être que les femmes juives tentaient d'apporter à leurs maris asservis. En second lieu, les femmes conservaient une part de leur eau pour laver leurs époux et les débarrasser de la boue où ils piétinaient sans cesse et qui recouvrait leurs visages confondus dans une masse indifférenciée. Elles rendaient à leurs maris une figure humaine, une

---

1 *Meg.* 13b ; *Baba Batra* 123a.

identité et luttaient ainsi chaque jour contre la déshumanisation mise en œuvre par l'appareil pharaonique. Ainsi, pendant les dures années d'esclavage, ces femmes se sont fait un point d'honneur de mettre au monde beaucoup d'enfants.

Depuis lors, la femme juive est devenue le symbole de la résistance, l'incarnation de la famille. Dieu n'a pas été sensible aux prières des patriarches. Il n'a pas été sensible aux interventions de Moïse. Il n'a été sensible qu'aux pleurs des femmes. Aussi, il est important que les femmes prennent conscience de leur rôle et soient à la hauteur de leur tâche. Il est important qu'elles continuent à œuvrer comme elles l'ont toujours fait pour le bien-être du judaïsme en recréant dans leur foyer ce vécu familial indispensable à la survie de notre peuple. Loin d'être un ministre sans portefeuille, une maîtresse de maison dépourvue de tout droit, la femme, paradigme de l'histoire juive, est la pierre angulaire du judaïsme.

■

Le non-sacrifice

Les multiples sacrifices

Le récit de la ligature d'Isaac ponctue la liturgie et occupe une place importante dans notre histoire. De génération en génération, année après année, nous demandons à Dieu : « Souviens-toi d'Abraham qui a accepté de sacrifier son fils Isaac[1]. » La sonnerie du *chofar,* qui constitue le moment clé de l'office de *Roch Hachana,* est aussi un moment de rappel de cet événement. Malgré la Shoah qui s'est abattue sur notre peuple, seul le sacrifice d'Isaac revient comme un leitmotiv, même si ce sacrifice n'a pas été réellement exécuté. Certes, on se souvient d'autres sacrifices, mais on ne les donne pas en exemple.

Dans le traité *Guittin*[2], on nous rapporte le récit de Hanna et de ses sept fils. Après avoir perdu six de ses enfants et avant de perdre

---

1 Extrait de la prière du matin.

2 Nous reproduisons le récit de Hanna et de ses sept fils tel qu'il est rapporté dans le Talmud (*Guittin* 57b).

On fit comparaître l'aîné devant l'empereur qui lui ordonna de servir les idoles. Il répondit : « Il est écrit dans la Torah : "Je suis l'Éternel, ton Dieu" » (Ex. 20, 2). Ils le firent sortir aussitôt pour l'exécuter. Ils amenèrent le second fils devant César, en lui disant : « Adore les idoles. » Il leur répondit : « Il est écrit dans la Torah : "Tu n'auras pas d'autres

le septième, elle dit au plus petit : « Mon fils, va chez Abraham et dis-lui : Voici le message que maman m'a chargé de te livrer. Ne t'enorgueillis pas en disant, j'ai élevé un autel pour sacrifier mon fils. Vois, ma mère a élevé sept autels et elle a offert sept fils en un seul et même jour. Toi, tu as subi une épreuve. Elle, elle a vécu ce drame. » Elle n'était pas la seule puisque toute notre histoire est jonchée de multiples sacrifices. Pourquoi donc le sacrifice d'Isaac a-t-il été mis en exergue avant tous les autres sacrifices ? Pourquoi, sans cesse, donnons-nous comme exemple et comme modèle cette tentative de sacrifice alors que l'on parle si peu des sacrifices qui, réellement, ont été accomplis par les enfants de notre peuple ?

Le seul sacrifice que Dieu veuille mettre en exergue, c'est le non-sacrifice

Peut-être – et c'est là l'enseignement que nous pouvons tirer de cette anomalie apparente – cette tentative de sacrifice n'est-elle mise en exergue que parce qu'elle a été une tentative et non un sacrifice consommé. Car les vrais sacrifices ne sont pas dans le judaïsme un idéal qu'il faudrait prôner. La lecture attentive du texte biblique corrobore cet enseignement. Le texte ne dit pas : « *Chéhatehou* –

---

dieux devant ma face" » (Ex. 3). On l'emmena pour l'exécuter. À la même injonction, le troisième répondit : « Il est écrit dans la Torah : "Tu ne te prosterneras point devant un autre Dieu" » (Ex. 34, 14). On l'emmena pour l'exécuter. On fit entrer le quatrième fils. « Adore les idoles », lui ordonna-t-on. Il répondit : « Il est écrit dans la Torah : "Celui qui offre des sacrifices à d'autres dieux qu'à l'Éternel [sera voué à l'extermination]" » (Ex. 22, 19). On l'emmena pour l'exécuter. On fit entrer le cinquième. Quand on lui ordonna d'adorer les idoles, il cria : « Écoute Israël, l'Éternel notre Dieu, l'Éternel est un » (Dt. 6, 4). On l'emmena pour l'exécuter. Lorsque ce fut le tour du sixième, il répondit : « Il est écrit dans la Torah : "Sache donc en ce jour, et retiens dans ton cœur que l'Éternel est Dieu en haut dans le ciel et en bas sur la terre, et qu'il n'y en a point d'autre" » (Dt. 4, 39). On l'emmena également pour l'exécuter. Enfin, on fit entrer le septième, et on lui ordonna d'adorer les idoles. Il répondit : « Il est écrit dans la Torah : "Aujourd'hui tu as fait promettre à l'Éternel" » (Dt. 26, 17-18). Nous avons juré au Saint-Béni-Soit-Il que nous ne l'échangerions pas pour un autre dieu, et Lui, Il nous a juré qu'Il ne nous échangerait pas pour une autre nation. César lui fit une proposition :

– Je vais faire tomber mon anneau : si tu te baisses pour ramasser, afin que les gens puissent dire que tu t'es soumis à l'autorité impériale, [je t'épargnerai].

– Quel dommage pour toi, César ! Quel dommage pour toi ! Si tu es si soucieux de ton honneur, combien plus devons-nous l'être de l'honneur du Saint-Béni-Soit-Il !

Le jeune homme fut également condamné à mort. Alors qu'on emmenait ses fils sur les lieux de leur exécution, la mère obtint qu'on lui permette de les embrasser une dernière fois...

Immole-le » mais « *Ha'alehou*[1] – Fais-le monter. » Le texte précise son intention en disant : « *Véha Elohim nissa ett Abraham*[2] » (Et Dieu mit à l'épreuve Abraham). Il s'agissait bien d'une épreuve et non du désir de Dieu de voir immoler un être humain sur l'autel de l'amour divin. À aucun moment Dieu n'a voulu qu'Abraham sacrifie son fils Isaac. Dieu a toujours été hostile aux sacrifices humains. Et toute la vie d'Abraham n'a été qu'une lutte contre les sacrifices humains offerts au dieu Moloch. Nous comprenons dès lors la raison pour laquelle seule cette tentative de sacrifice revient comme un leitmotiv dans notre liturgie et notre histoire. Le seul sacrifice que Dieu veuille mettre en exergue, c'est le non-sacrifice.

La lecture des textes montre bien l'importance, d'une part, de l'ordre de Dieu qui met Abraham à l'épreuve « *Kah na ett bincha …acher ahabta ett Itshaq*[3]*…* » (Prends ton fils, ton fils unique, celui que tu aimes, Isaac) mais, d'autre part, l'ordre qui l'oblige à ne pas le sacrifier « *Al tichlah Yadcha el Ha naar*[4] » (N'élève pas ta main sur le jeune homme et ne lui fais aucun mal). Vers la fin du chapitre relatant la ligature d'Isaac, Dieu revient à nouveau et insiste auprès d'Abraham. « *Ya'an acher 'assita ett ha davar hazé velo hassachta ett bincha acher ahabta ett Ytshaq, ki barech abarech cha ve harba arbé ette zar'acha*[5]. » – Parce que tu as agi ainsi et tu n'as pas immolé ton fils, ton fils bien-aimé Isaac, alors je te bénirai et je multiplierai ta descendance. La bénédiction t'est donnée non pas pour avoir sacrifié ton fils, mais pour ne pas avoir commis l'irréparable.

Oui à la volonté divine. Mais non aux sacrifices humains. Et c'est bien pour cela que seule la ligature d'Isaac est rappelée de génération en génération parce qu'elle est la seule qui corresponde à l'esprit de Dieu. Oui à l'application de la volonté de Dieu. Mais non au sacrifice humain quelles qu'en soient les raisons. Voilà la leçon éternelle que la Torah vient nous enseigner. Et c'est bien cette leçon que nous devons transmettre de génération en génération.

■

---

1 Gen. 22, 2.
2 Gen. 22, 1.
3 Gen. 22, 2.
4 Gen. 22, 12.
5 Gen. 22, 15.

La ligature d'Isaac[1] (Gen. 22, 1)

Pour le judaïsme, Abraham est à la fois l'ancêtre d'Israël, le modèle du juif pieux aimant Dieu[2] et le garant de l'existence du peuple. La formule *Abraham abinou* (Abraham notre père) exprime l'étroite relation qui unit le peuple au patriarche. Son dévouement et sa perfection devinrent des attitudes qui servent d'exemple à ses enfants et que ceux-ci se doivent d'imiter. La Torah consacre à la vie de ce patriarche quatorze chapitres, soit un peu plus du quart du livre de la Genèse[3]. Au cours de ce récit l'image d'Abraham évolue sous nos yeux. Au fil des épreuves[4], cette image grandit et s'amplifie pour devenir non seulement celle du fondateur de la nation juive, mais d'une multitude de nations[5].

---

1 Cet article a été présenté pour la première fois lors du colloque de l'Instituum Iudaicum tenu à la KULeuven le 24 janvier 1977. La *Aqeda* en hébreu signifie littéralement « action de lier » la victime avant de l'offrir en sacrifice. Ce terme s'emploie spécialement à propos du sacrifice d'Isaac. Il est usuel mais impropre, puisque le sacrifice consenti par Abraham et Isaac ne devait pas être consommé. La terminologie juive ne connaît que la ligature d'Isaac. Ce thème important pour toutes les religions monothéistes a été amplement traité.

2 Is. 41, 8.

3 Sur les 50 chapitres que comprend le livre de la Genèse, quatorze sont consacrés à la vie d'Abraham.

4 La tradition juive attribue à Abraham 10 épreuves auxquelles il avait été soumis et qu'il avait surmontées avec succès. Dans son livre *From Adam to Noach*, le professeur U. Cassuto reprend ces dix épreuves et établit une comparaison entre elles. Selon lui, ces dix épreuves seraient :

1. Après la promesse qui lui a été faite par Dieu à Haran, Abraham doit quitter sa ville natale, sa maison paternelle, pour se rendre vers une terre que Dieu lui indiquera (Gen. 12, 1-4).
2. Abraham traverse tout le pays et y construit des autels au nom de Dieu. La famine cependant oblige Abraham à quitter le pays de Canaan et à se rendre en Égypte. Là, son épouse Saraï se trouve en danger dans le palais de Pharaon (Gen. 12, 10-13, 4).
3. Abraham se sépare de son neveu Loth qui s'installe à Sodome (Gen. 13, 5-18).
4. Pour sauver son neveu Loth, Abraham met sa vie en danger en livrant la guerre contre les rois de l'Orient (Gen. 14 et 15).
5. Au moment où Hagar allait donner naissance à son fils Ismaël, cet enfant allait lui être ravi en raison d'un conflit familial (Gen. 16).
6. Abraham doit se faire circoncire à l'âge de 99 ans (Gen. 17).
7. Une seconde fois Loth se trouve en danger. Abraham doit à nouveau intervenir pour le sauver (Gen. 18, 17-19, 28).
8. Alors que Sarah attendait son fils Isaac, elle fut prise par Abimelec, roi de Gerar (Gen. 20, 1-21, 7).
9. La naissance d'Isaac entraîne l'éloignement d'Ismaël (Gen. 21, 8-34).
10. Dieu demande à Abraham de sacrifier son fils Isaac (Gen. 22). Selon d'autres versions, il faudrait ajouter à ces épreuves, la fournaise ardente, l'Alliance du chapitre 15. Selon les Jubilés, la dernière épreuve d'Abraham serait la mort de Sarah.

5 Gen. 17, 5.

Dans la vie de ce patriarche, Abram devenu Abraham[1], père de l'humanité croyante, l'épisode du sacrifice d'Isaac occupe une place centrale. Au moment où Abraham pensait avoir atteint son but, il est appelé à renoncer en faveur de Dieu à tout ce qui lui semblait être précieux, à l'idéal éthique auquel il croyait et qu'il avait constamment enseigné. Abraham n'hésite pas. Il répond *hineni*[2]. La foi mise par Abraham en Dieu, ainsi que l'amour sans borne qu'il lui a témoigné, expliquent pourquoi la sonnerie du *chofar*[3], liée au sacrifice d'Isaac, est devenu un élément du pardon des fautes d'Israël. Des générations éloignées de l'ancêtre éprouvent encore l'effet bienfaisant de l'amour d'Abraham, propagateur de la connaissance du vrai Dieu[4]. Selon Rabbi Abahou : Dieu dit à

---

1 De nombreuses significations ont été données à cette métastase nominale. De toutes les lettres de l'alphabet, le H est celle qui a le caractère immatériel le plus prononcé. Elle n'est rien qu'un léger souffle, elle n'a pas d'articulation sonore et est inaudible. L'intégration de cette lettre, dans le nom d'Abraham, indique qu'il ne s'agit pas d'une paternité physique mais spirituelle. Pour A. Neher, qui d'ailleurs reprend les paroles du *Midrach*, le passage d'Abram en Abraham marque l'accès du monde à une dimension nouvelle de la création. Il se base sur l'expression *behibar' am* qui se trouve dans Gen. 2, 4. Dans cette expression la *Massorah* veut que la lettre H soit en calligraphie minuscule. Or, les cinq lettres de *hibar' am* sont en hébreu l'anagramme des cinq lettres du mot Abraham. « C'est par la mutation dynamique, qui a métamorphosé les quatre lettres d'Abram en cinq d'Abraham, que l'univers tout entier fit un saut. Le saut de l'Être au Devenir, le saut de l'Histoire », A. Neher, *op. cit.*, p. 19. Le *Midrach* pense qu'Abraham n'a acquis la perfection qu'avec la circoncision. Le changement de chiffre est expliqué par le fait qu'après la circoncision, Abram devint Abraham. Ce *H* correspond en effet au nombre cinq. La circoncision a fait du patriarche une nouvelle créature et c'est alors que son fils Isaac lui fut donné. *Cf.* Nedarim, 32b ; *Tanhuma* section *lek-leka*, 20.

2 *Hineni* est un terme composé que l'on traduit par « me voici » et qu'il faut rendre littéralement en respectant la valeur de chacune de ses composantes par « oui, moi ». A. Neher, *op. cit.*, p. 185. Ce terme est devenu dans la Bible le terme clé de l'être prêt et le plus caractéristique de la piété d'Abraham. La religion d'Abraham ne doit pas être une contemplation mystique, mais avant tout un dévouement absolu à la volonté divine. C'est ce même cri qui d'ailleurs a jailli de la bouche de Samuel, d'Élisée et d'autres serviteurs de Dieu qui, sans la moindre hésitation, consacrèrent leur vie à Dieu.

3 Corne de bélier qu'on emploie encore de nos jours dans les synagogues au Nouvel An religieux. Sur les pouvoirs rédempteurs de la corne du bélier, *cf. Chabbath* 89b, *Roch Hachana* 16a ; *Psiqta de Rab Kahana*, éd. S. Buber, 23, fol. 153ss. Certains rabbins, spéculant sur la signification symbolique des cornes du bélier qui « avaient été retenues dans le buisson » (Gen. 22, 13). Ils y voient une préfiguration du sort futur d'Israël, qui, lorsqu'il serait pris dans le buisson du péché, trouverait le pardon en sonnant de la corne au jour du Nouvel An. D'autres lui donnent une portée historique : lorsque le peuple tomberait entre les griffes des 4 empires : de Babylone, de Mède, de la Grèce et de Rome, il serait finalement racheté quand « le Seigneur sonnerait de la corne à l'époque messianique » (Zach. 9, 14).

4 Sur les mérites d'Abraham et leurs effets, voir S. Sandmell, *Abraham's Knowledge of the existence of God*, Huca, 26, 1955, p. 209 et suiv.

Israël : « Faites sonner devant moi une corne de bélier pour que je me souvienne en faveur du sacrifice d'Isaac, le fils d'Abraham et que je vous compte comme si vous étiez sacrifiés vous-mêmes devant Moi[1]. » L'importance du récit du sacrifice d'Isaac explique bien pourquoi les poètes du Moyen Âge avaient composé une série d'hymnes de pénitence connus sous le nom de la *Aqeda* et qui sont récités essentiellement au cours des dix jours de repentance. Ce thème enfin n'a pas laissé insensible un grand nombre d'artistes qui ont légué à la postérité des œuvres d'art extraordinaires illustrant ce thème[2].

« Il arriva après ces faits » (Gen. 22, 1)

L'étude de l'épisode de la *Aqeda* implique inéluctablement l'étude du rapport existant entre la fin du chapitre 21 et le début du chapitre 22. Ces deux chapitres sont en effet liés par le groupe de mots : « *Ahar ha debarim ha' ele* » que le *Midrach* traduit par « *hirhuré debarim*[3] » (réflexions, méditations). À quoi réfléchissait Abraham ? Il n'est pas difficile de découvrir le contenu de ces réflexions car elles apparaissent nettement dans le texte. Abraham, durant son long séjour à Beer Cheba, dans le pays des Philistins, plante un térébinthe et, là, il invoque Dieu en tant que Dieu de l'Éternité[4]. Auparavant, Abraham avait marché, allant toujours plus loin, s'accomplissant chaque jour davantage, construisant des autels, convertissant des passants, recevant des invités, luttant contre des rois « sans qu'un but ne fut jamais atteint, les yeux obstinément tournés vers cet avenir-horizon, limite de son être ».

---

1 *Cf. Abot,* V, 3-6, *Taanit* 2, 4 ; *qidduchin* 4, 14 ; *Gen. Rabba,* 48, 1, 483 avec les observations de Théodor ; *Nedarim* 32, a.

2 *Cf.* L. Réau, *Iconographie de l'art chrétien,* 2, 1956, p. 125-138 ; E. Le Blant, *De quelques représentations du sacrifice d'Isaac,* Rev. Arch. 1986, A, p. 154-159 ; Parrot, *Abraham et son temps,* CAB, 14, 1962. Le sacrifice d'Isaac est représenté dans la célèbre mosaïque de la synagogue de *Beth-Alpha,* près de la plaine de Izréel, qui doit dater du IVe siècle de l'ère chrétienne.

3 *Genèse Rabba,* 22, 1, Éd. Théodore, p. 587.

4 Sur El, El Elyon, El Olam, *cf.* E. Jacob, BHH, I, 1962, col. 386-389 ; Fr. M. Cross Jr, *Yahweh and the Gods of the Patriarchs,* HTR, 45, 1962, p. 225-259 ; R.M. Achard, *op. cit.*, p. 47 (avec des indications bibliographiques). Selon Nahmanides, le terme « *olam* » a une signification spatiale et est la formule précise qu'Abraham utilise pour désigner Dieu en tant que maître de l'Univers et de ses éléments. Maimonide, par contre, l'interprète au sens de Dieu Éternel (Guide, II, 13, p. 215 traduction de S. Munk).

Or, à Beer Cheba, Abraham avait apparemment atteint son but et les composantes fondamentales de la Promesse semblaient avoir accédé à leur réalisation. Isaac, le fils qui devait matérialiser la Promesse divine[1], grandissait en âge et en personnalité. La terre venait d'être reconnue à Abraham par une alliance solennelle conclue avec Abimelec[2], l'un des rois de Philistie. La possession du puits creusé par Abraham[3] prenait ici une valeur de symbole.

« Descendance, histoire, terre promise, étaient devenues réalités. Là, à cet endroit et à ce moment de son essence, *hic et nunc*, Abraham les tenait dans sa main. Pour Abraham, la Promesse venait de se métamorphoser en maintenant. Et c'est à travers ce maintenant que le Dieu de la Promesse était devenu pour Abraham le Dieu de l'Éternité[4]. » C'est alors que l'épreuve frappe Abraham de plein fouet. Il est soudain interpellé. Le cours de ses méditations est brisé. Sa rêverie est interrompue brutalement. Immédiatement et sans attendre d'autres explications, Abraham répond *hineni*, « Me voici. » En un clin d'œil, tout son monde s'ébranle. Plus rien n'est sûr. Abraham doit à nouveau se remettre en marche, refaire tout le chemin déjà parcouru. Il doit sacrifier son fils Isaac, objet de tant d'amour et de tant d'attente. Abraham dit oui. Il est prêt à tout sacrifier sur l'autel de l'amour divin. Il se lève de bon matin[5], sangle son âne[6], et emmène ses deux serviteurs et son fils Isaac. Il se dirige vers le mont Moria[7] sur lequel l'ascension d'Abraham va atteindre son point

---

1 Gen. 12, 2 ; 12, 7 ; 13, 14-15 ; 15, 4-7 ; 17, 7-8, etc.

2 Gen. 21, 22-34.

3 Gen. 21, 30 : Le puits d'eau, si souvent mentionné dans la Bible, représente en effet la source de pureté et de fécondité. Le prophète Jérémie va jusqu'à l'employer comme image de la divinité elle-même. « Ils m'ont abandonné, Moi, la source d'eau vive pour se creuser des citernes, des citernes crevassées qui ne peuvent retenir les eaux » (2, 3). En revendiquant la propriété des puits qu'il a creusés, Abraham fait comprendre à son nouvel allié qu'il entend demeurer maître de sa source d'eau vive, c'est-à-dire de sa source d'inspiration. *Cf.* É. Munk, *La voix de la Torah, op. cit.*, II Gen. p. 213.

4 A. Neher, *L'exil de la parole*, p. 189.

5 « Ceci nous apprend que les hommes zélés accomplissent la *mitsva* le plus tôt possible » (*Pessahim*, 4a). À deux reprises déjà, le texte avait noté dans les mêmes termes l'empressement matinal d'Abraham (Gen. 19, 27 ; 21, 14). Toutefois, ce n'est que dans ce chapitre que la notion de zèle est la plus mise en valeur. Tout empêchait Abraham à ne pas accepter ce commandement. Les promesses divines antérieures, l'amour filial, la religion qu'il a enseignée aux autres… Et pourtant, il se leva de bon matin.

6 « *Hamor* » (âne) et « *Homer* » (matière) sont des mots homophones. Aussi le texte peut être compris ainsi : « Il sangla sa nature et la partie matérielle de son être, afin de dominer ses sentiments naturels et de donner libre cours à son idéalisme. »

7 Selon Rachi, *Moria* « c'est Jérusalem comme dans II Ch. 3, 1 : construire la maison du Seigneur à Jérusalem, au mont *Moria* ». Cet endroit, disent nos sages, était originairement

culminant. Avec « crainte et tremblement », Abraham avance vers le lieu que Dieu lui indiquera. « Des larmes perlent de ses yeux, mais son cœur est content[1]. » Il va enfin se prouver et prouver à toute l'humanité qu'il met l'amour de Dieu par-dessus tout.

Le sens conféré par le *Midrach* à l'expression « *Ahar hadebarim ha 'ele* », à laquelle nous avons donné le sens de réflexions et méditations, n'est pas le seul à être adopté par la tradition juive. Certains commentateurs relient l'épisode de la *Aqeda* à certains propos qui auraient été tenus auparavant. Rachi[2] cite à ce sujet les paroles accusatrices du Satan. « Maître du monde ! Tu appelles Abraham : Mon ami. Or, il offre un festin et ne donne rien aux pauvres. Il n'a même pas offert un pigeon comme sacrifice en Ton honneur... L'Éternel décréta alors qu'Abraham serait mis à l'épreuve par le sacrifice d'Isaac. » Selon ce *Midrach*, la *Aqeda* paraît avoir pour cause une faute commise par Abraham. Elle a donc pour but de purifier Abraham de cette faute et de le faire accéder ainsi à la perfection. Cette interprétation semble présenter pourtant quelques difficultés. En effet, selon la tradition, Isaac avait trente-sept ans au moment du sacrifice. Il est difficile d'admettre que Dieu ait attendu tout ce temps pour mettre à l'épreuve Abraham pour une faute commise trente-sept ans auparavant[3].

---

une plaine. Mais, dès qu'il fut choisi comme lieu de *Aqeda*, les collines des alentours se rassemblèrent et formèrent une montagne là où avait été la plaine. Lorsque Abraham s'approcha, il put voir cet endroit de loin. C'est cet emplacement qui fut ultérieurement choisi par Dieu pour y construire son temple. La *Septante* parle d'un pays élevé. *Cf.* (V. 4) *Symmaque* et la *Vulgate* du « pays de la vision ». La *Pechitta* a traduit par « pays des Amorites ». Les Samaritains ont situé le lieu du sacrifice d'Isaac au mont *Gerizim* et les Chrétiens l'ont rapproché parfois du Calvaire. *Cf.* R. Le Deaut, *La nuit pascale, Analecta Biblica*, 42, Rome, 1963, p. 110, note 117.

1 *Cf.* le poème « *et cha'are ratson* » (le moment où les portes de la miséricorde s'ouvrent). Ce poème est récité dans les synagogues à *Roch Hachana* avant la sonnerie du *chofar* et le *Yom Kippour* au moment de la *minha*.

2 Rabbi Chelomo Ytshaqi (1040-1105). Il est le plus populaire des commentateurs de la Bible et du Talmud. Son commentaire accompagne toutes les éditions classiques du Talmud et la plupart des éditions de la Bible. L'exégèse de Rachi se distingue par sa clarté, sa sobriété et sa fidélité à la lettre de l'écriture. Pour la vie et l'œuvre de Rachi, *cf.* notre introduction parue dans *Tradition écrite et tradition orale*, publiée par les soins de l'Institutum Iudaicum, ainsi que la bibliographie sur cet auteur (en préparation par l'Institutum Iudaicum).

3 *Cf.* « *Tora Temima* » du rabbin Epstein, p. 202. Certains commentateurs pensent que Dieu a attendu cet âge pour rendre son épreuve plus difficile. En effet, Abraham, au moment de la *Aqeda*, n'avait plus d'espoir d'avoir d'autres enfants. Par ailleurs, il s'est attaché à ce fils en qui il avait mis tout son espoir. Pour d'autres, Dieu a attendu ce laps de temps pour faire participer Isaac et, de ce fait, faire éclater aux yeux de tous, le zèle de ce patriarche.

Pour cette raison, Rachi rapporte une seconde interprétation. Selon lui, l'épisode de la *Aqeda* viendrait à la suite des paroles d'Ismaël qui se glorifiait aux dépens d'Isaac à cause de la circoncision qu'il avait subi à l'âge de treize ans, sans s'y être opposé. Isaac lui dit : « Tu veux m'en imposer à cause d'un membre. Si Dieu me dit : "Offre-toi en sacrifice", je ne me déroberai pas. » Selon ce *Midrach*, la *Aqeda* fait suite au dialogue éthique qui s'était déroulé entre Isaac et Ismaël. L'*Aqeda* fait suite à la réplique d'Isaac, prêt à tout sacrifier par amour divin.

Dieu éprouva Abraham (Gen. 22, 1)

Le sacrifice d'Isaac est la première fois où Dieu met à l'épreuve certains individus. Ces épreuves se répéteront à d'autres reprises dans le Pentateuque[1]. Pourquoi Dieu éprouve-t-il des individus ? Ces épreuves ont-elles pour but de permettre à Dieu de savoir ce qu'il ne savait pas auparavant ? Visaient-elles le pardon de certaines fautes commises par les personnes éprouvées ? La réussite dans l'épreuve permet-elle l'élévation spirituelle de l'individu mis à l'épreuve ?

Maimonide, qui étudie dans son ensemble le problème de l'épreuve, refuse tout d'abord l'idée selon laquelle Dieu envoie des châtiments à des personnes innocentes, sans que celles-ci aient commis aucun péché, afin de leur accorder une récompense d'autant plus grande. Maimonide rejette également l'idée selon laquelle Dieu impose une épreuve à un homme pour savoir ce qu'il ignorait auparavant. « Sache, écrit-il, que toutes les fois, dans le Pentateuque, où il est question d'épreuve, celle-ci n'a d'autre but et d'autre objet que de faire connaître aux hommes ce qu'ils doivent faire ou ce qu'ils doivent croire… L'épreuve n'est proposée que comme exemple à suivre[2]. » Il est évident que le terme *lada 'at* (pour savoir) signifie ici « afin qu'ils sachent ». Si donc l'ange lui dit : « Maintenant j'ai reconnu que tu crains Dieu[3] », cela signifie : grâce à « cet acte… tu feras connaître à tous les mortels jusqu'où doit aller la crainte de

---

1 Les six passages dans lesquels Dieu met à l'épreuve des individus ou des peuples sont : Gen. 22, 1 ; Ex. 16, 4 ; 20, 17 ; Dt. 8, 2 ; 16, 18 ; 16, 4.

2 Maimonide, *Guide des égarés, op. cit.*, traduction de S. Munk, p. 189.

3 Gen. 22, 12.

Dieu[1] ». C'est d'ailleurs cette idée qui est soutenue par le *Midrach*[2]. L'épreuve doit servir aux hommes d'exemple de dévouement absolu et d'amour sans limites. Le mot *nissa*, qui signifie « il éprouva », s'apparente au mot *nes* (étendard). Grâce à son action surhumaine, Abraham est élevé aux yeux des hommes et devient le symbole de l'amour de Dieu[3].

Dans son livre *sefer Hakuzari*[4], Rabbi Yehuda Halevi pense que l'épreuve sert l'individu. L'Éternel éprouve l'homme pour qu'il matérialise par un acte ce qui n'existait que dans la pensée, afin de recevoir la récompense de la bonne action et non seulement celle de la bonne intention. On comprend dès lors pourquoi Dieu n'éprouve que le juste (Ps. 11, 5)[5], car il sait qu'il triomphera de l'épreuve et méritera d'être comblé plus encore. Cette idée est d'ailleurs soutenue par Nahmanides, un des théologiens juifs qui ont soumis au Moyen Âge la notion d'épreuve à l'analyse la plus pénétrante. Il propose d'identifier l'épreuve comme une sorte de démonstration qui permet le passage de la puissance à l'acte, puisque les forces cachées sont, grâce à l'épreuve, reconstituées et mieux révélées. Abraham a donc été mis à l'épreuve parce que, par avance, Dieu savait que dans l'épreuve, Abraham tiendrait[6].

---

1 Maimonide, *op. cit.*, p. 192.

2 *Midrach Rabba*, Éd. Theodor, p. 588.

3 Maimonide tire un second enseignement de l'épreuve. Les prophètes, écrit-il, doivent prendre pour réel ce que la révélation leur apporte de la part de Dieu. La preuve en est qu'Abraham s'empressa de sacrifier son fils unique qu'il aimait, ainsi qu'il lui avait été ordonné, bien que cet ordre lui fût parvenu dans un songe ou dans une vision (*op. cit.*, p. 195).

4 Judah Halevi (1085-1140, dates approximatives), un des plus grands poètes et penseurs d'Israël. Né à Tolède, il est influencé par la double culture juive et arabe. Ses poèmes sont parmi les plus beaux qui aient été écrits par un poète juif, et plusieurs ont été introduits dans la liturgie. Il rédigea un livre philosophique ayant pour titre *Le livre du Kouzari*, qui a pour cadre la conversion au judaïsme du roi des Khazars. Il présente le dialogue de ce roi tour à tour avec un philosophe, un savant chrétien, un sage de l'islam et un rabbin. Le dialogue avec le rabbin constitue l'essentiel du livre. *Cf. Le livre du Kouzari*, chapitre 5, 20.

5 A. Neher n'est pourtant pas de cet avis. Il pense que certaines personnes éprouvées par Dieu n'ont pas subi avec succès l'épreuve. L'épreuve de Job est une illustration tranchante. Voir A. Neher, *L'exil de la parole, op. cit.*, p. 143-148.

6 *Ibidem*, p. 142-143.

« Il répondit : "Me voici"[1] »

Après l'appel de Dieu et l'acceptation spontanée d'Abraham, le silence entoure les héros de l'action. Le texte est bref. Il relate d'une façon sèche les préparatifs d'Abraham. Abraham et Isaac se débattent dans leur monde intérieur. Le texte ne nous rapporte pas les pensées d'Abraham. Il ne nous décrit pas ses sentiments. Point de parole, point de propos échangés et nous voici déjà au troisième jour. Abraham était-il en fait ce roc inébranlable qui exécute sans discernement la parole divine ? Sa vertu n'était-elle pas la charité et l'amour des autres[2] ? N'avait-il pas lui-même lutté contre les idoles qui exigeaient des sacrifices humains ? À présent, au nom de sa propre foi, Abraham devait sacrifier son fils unique. Comment allait-il se présenter devant ses contemporains ? Une fois le sacrifice réalisé, comment allait-il finir ses jours ? Dans la tristesse, le deuil et le désespoir ? Toutes ces pensées, et bien d'autres encore, trottaient dans son esprit et le tourmentaient. Ce débat intérieur, qui s'était déroulé trois jours durant, le *Midrach* nous le décrit d'une façon poignante.

« Il se leva et il alla. » « Le Satan le précéda sur le chemin et lui apparut sous la forme d'un vieillard. Celui-ci demanda :
– Où vas-tu ?
Abraham répondit :
– Je vais prier.
– Si tu vas seulement prier, qu'as-tu besoin de ce feu et de ce couteau que tu emportes ?
– Peut-être m'attarderai-je un jour ou deux : aussi ai-je emporté ce qu'il faut pour tuer un animal que je pourrai cuire et manger.
– Je sais que Dieu t'a demandé de prendre ton fils. As-tu perdu la tête ? Tu voudrais tuer ce fils qui t'a été donné alors que tu étais déjà centenaire ?
– Oui, puisque c'est Dieu qui me le demande.
– Et s'il te proposait une épreuve plus grave encore, pourrais-tu la surmonter ?
– Oui, certes.
– Peut-être Dieu t'accusera-t-il demain d'être un assassin, puisque tu as tué ton fils !
– Soit…

---

1 Gen. 22, 1.
2 Gen. 18, 19.

Quand Satan eut compris qu'il ne pouvait convaincre ni Abraham, ni Isaac par des paroles, il prit la forme d'un grand fleuve sur le parcours. Abraham, sans hésiter, entra dans l'eau. Quand il en eut jusqu'au genou, il s'arrêta et demanda à sa troupe de le suivre. Quand ils furent arrivés à la moitié du fleuve et qu'ils eurent à peine pied, Abraham s'arrêta, leva les yeux vers le ciel et pria : "Maître du monde, Tu m'as choisi, Tu T'es révélé à moi, Tu m'as dit : 'Sacrifie Isaac ton fils en holocauste.' Sans tarder je me suis mis en devoir d'accomplir Tes prescriptions. Or voici que les eaux menacent de m'engloutir. Si l'un d'entre nous, Isaac ou moi, se noyait, qui accomplirait Ta volonté ? Qui ferait connaître Ton Nom dans l'Univers ?" Et Dieu répondit : "Par ta vie, c'est par toi que l'unité de Mon Nom se réalisera dans le monde. Et aussitôt Dieu assécha le fleuve et ils se tinrent à pieds secs"[1]. »

Ce récit, pas plus que d'autres passages analogues, ne relate pas un dialogue qui se noue entre plusieurs interlocuteurs. Il faut y voir plutôt la transposition sous une forme concrète de ce qui se passe dans l'intimité des personnages. Satan qui apparaît sous les traits d'un vieillard n'est autre que la voix intérieure d'Abraham qui gronde en lui pendant ces trois journées décisives. Abraham est assailli de questions, de doutes. Tantôt, c'est le sentiment paternel qui parle. Le fils qui t'a été donné alors que tu étais déjà centenaire, as-tu la possibilité d'en avoir un autre ? Tantôt encore, c'est la voix de l'homme qui a su connaître par lui-même son Créateur et la voie tracée par lui qui lui pose la question d'éthique. « Pour qui va-t-il prier, quel besoin d'un couteau à la main ? » La prière a-t-elle besoin de sacrifice humain ? N'est-ce pas cette même loi que tu as personnellement combattue durant toute ta vie ? Ne t'es-tu pas insurgé contre le sort de ces êtres innocents qu'on immolait devant des divinités assoiffées de sang ? Et l'amour que tu as prêché toute ta vie, est-ce là son expression ? Doit-il se matérialiser par l'assassinat de l'être le plus cher ? Voyant qu'Abraham reste inébranlable, Satan se transforme, sous leurs yeux, en un grand fleuve. Satan invoque les difficultés extérieures qui barrent notre chemin et nous empêchent de réaliser notre dessein et qui peuvent servir de prétextes pour justifier notre conduite. Ces difficultés, dans notre récit, c'est le fleuve qui barre la route – dans la littérature moderne, chez Agnon par exemple, elles

---

1 *Tanhuma*, 22.

sont représentées par des retards dus aux moyens de transport, pannes, mauvais vouloir d'un fonctionnaire[1]. Abraham peut invoquer ce fleuve qui se met en travers de sa route et qui l'empêche de réaliser son objectif. Et pourtant Abraham fait taire en lui tous ces arguments. Il ne leur oppose aucune justification. La seule réponse est : « C'est justement pour cela. » Il entre dans le fleuve jusqu'au cou. Aucun obstacle ne peut arrêter sa marche en avant, son ascension vers le mont Moria.

Ainsi donc, Abraham n'était ni insensé, ni inhumain. Il était conscient de l'ampleur de son acte. Dieu lui avait promis une descendance aussi nombreuse que les étoiles du ciel. Isaac devait être le successeur spirituel. Abraham le savait et pourtant il n'a pas cherché à résoudre l'opposition dans laquelle il se débattait. Il a accompli l'acte que Dieu lui a demandé sans poser de questions. Ce n'est qu'après avoir exécuté l'acte demandé par Dieu qu'Abraham interrogea Dieu en disant : « Maître du monde, au moment où Tu m'as ordonné de prendre mon fils unique, j'aurais pu Te répondre : hier, Tu m'as promis "c'est la postérité d'Isaac qui portera ton nom[2]", et maintenant Tu me dis : "Prends ton fils". Je n'ai pas agi ainsi, mais j'ai maîtrisé mes sentiments pour accomplir Ta volonté… Aussi, que ce soit un effet de Ta sainte volonté… de Te souvenir (pour mes enfants) de ce sacrifice[3]. »

Dans *Psiqta Rabati*, nous retrouvons le même thème qui est développé ainsi : « Maître du monde, Tu sais que j'avais une réplique quand Tu m'as ordonné de sacrifier mon fils Isaac. Si je T'avais répondu, Tu n'aurais pas trouvé quoi répondre… Je ne l'ai pas fait. J'ai agi comme un sourd-muet. Quand mes enfants seront jugés… n'écoute pas les accusateurs. »

Pour Abraham, l'essence même du sacrifice consiste à ne pas demander d'explication à Dieu. Comme il l'avait fait pour les habitants de Sodome, Abraham aurait pu demander à Dieu l'explication et la raison de son ordre. Il aurait pu également prier pour clarifier la situation et obtenir la clé du paradoxe dans lequel il était projeté. Abraham ne l'a pas fait. Il a annulé sa volonté pour accomplir le commandement divin. Il a immolé son « moi » sans demander de justification. Il craignait que la demande d'explication n'entraînât en

1 Voir N. Leibovitch, *Iyyunim besefer Bereshit*, Jérusalem, 1970, p. 137-140.
2 Gen. 21, 12.
3 *Berechit Rabba* section 56, § 14, p. 607-608.

lui le moindre doute, la moindre perplexité quant à la raison de la volonté divine. Pour ne pas ouvrir la porte à ses réflexions, à sa logique personnelle, il ne posa pas de questions. Il a admis la contradiction flagrante que recelait l'ordre divin. C'est dans ce sens qu'il faudrait comprendre le verset : « Maintenant je sais que tu crains Dieu[1]. » Maintenant je sais que tu es prêt à tout faire sans chercher à savoir la raison du commandement[2].

Conscient de l'importance de son épreuve Abraham demanda à Dieu que le dévouement et le renoncement dont il avait fait preuve restent vivants chez tous ses descendants. Pour cette raison, il a appelé cet endroit «*Adonaï-Yiré*» au futur, en espérant que ce facteur d'abnégation concernerait les générations à venir. Le son du *chofar* que nous sonnons à *Roch Hachana* stimule en fait cette vertu de dévouement qui est l'essence même de la foi. Elle exige de nous l'effacement de notre volonté devant la volonté divine que l'homme comprend parfois mal ou pas du tout. L'homme qui, grâce au son du *chofar,* arrive au stade où son « moi » s'efface pour accomplir la volonté divine, voit ses fautes disparaître parce qu'il reconnaît l'omniprésence et l'omnipotence de Dieu.

Dans notre développement, nous nous sommes arrêtés essentiellement sur les mérites d'Abraham qui était prêt à sacrifier l'œuvre de sa vie, sans demander ni pourquoi, ni comment. Au premier appel divin, Abraham répondit « *Hineni*[3]. » Avant même de connaître les exigences divines, il était prêt à construire l'autel sur lequel il allait sacrifier l'être qui lui était le plus cher. Le sacrifice cependant ne porte pas le nom d'Abraham. Il porte celui d'Isaac. Le mérite du fils est non moins important. Il a admis non seulement à subir le sacrifice, mais a contribué volontairement à l'exécution de l'épreuve. « Ils allèrent ensemble tous les deux[4]. » L'un pour lier, l'autre pour être lié ; l'un pour sacrifier, l'autre pour être sacrifié. Le *Midrach* souligne bien la contribution d'Isaac. « Ils arrivèrent à l'endroit[5]. » Ensemble ils apportèrent les pierres, ensemble ils apportèrent le feu, ensemble ils apportèrent le bois. Isaac dit : « Père, dépêche-toi d'accomplir la volonté divine et de me consumer. Tu porteras mes cendres à ma

---

1 Gen. 22, 12.
2 Voir Dessler E. E. (1891-1954), *Miktab me eliahu,* tome 2, p. 190-194.
3 Gen. 22, 1.
4 Gen. 22, 6.
5 Gen. 22, 9.

mère et à chaque fois qu'elle les verra, elle dira : "Voici mon fils que son père a sacrifié[1]." » Quand Abraham s'apprêta à sacrifier son fils, celui-ci lui dit : « Père, attache mes bras et mes jambes de peur que je ne bouge en voyant le couteau et que le sacrifice soit impropre. » Isaac n'était donc pas cet être passif qui accepte sans discernement les ordres décrétés par son père. Isaac, par son adhésion inconditionnelle, a exalté la grandeur divine de tout son cœur et de toute son âme. Le Rav Kook, dans son style concis et tranchant, conclut le récit de la *Aqedah* en ces termes : « Les âmes d'Abraham et d'Isaac se sont fondues ensemble pour n'en faire qu'une seule. Tous les deux, volontairement et consciemment, n'aspiraient qu'à réaliser la parole divine. Les âmes saintes du père et du fils se sont unies dans un seul désir merveilleux[2]. » Animés de ce désir, les deux patriarches ont grimpé comme un seul homme sur le mont Moria, afin d'exalter l'amour de Dieu.

---

1 *Yalkut Sim'oni*, Jérusalem 5720-1960, p. 58. Le passage qui commence par « Il lia son fils Isaac ».

2 Kook Abraham Isaac (1865-1935). Grand rabbin de Palestine, né en Lituanie, il s'établit en Israël en 1904, date à laquelle il est nommé rabbin de Jaffo. En 1919, il est nommé grand rabbin de toute la Palestine. Talmudiste, cabaliste, homme d'action, le Rab Kook rédigea plusieurs ouvrages de *Halakha* et de philosophie juive.

YOM KIPPOUR

Jour du pardon

L'union entre l'homme et le monde qui l'environne

Roch Hachana et *Yom Kippour* sont des journées où nous devons prendre conscience de notre comportement et essayer, par tous les moyens, de réparer nos erreurs et d'améliorer notre conduite. À *Roch Hachana,* nous contemplons le passé pour éclairer l'avenir. À *Yom Kippour,* nous nous repentons. Dans les deux cas, l'élément fondamental qui permet à l'homme de dépasser son destin et de se dépasser, c'est la *Téchouva*[1] (retour, repentance). Les termes français « repentir » ou « pénitence » définissent d'une manière imparfaite la notion de *Téchouva.* Le mot « retour » est préférable, car il évoque le mouvement de l'âme vers Dieu accueillant dont elle s'était éloignée par égarement. Ce retour se manifeste chez le pécheur par le désir d'abandonner sa faute, de l'éloigner de ses pensées et de décider en son cœur de ne plus y retomber. Il devra regretter sa faute et prendre à témoin Celui qui connaît les secrets des cœurs et promettre de ne plus y retomber. Il devra enfin confesser verbalement et énoncer les résolutions qu'il a prises en son cœur (Maimonide, *Hilchoth Teshubah, II, 2*). La *Téchouva* est donc le rétablissement de l'homme pécheur dans la soumission au Seigneur et la réparation de tout ce qu'il avait rejeté du culte divin par ignorance, par passion ou par aveuglement. Si la rébellion vient de l'abandon des prescriptions, la réparation de cette défaillance consistera à faire un effort pour se

---

1 Pour une étude approfondie sur la *Téchouva,* voir notre article « La Téchouva : son essence et sa valeur » paru dans les *Publications de l'Institutum Iudaicum,* Éd. Peeters-Leuven, 1985.

soumettre désormais à la volonté divine. Si elle vient au contraire d'un rejet de ces interdictions, la réparation sera de s'abstenir de tout acte interdit. Quant aux transgressions commises envers le prochain en lui infligeant un dommage physique ou moral, la *Téchouva* n'est obtenue que si on répare la faute après avoir présenté des excuses (*Yoma* 95). Le commandement de la *Téchouva* tel qu'il est prescrit dans la Torah consiste simplement dans l'abandon du péché (*Sanh.* 25b). Le pécheur doit prendre en toute sincérité la résolution de ne plus jamais retomber dans la folie de la révolte contre la volonté divine. Il essaiera de ne plus violer les commandements divins qu'ils soient négatifs ou positifs. La signification fondamentale du terme *Téchouva* consiste donc à revenir à Dieu de tout son cœur et de toute son âme, Le servir et observer Ses prescriptions. Nous tirons cet enseignement du chap. 30 du Deutéronome où il est écrit : « Et tu reviendras à Dieu et écouteras Sa voix de tout ton cœur et de toute ton âme » (v. 21). Comment retourner vers Dieu ? Quelles sont les composantes de la *Téchouva* ? Celles-ci sont au nombre de trois : le regret, la confession de la faute et la prière, la prise de décision de ne plus recommencer. La *Téchouva* est donc un don divin. Mais cette rémission n'est pas immédiate. L'homme ne peut pas être transformé par un acte de grâce, mais uniquement par une longue régénération. L'homme doit faire œuvre personnelle de discernement, de refus et de choix. Il doit faire acte d'opposition aux valeurs précédemment acquises ; il doit quitter sa classe sociale, ses habitudes comme Abraham le fit au moment où il quitta Ur pour aller dans un pays qu'il ne connaissait pas. Le pécheur repenti doit renouveler son échelle de valeurs. Il faut qu'il naisse en quelque sorte à nouveau, qu'il devienne du point de vue spirituel une créature nouvelle. Comme le prophète, il se soustrait à son propre moi. Ainsi donc, la *Téchouva* ne consiste pas seulement dans un simple renoncement au moi ; car ce serait là une attitude purement négative. Il ne s'agit pas de se tenir immobile et d'attendre patiemment que Dieu agisse en nous. Il faut par un acte de volonté positive se régénérer soi-même en disciplinant son caractère et en transformant sa propre nature.

Pour le Rav Kook la régénération du genre humain est inséparable de la régénération de l'homme prise individuellement, car la destinée de chaque être humain est indissolublement liée à celle de l'humanité. Les efforts de l'homme à bien faire, mêlés à ceux de la société entière, font un tout et ne peuvent nullement être séparés ou divisés.

En fait, c'est de la régénération de chaque homme que dépend la régénération du prochain en vertu de la loi de la solidarité. « Travailler à son propre avancement, c'est travailler à l'avancement du genre humain. » II est impossible d'arriver à la réhabilitation générale sans passer par une régénération individuelle approfondie et méditée. « L'homme qui se repent dans l'intention d'améliorer le monde qui l'entoure obtient non seulement son pardon, mais le pardon de tous les êtres humains et un grand nombre d'individus peuvent bénéficier des trésors de la nation grâce au travail individuel[1]. » Grâce aux sensations éprouvées par la *Téchouva*, nos pensées, nos idées, nos désirs, nos sentiments se métamorphosent et changent inéluctablement le monde dans lequel nous vivons. Cette force constitue un lien indélébile reliant tous les mondes vers la perfection divine. La *Téchouva* devient non seulement universelle, mais cosmique. Par elle se crée une certaine union entre l'homme et le monde qui l'environne.

Qui es-tu ? Où es-tu ?

Retour, réparation, remise en question : la *Téchouva* est tout cela. Toutefois, fondamentalement, elle dépasse singulièrement le problème du péché, du jugement que chacun porte sur ce qu'il a omis de faire. Le véritable problème de l'homme, ce n'est pas de comptabiliser ses fautes : c'est de connaître le lieu où il se trouve dans la trame de son histoire. La véritable question, n'est pas : cet homme est-il bon ou mauvais ? Mais qui est-il ? Et surtout : où en est-il ?

À *Yom Kippour*, au-delà du bilan de l'année, c'est une série de questions qui interpellent l'homme. La première : quel homme es-tu devenu ? Cette question nous est posée par Dieu et par nous-mêmes. L'homme a changé radicalement. Jadis, son génie initial était imprégné par la relation qu'il entretenait avec la nature, avec Dieu, avec l'inconnaissable et avec sa propre culture spécifique. Ses mains et ses sens étaient alors en relation avec les tâches créatives et ordinaires pour lesquelles il avait été créé. Aujourd'hui, son univers a changé. En grande partie, il se résume à un écran : un écran de télévision, un écran d'ordinateur vers lesquels les yeux sont rivés des heures entières. Et c'est ainsi que tout contact avec la nature est

1 *Oroth Ha Teshuba*, chap. IV.

définitivement interrompu. La seconde question est celle qui a été posée à Adam : « Où es-tu[1] ? » Il s'agit là, en vérité, d'une question de fond, universelle et qui interpelle chaque être humain dans chaque génération. Où es-tu ? Où te situes-tu dans le monde ? Plus d'une fois, l'on est contraint de répondre comme Adam : « J'ai entendu Ta voix dans le jardin et j'ai pris peur, parce que j'étais nu ; aussi me suis-je caché[2]. » C'est là donc une question que tout individu devrait se poser personnellement tôt ou tard. C'est cette question que chacun pourrait entendre ouvertement ou secrètement, comme si quelqu'un frappait à la porte de son cœur.

Où est ton frère Abel ?

La troisième interpellation apparaît un peu plus tard dans la Bible. Elle s'adresse à Caïn après qu'il eut assassiné son frère Abel : « Où est ton frère Abel[3] ? » Où donc est-il ? Honte à nous, honte au monde, lorsque notre seule réponse est celle de Caïn : « Suis-je donc, moi, le gardien de mon frère[4] ? »

Yom Kippour est comme un éclair qui illumine notre voie. Ouvrons grands nos yeux et notre cœur afin de recevoir cette lumière qui nous guidera l'année durant. Formons le vœu que cette lumière diffusée par *Yom Kippour* perce les sombres nuages de l'obscurité suspendue au-dessus de nos têtes.

■

Yom Kippour ou le jour du changement

Il est important de savoir que la *Téchouva* s'accomplit dans la joie et non pas dans la tristesse de l'âme, dans la dignité et non pas dans l'humiliation de la personne humaine, dans la résolution et non pas dans l'hésitation de l'homme. C'est un homme droit, capable de respecter son engagement, qui accomplit cet acte majeur, que l'on appelle *Téchouva*. *Yom Kippour* n'apporte le pardon qu'à la condition que l'homme descende dans les endroits les plus cachés

---

1 Gen. 3, 9.
2 Gen. 3, 10.
3 Gen. 4, 9.
4 *Ibid.*

de sa propre nature et qu'il les éclaire au moyen « de la bougie de la *Mitsva* et de la lumière de la Torah[1] ». Le jour de *Kippour* n'apporte le pardon qu'à la condition que l'homme comprenne ainsi que ce jour ne prétend pas posséder une force magique qui puisse agir à sa place. Le jour de *Kippour* n'apporte le pardon qu'à la condition que l'homme ne se contente donc pas d'apparaître meilleur, pendant un seul jour de l'année, pour s'abandonner ensuite aux erreurs habituelles, comme si rien ne s'était produit. Le jour de *Kippour* n'apporte le pardon qu'à la condition que l'homme puisse réaliser un changement intrinsèque de sa personnalité et de sa conduite.

Un homme peut-il se changer lui-même ?

La plupart des gens ont le sentiment d'être prisonniers d'un train-train quotidien dont il est impossible de se libérer. Ils répètent constamment : « La nature humaine ne peut pas être changée » ou « Je suis comme je suis » ou encore « Je dois m'accepter comme tel », ou enfin « Je resterai toujours ainsi ». Il est évident que le sens et l'esprit des fêtes de *Tichri,* et notamment de *Yom Kippour,* s'oppose à cette pensée d'immobilisme et d'impuissance. La Torah nous enseigne que rien n'est déterminé. Tout est possible. Il suffit de le vouloir. Alors, si c'est ainsi, il est donc possible d'accomplir une véritable modification et amélioration de notre mode de vie. Mais comment y parvenir ? Comment réaliser un tel changement ?

L'histoire hassidique suivante nous donne une orientation. Rabbi Chnéour Zalman[2] avait parmi ses disciples un homme fortement éprouvé. Plusieurs problèmes pénibles le torturaient. Sa femme était malade. Il n'était pas en mesure de gagner sa vie. Il croulait sous les dettes et ne savait vraiment pas comment faire face à ses créanciers.

---

1 Prov. 6, 23.

2 Fondateur à l'intérieur du hassidisme, du mouvement *HaBaD*, il naît à Liozno en 1745. En 1777, il rédige à l'intention de ses émules, un recueil de ses enseignements oraux, *Liqqoutey Amarim* qui sous leur forme achevée, formeront le *Tanya*, publié en 1814 à Shklov. Le *Tanya* constitue le premier exposé systématique de la doctrine hassidique, à travers le prisme spécifique de l'idéologie du mouvement *HaBaD*. Rabbi Chnéour Zalman, soupçonné d'activités politiques subversives, fut arrêté en 1798, et emprisonné à Saint-Pétersbourg. Il fut toutefois lavé des soupçons qui pesaient sur lui et libéré le 19 *Kislev* 5559. Il est mort en 1813 en Ukraine.

Un jour, il était si désespéré qu'il rassembla son courage et partit voir son maître. Il espérait que le rabbin le bénirait ou lui donnerait un bon conseil. Ou, à tout le moins, qu'il prononcerait à son égard quelques mots d'encouragement. Mais, au lieu de tout ceci, le rabbin se tourna vers lui et lui adressa avec gravité et sévérité les propos suivants : « Tu te souviens bien de ce dont tu as besoin, mais tu oublies tout à fait qu'autrui a besoin de toi. » Les paroles du Rabbi firent une telle impression sur notre homme qu'il s'évanouit. Mais lorsqu'il quitta la chambre du Rabbi et revint à lui, il était devenu un autre homme. En entrant dans la chambre du Rabbi, c'était une créature pitoyable, qui inspirait la pitié. C'était une personne abattue et habitée par un sentiment de nullité. Mais en sortant de la chambre après que les paroles du Rabbi avaient pénétré sa conscience, il sentit qu'il était transformé. Désormais, il se sentait chargé d'une mission. On avait besoin de lui et il avait une fonction à accomplir pendant son existence. Son univers ne se limitait plus à sa propre personne ni à ses propres besoins, mais il était habité de l'idée d'exécuter une tâche, une tâche spécifique, celle d'être utile à autrui.

Apprenons à relativiser

Cet homme, c'est chacun d'entre nous. Si nous voulons changer notre comportement, nous devons, en premier lieu, prendre conscience que les autres ont besoin de nous. Si Dieu nous a donné la vie, c'est, bien sûr, pour vivre mais surtout pour nous tourner vers les autres, pour apporter aide et soutien à ceux qui sont dans le besoin. Au lieu de nous concentrer sur nous-mêmes, au lieu de ne penser qu'à nos souffrances, nous devons nous ouvrir vers les autres. Nous devons choisir un but, en dehors de nous, et au-dessus de nous-mêmes, un but qui dépasse notre petit moi.

Un exemple parmi tant d'autres. Maeve, une artiste un peu mal dans sa peau, recherchait toujours la vérité loin de chez elle. Un été, alors qu'elle était sur le point de partir pour l'Europe, sa grand-mère tomba gravement malade et sa famille lui demanda de s'occuper d'elle. Maeve protesta, mais personne d'autre ne pouvait veiller sur la vieille femme. Pendant six mois, jusqu'à la mort de sa grand-mère, elle vécut chez elle, la soigna, lui fit sa toilette et lui prépara à manger. Pour la première fois de sa vie, Maeve eut d'autres préoccupations que sa propre personne. Cette expérience l'a plus marquée que toutes ses thérapies et ses gourous.

Il y a tellement d'hommes et de femmes qui souffrent et qui attendent qu'on leur tende la main, qu'on leur parle, qu'on brise quelque peu leur solitude. Il y a tellement d'institutions qui ne demandent qu'à être aidées. Certes, nous avons des problèmes. Mais si nous nous penchons sur les difficultés des autres en vue de les aider, nous oublierons nos propres ennuis. Nos propres problèmes perdent de leur importance lorsqu'on les confronte à ceux des autres. On apprend à relativiser lorsque l'on voit les souffrances des autres et dès lors nous retrouvons nous-mêmes réconfort et sérénité.

■

Reviens, Israël

« Reviens, Israël, jusqu'à l'Éternel ton Dieu, car tu as trébuché dans ta faute[1] »

Revenir vers Dieu. Aller à sa rencontre, tel est l'objectif qui s'impose à nous à *Yom Kippour*. Mais quel est donc le rôle de l'homme dans cette rencontre ? Face au monde de l'absolu, que peut faire l'humain ? Qu'est-ce qui nous empêche d'écouter ? Qu'est-ce qui fait écran entre nous et notre divin créateur ? Qu'est-ce qui nous sépare de notre prochain ? Quel est le facteur déterminant qui nous détourne de notre vocation ? Très souvent, c'est nous-mêmes.

L'activité humaine provoque un oubli de ce que nous sommes censés être. Effectivement, nous nous agitons du matin au soir, et ne cessons de nous oublier nous-mêmes. L'activité humaine, hautement légitime, nous fait souvent nous perdre nous-mêmes. Nous nous imposons des tâches impossibles à gérer. Des agendas fort chargés au point de ne plus entendre notre propre conscience. Quand, pendant toute une vie, on agit et on parle, on n'écoute plus, on n'entend plus les autres... Et, bien souvent, on ne s'entend plus soi-même. *Yom Kippour* constitue donc une cessation absolue de l'activité quotidienne pour que l'homme puisse enfin entendre, pour que la lumière qui traverse le monde puisse enfin l'imprégner, et pour que la parole divine, qui ne s'est jamais interrompue, pénètre dans le plus profond de son être. Dans cette rencontre, le seul devoir

---

1 Os. 14, 2.

de l'individu consiste à écarter les obstacles qui empêchent la lumière de pénétrer en lui, à ôter les barrières qui divisent les hommes. Alors, et alors seulement, la lumière qui pénètre en nous ce jour-là, sera telle qu'elle pourra illuminer tous les autres jours de l'année et nous permettre ainsi d'entendre la parole de Dieu.

Une meilleure gestion de nos agendas

Je voudrais illustrer mes propos par une histoire. Une femme raconte: «Récemment, je me trouvais pour affaires en Californie. J'avais encore organisé ma journée comme toutes celles au cours desquelles il m'est impossible de faire tout ce que j'ai prévu. J'étais en train de courir à un rendez-vous avec mille pensées qui se bousculaient dans ma tête lorsque je remarquai un homme âgé et particulièrement frêle, adossé au mur d'un bâtiment. Il s'agrippait à sa canne et il donnait l'impression que le vent allait l'emporter. Si j'avais été moins pressée, je me serai arrêtée pour lui proposer de l'aider. En passant à côté de lui, ce jour-là, je me souviens avoir pensé: "Mon Dieu, j'espère qu'il ne va pas me faire signe, je suis trop occupée pour m'arrêter aujourd'hui." Je continuai et, soudain, je l'entendis m'appeler: "Pouvez vous m'aider, s'il vous plaît?" Je me retournai et lui demandai: "Que puis-je faire pour vous?" Il me regarda et voyant que j'avais l'air pressée, me dit: "Non, non, je ne veux pas vous importuner." Quelque chose en moi me souffla: "Voilà l'occasion de faire demi-tour et de partir. Allez, saisis-là." Je lui répondis: "Non, cela ne fait rien. Vous ne me dérangez pas du tout. J'ai le temps. Que puis-je faire?" "Eh bien, j'essaie de traverser la rue pour aller dans cette maison." Il me montra l'endroit où il voulait aller. "C'est là que j'habite." Le carrefour où nous nous trouvions était large et encombré. Je lui dis: "Bien sûr, ce sera avec plaisir." Nous avons traversé avec une lenteur incroyable. Nous avons mis vingt et une minutes. Tout en l'aidant à traverser, je me suis mise à sourire en pensant: "Cet homme est pour moi un merveilleux enseignant sur le chemin de l'amour et de la guérison. Il m'apprend à ne pas être si pressée dans la vie." D'un seul coup, je me suis sentie pleine de reconnaissance pour ce moment passé avec lui. J'étais guérie de la séparation que j'avais créée dans mon esprit avec mes horaires impossibles. Je me suis rendu compte que c'était souvent les contraintes fixées qui sabotaient ma paix intérieure, qui ravageaient ma vie.»

Chaque jour nous nous retrouvons à cinq. Moi et les quatre murs de mon appartement

Aider autrui. Écouter sa détresse. Rompre sa solitude et Dieu sait si la solitude aujourd'hui n'est pas le mal dont souffre l'être humain. Je me souviendrai toujours de cette phrase terrible d'une dame qui un jour m'avait dit : « Monsieur le rabbin, chaque jour nous nous retrouvons à cinq. Moi et les quatre murs de mon appartement. »

Le cœur ouvert nous devons apprendre à écouter l'autre. S'il existe tellement de solitude autour de nous, tellement d'indifférence, c'est parce qu'il n'y a plus d'écoute attentive de l'autre. Une étude récente consacrée au suicide et publiée par l'Observatoire de la Santé et du Social de Bruxelles aboutit à cette conclusion : « De manière générale, avant 65 ans, on observe que la proportion de suicide parmi l'ensemble des décès est plus élevée chez les personnes vivant seules que chez celles vivant en famille. » Par ailleurs, « pour les personnes placées en institution, la part des décès dus au suicide est moindre que dans les autres milieux de vie, et ceci quel que soit l'âge ». En effet, les personnes vivant en institution ont une qualité de vie meilleure. Ces personnes bénéficient d'un contrôle social plus important et sont le plus souvent moins seules que les autres.

N'oublions jamais. Notre acte de foi commence par les mots « *Chéma' Israel* », « Écoute Israël[1] ». Et tout de suite après, le *Chéma'* commence par le verbe « *Véahabta* », « Et tu aimeras ». Pourquoi la juxtaposition de l'écoute et de l'amour ? Pour nous enseigner que l'homme ne pourra jamais arriver à aimer Dieu s'il n'écoute pas son prochain. Si nous ne faisons pas preuve de patience pour nous pencher sur les problèmes de l'autre, nous n'arriverons jamais au véritable amour de Dieu. Et, pour écouter, il faut faire abstraction du monde extérieur qui nous subjugue. C'est d'ailleurs la raison pour laquelle lorsque l'on prononce le *Chéma' Israel* on se couvre les yeux. Nous voulons que, l'espace d'un moment, nous puissions nous détacher de tout ce qui nous entoure. Fuir le clinquant et le superficiel

---

1 Mot hébreu signifiant « écoute » par lequel commence le verset 4 du chapitre du Deutéronome. « Écoute Israël, l'Éternel est notre Dieu, l'Éternel est Un. » Ce verset lui même est le premier d'un des textes les plus importants du rituel juif des prières. Le *Chéma'* est composé de trois paragraphes de la Torah : Dt. 6, 4-9 ; 11, 13-21 ; Nb. 15, 37- 41. C'est avec le *Chéma'* et sur le mot « Un » que les martyrs de la foi juive qui ont donné leur vie exhalaient leur dernier souffle.

qui nous entourent pour saisir le vrai sens de la vie. Une manière efficace pour nous d'apprendre à écouter les autres consiste à réserver un temps, chaque jour, pour mettre notre esprit en repos, écouter nos propres pensées puis nous ouvrir aux autres, nous mettre à leur disposition. C'est ainsi que, petit à petit, au fil des jours, notre âme s'élève vers Dieu. La braise enfouie en chacun d'entre nous qui, durant toute l'année sommeille, s'embrase pour devenir de plus en plus grande.

■

Le souvenir, élément de fécondité et renforcement du regard sur l'avenir

Un des moments clés de la liturgie de *Yom Kippour* est l'office que l'on consacre au rappel du souvenir de ceux et de celles qui ont quitté ce monde et pour lesquels on garde un immense attachement. Cet office s'appelle *Yzkor*[1].

Origine du *Yzkor*

La première référence remonte à l'époque talmudique. Le Talmud Taanit[2] explique que le but du *Yzkor* est d'invoquer l'esprit du défunt, de sorte qu'il puisse intercéder devant Dieu pour les vivants. Pour certains, l'origine du *Yzkor* remonte à l'époque des Maccabées, lorsque Juda Maccabi et ses soldats ont prié pour leurs camarades tombés au front et ont apporté des sacrifices au Temple de Jérusalem afin d'expier leurs fautes[3]. Pour d'autres, le *Yzkor* a été introduit comme partie intégrante de l'office, lors des croisades du XIe siècle, lorsque des milliers de juifs ont été massacrés par des chrétiens en route vers la Terre sainte qu'ils voulaient reprendre aux musulmans. Au départ, le *Yzkor* était récité seulement à *Yom Kippour* mais, plus tard, sa récitation a été également incluse dans l'office synagogal de *Pessah, Chavouoth, Souccoth*. Le *Yzkor* est récité par les membres de la famille, pour ceux et celles qui hélas ont quitté ce monde.

---

1 « Que l'Éternel se souvienne… », ce sont les premiers mots de cette prière.
2 *Taanit* 16a.
3 II Macc. 12, 39-45.

L'introduction du *Yzkor*

L'introduction du *Yzkor* dans nos offices ne se fit pas sans difficultés. Haï Gaon[1] et son éminent disciple Nissim Ben Yaacob se sont opposés à la coutume de prier pour les morts pendant les fêtes et à *Yom Kippour*. Selon eux, seules comptent, pour Dieu, les bonnes actions qu'un individu a accomplies en réalité durant son existence. Il ne peut être sauvé à travers les bonnes actions de ses proches parents. Cette attitude n'a pas été admise par d'autres décisionnaires, qui voulaient maintenir un lien puissant entre les vivants et leurs parents décédés. Toutefois, pour que cette prière puisse avoir l'effet escompté, il est important de l'accompagner par la *mitswa* de la *tsedaka* (justice-charité). Aussi, nos sages ont introduit dans le *Yzkor* l'usage de faire un don. Grâce à cette *mitswa*, nous pouvons non seulement provoquer du bien-être à nos disparus mais, surtout, mériter leur intercession. L'auteur du *Kaftor Va Férah* citant la *Psikta* écrit : « Grande est la *tsedaka* que l'on fait à la mémoire des défunts. Son mérite les délivre du jugement de la Géhenne. » Et l'auteur de *Chibbolé Ha Leketh*, qui soutient cette même idée dans le premier chapitre de son livre, écrit notamment : « Nous avons pris l'habitude de rappeler la mémoire de nos morts. Et les proches parents font un don à leur mémoire. » C'est en se basant sur ces deux décisionnaires que l'auteur du *Darkei Moché* tente de résoudre la question suivante. Pourquoi *Yom Kippour* se dit-il en hébreu *Yom Ha Kippourim* ? Pourquoi le pluriel s'impose-t-il dans ce cas ? Ce jour, Dieu dans sa miséricorde accorde un double pardon. Un pardon pour les vivants et un autre pour les morts. Et le pardon pour nos morts ne peut être obtenu que grâce aux bonnes actions réalisées par les enfants de préférence ou, à défaut, par les autres membres de la famille.

Leur bonté qui anime nos cœurs

Ainsi, en accomplissant le bien pour honorer ceux qui ne sont plus, c'est leur action bénie que nous perpétuons bien qu'ils soient invisibles et absents. N'est-ce pas leur bonté qui anime nos cœurs ? N'est-ce pas leur exemple qui nous inspire ? N'est-ce pas leur mémoire que nous immortalisons ? Nous montrons ainsi que si nous

---

1 939-1028.

avons perdu beaucoup de ceux que nous aimions et vénérions, ils sont encore avec nous pour nous guider et nous conseiller. Nous leur créons, grâce à cette *mitswa*, des titres précieux et nos prières deviennent efficaces. Nos morts auront des arguments pour plaider leur cause devant le tribunal suprême, grâce au bien qu'ils ont fait eux-mêmes et celui qu'ils font par notre intermédiaire. Nous leur créons des droits à la bienveillance divine. Nous rendons durable leur souvenir sur la terre. Nous leur ouvrons la porte du ciel. Nous faisons enfin une réalité de cette promesse prophétique : « Ta vertu marchera devant toi et la majesté de l'Éternel te recueillera[1]. »

Pourquoi se souvenir aujourd'hui ?

Cependant, comme le suggère la racine du mot « *zecher* », qui évoque non seulement le souvenir mais aussi la fécondité, le renforcement du regard sur l'avenir, cette cérémonie doit nous alerter sur les carences et les impasses de la modernité et raviver notre vigilance, aussi nécessaire que jamais. Elle nous invite à être attentifs au témoignage des survivants de la Shoah, dont la voix se raréfie et s'assourdit chaque année. Il nous faut redire, une fois encore, que la leçon d'Auschwitz, par sa cruauté même, restera le symbole de l'inacceptable, de ce que chaque homme, en tout temps, doit détruire en lui pour sauver sa dignité. Nous devrons faire attention au vertige du totalitarisme, à l'élimination des cultures, à l'effacement de communautés humaines, à la négation de l'individu. À l'ombre de la faillite d'une civilisation qui n'a pas su protéger l'homme de lui-même, enseigner la *Shoah*, c'est apprendre à redécouvrir ce que veut dire être homme. Sans doute est-ce aussi apprendre à survivre.

En guise de message à méditer, nous aimerions rapporter une histoire authentique qui nous a été relatée par Simon Wiesenthal honoré par la Conférence des Rabbins européens à Bratislava. Ce dernier a reçu lors d'une cérémonie officielle un diplôme de reconnaissance pour tout son travail destiné à sauvegarder la mémoire de la Shoah. Dans la brève allocution qu'il a adressée à tous les rabbins d'Europe, il a raconté l'histoire suivante.

« Lorsque j'étais dans le camp de concentration d'Auschwitz, j'ai été scandalisé par le comportement d'un homme qui se disait

1 Jér. 58, 8.

religieux. En effet, cet homme avait réussi à faire entrer un petit livre de prières. Bien sûr, comme vous l'imaginez, c'était une denrée rare. Et tous les juifs religieux qui se trouvaient dans le camp voulaient qu'il le leur prête pour faire leur prière quotidienne. Mais notre homme, conscient du petit trésor qu'il avait, avait décidé de le monnayer. Et c'est ainsi qu'il demanda à chaque personne qui voulait prier dans son *Siddour*, de lui donner en contrepartie, la moitié de son bol de soupe. » Pour Simon Wiesenthal, ce comportement était scandaleux. Déjà, la ration de soupe reçue était insuffisante, surtout en hiver où il faisait un froid sibérien. Et cet homme sans scrupule profitait de sa situation pour spolier les autres. « Si c'est cela la religion, dit-il, je m'en passe. » Et depuis lors, il ne mit plus jamais les pieds dans une synagogue.

Le temps passa. Simon Wiesenthal fut sauvé. Et il reprit sa vie normale. Mais son serment, il le maintint et refusa de fouler le parvis d'une synagogue. Un jour cependant, il devait assister à une cérémonie de commémoration très importante qui devait avoir lieu dans une synagogue. Et devant son refus d'entrer à la synagogue, Élie Wiesel, qui était à ses côtés, lui en demanda la raison.

Simon Wiesenthal lui raconta son récit et tout le mépris qu'il avait pour cet homme. Et Élie Wiesel de lui répondre : « C'est vrai, le comportement de cet homme fut inqualifiable. Il justifie ta prise de position. Mais as-tu un moment pensé à l'héroïsme merveilleux de tous ces hommes pieux qui, au péril de leur vie, et malgré la faim et la soif qui les tenaillaient, donnaient la moitié de leur bol de soupe pour accomplir la volonté divine ? Pourquoi ne tiens-tu pas compte de cet exemple merveilleux qu'ils nous ont légué ? » Et c'est ainsi que Simon Wiesenthal prit conscience du sacrifice de ces hommes et de ces femmes. Et, en leur souvenir, il rentra dans la synagogue.

Et nous…

Ce récit doit nous interpeller. Nos parents, dans les camps, ont fait preuve d'un amour inconditionnel pour Dieu. Ils ont essayé, contre vents et marées, de prier, de prier dans les camps de concentration, de prier malgré le danger qui pesait sur eux, de prier en se privant de la moitié de leur repas qui les maintenait à peine en vie. Ils ont tenté de transmettre cette flamme du judaïsme, flamme qu'ils voulaient maintenir allumée contre toute épreuve. Et nous, nous jouissons de toutes les libertés. Nous bénéficions de toutes les possibilités pour prier et transmettre. Nous ne manquons de rien. Ce n'est qu'en renforçant notre judaïsme de l'intérieur et de l'extérieur que nous pourrons réciter le *Yzkor*, la tête haute.

■

La prière

Si loin que l'on remonte dans l'histoire, on constate que la prière a été pour l'homme le suprême recours dans l'épreuve, la réaction instinctive au sentiment de culpabilité et au besoin d'être pardonné, le moyen d'exprimer le plus profond et le meilleur de lui-même. Toutefois, de nos jours, il semble que la prière soit en déclin. Rares sont ceux qui sont capables de libérer leur âme de la lourde charge des soucis quotidiens afin de prier avec un sentiment sincère pour la réalisation du but ultime de leur vie. Et pourtant, il est évident, qu'aucune génération n'aurait plus que la nôtre besoin du soulagement que l'homme trouvait jadis dans la prière. L'angoisse dont souffre l'homme est peut-être plus profonde, plus difficile à guérir qu'elle ne l'était hier. Sa solitude augmente de plus en plus malgré la pléthore des médias qui nous envahissent. Dès lors, pourquoi la prière semble-t-elle si laborieuse, si vide, si dénuée de sens ? En réalité, ce n'est pas la prière qui est périmée mais nos façons de prier. Nous expédions chaque jour, mécaniquement, par acquit de conscience, une pieuse formule qui fut peut-être jadis l'expression profondément émouvante d'un élan personnel. Et ainsi, nous perdons l'essentiel de notre démarche spirituelle et nous la vidons de tout contenu.

Qu'est-ce que la prière ?

Qu'est-ce que la prière ? Une possibilité de rencontre avec Dieu et avec soi-même. Un moment de grâce, d'abandon, d'acceptation, d'affirmation. La prière est une manière de dire oui. Oui à la création et à son créateur ; oui à la vie et à tout ce qu'elle recèle. Oui à la foi et à l'espérance ; oui à la joie et à la fraternité. En prière, nous sommes tous frères. Nous sommes tous semblables les uns aux autres. L'histoire de la prière est celle de l'homme. Le Talmud l'illustre en attribuant à Adam le premier hymne en l'honneur du *Chabbath*. Abraham, Isaac et Jacob partagent entre eux les trois offices quotidiens. Pour donner une place équivalente aux femmes, on accorde un office à Rachel et un autre à Léa.

Mais dans la société où nous évoluons, il devient de plus en plus difficile pour l'homme moderne de prier. D'où sa tragédie : il conquiert l'espace, mais il a oublié le sens de la prière. Pourtant la prière est une corde jetée au plus profond d'un gouffre à laquelle s'accroche l'âme en détresse. La prière est cette explosion de joie et de confiance en l'homme ; elle est cette lumière qui le traverse d'une extrémité à l'autre de son être et lui indique que le désespoir n'existe pas. Il est bon de rappeler cette recommandation de nos rabbins en ce qui concerne le sens de la prière. Que ta prière ne soit pas une affaire d'habitude. Que ce soit plutôt un acte d'humilité devant Ton créateur. Qu'elle soit courte ou longue, qu'elle soit vocale ou mentale, la prière doit être un élan du cœur. Elle doit être semblable à la conversation d'un enfant avec son père. L'homme en prière est comparé selon Rabbi Nahman de Bratslav au jardinier qui cueille ses roses une par une pour en faire un bouquet. Ainsi, il va de lettre en lettre et de mot en mot, les unissant pour composer sa prière mais s'arrêtant sur chacun.

La prière se dit en hébreu « *tefila* » ce qui signifie également « jugement ». Prier, c'est se juger par rapport à soi, par rapport à autrui, par rapport à Dieu. Ainsi, la vraie prière consiste à éveiller l'homme à ses responsabilités individuelles et sociales. La vraie prière est un appel. Un appel à une action immédiate. Il est trop facile d'intercéder en paroles pour ceux qui ont faim, pour ceux qui sont dans le chagrin et dans la détresse, et de ne rien faire pour les en tirer. Foi, action, travail, tous ces éléments doivent ne faire qu'un. Quand nous faisons preuve de générosité envers autrui, notre action devient prière. Au moment où nous prions, notre foi se transforme en acte. « Lorsque je marchais à Selma auprès de Martin Luther King, disait le rabbin Abraham Hechel, je sentais que mes pieds priaient. » D'ailleurs, un des mérites du hassidisme[1] est d'avoir revalorisé la prière dans la joie. C'est elle, dit le Baal Chem Tov[2], le vrai centre de la vie religieuse, qu'elle soit savante, conforme au rituel ou spontanée. L'histoire hassidique suivante le montre bien.

---

1 Le hassidisme, mouvement de piété intense qui apparaît au milieu du XVIIe siècle dans le sud de la Pologne et en Podolie.

2 Fondateur du hassidisme, il est né dans un village en Moldavie. Orphelin très jeune, il survit difficilement en pratiquant des métiers divers. Doué pour l'étude, il interrompt ses études talmudiques et se tourne vers la Cabbale, dont il transposera les

L'histoire du berger

« Il était une fois un homme qui gardait des moutons et ne savait pas prier. Chaque jour, cependant, il disait : "Maître du monde, sache bien que si Tu avais des moutons et que Tu me les donnais à garder, je le ferai pour rien car je T'aime." Un sage qui passait par là, entendit un jour la prière du berger. Il lui dit :

– Sot ! Il ne faut pas prier ainsi.

– Et comment donc faut-il que je prie ? lui demanda le berger.

Sur-le-champ, le sage lui enseigna les bénédictions du matin et la prière quotidienne pour qu'il ne dise plus la requête qu'il avait l'habitude de dire. Après le départ du savant, l'homme avait déjà oublié toute la leçon et il ne pria plus. Quant à la prière qu'il avait l'habitude de dire auparavant, il eut peur de la prononcer car ce sage l'en avait dissuadé. Le sage fit un rêve où on lui prédisait : "Si tu ne vas pas dire à cet homme de prier comme il avait coutume de le faire avant ton intervention, tu verras les malheurs s'abattre sur toi, car tu m'as ravi une âme."

Il s'empressa d'aller chercher le berger et lui demanda :

– Comment pries-tu maintenant ?

– Je ne prie plus, répondit-il, car j'avais oublié ce que tu m'as appris et tu m'as interdit de dire : si Tu avais des moutons...

Le sage lui raconta alors son rêve et l'enjoignit de réciter à nouveau sa prière coutumière. Car pour Dieu de Miséricorde, seule la sincérité compte. »

La prière de ce berger était un silence parce qu'elle ne s'appuyait ni sur la connaissance, ni sur les mots. Elle jaillissait de la conscience qu'avait ce berger d'être autorisé à parler avec Dieu et de ne parler avec Lui qu'à la mesure de sa propre compréhension. Elle n'a de sens que pour cet homme, dans son indigence et dans sa pauvreté. Pour tout autre homme, elle est incompréhensible silence. Pour ce berger, cette prière seule le livrait tout entier, mais lui seul, au mystère de Dieu.

La sincérité cependant ne suffit pas. La prière doit être communautaire. Savoir prier, c'est avant tout comprendre que rien ne me

---

concepts sur les plans social et religieux. L'idée fondamentale du hassidisme est que l'unité originelle entre le Créateur et la Création s'est brisée laissant échapper les forces du mal. Le hassidisme permet de retrouver cette unité, cette perfection disparue. Le moyen : la prière et l'étude de la Torah. Il faut revitaliser la vie intérieure par la ferveur, mais aussi par la joie, le chant, la danse. Le Baal Chem Tov bannit la mélancolie.

sera donné pour moi seul. Ne peut être entendue que la prière qui porte en elle une partie de l'espérance de tout le peuple ou de toute l'humanité.

La prière communautaire

Chacun d'entre nous doit être la voix de son peuple. Plus nous demandons pour nous-mêmes, moins nous avons la chance de nous faire entendre. Nos sages comparent la prière à la construction du Tabernacle qui fut érigé par Moïse dans le désert du Sinaï. Chaque juif devait apporter son offrande. Nul, ne pouvait apporter tous les matériaux nécessaires à la construction du tabernacle dans sa totalité. Par nos prières, nous ne faisons qu'apporter une pierre supplémentaire à l'édifice. Sans cet apport individuel, il n'y aurait pas de délivrance possible. Pour cette raison, dans la majorité de nos prières, nous ne disons jamais « je » mais « nous ». Notre prière est une prière collective, elle concerne tout le peuple.

La prière doit être honnête. Certains, en priant, songent plus volontiers aux péchés des autres qu'aux leurs. D'autres reconnaissent leurs peccadilles et oublient leurs fautes graves. Bien prier, c'est exprimer toute la vérité. La prière doit être épanchement sincère, une purification du cœur. Cette franchise profonde favorise une meilleure connaissance de soi-même et peut devenir du même coup un puissant curatif psychologique. Sans la prière, l'homme serait privé d'une dimension essentielle. Nul n'est plus à plaindre que l'être qui ne sait pas prier. Ne pas prier n'est pas un péché mais un châtiment. L'heure la plus tragique de la vie du Baal Chem Tov est celle où, puni, il oublie ses prières.

La prière aux sources de la paix

Prier signifie briser la solitude en jetant un pont entre l'homme et son Créateur, un pont entre l'homme et son prochain. C'est pourquoi la prière pour le règne de la paix occupe une place de choix dans nos offices. La prière pour la paix est la dernière des 18 bénédictions. Elle clôture également le *Kaddich*, sanctification du Nom de Dieu. Elle termine tous les offices quotidiens. Ce fait indique que, dans la conception juive, la paix ne constitue pas le principe de base, mais bien plutôt l'objectif final de nos aspirations et de nos efforts.

Dans cette optique, la paix signifie l'harmonisation de tous les contrastes, la résorption des antagonismes et des conflits terrestres, la fin et la suprême tâche à réaliser.

Chalom représente en dernier lieu la plénitude même, c'est-à-dire la solution définitive de tous les conflits tant dans les rapports des hommes entre eux que dans les relations de l'être humain avec sa propre intériorité et Dieu. C'est pourquoi la paix est une tâche permanente, à laquelle l'homme doit travailler aussi longtemps qu'il vit. Suivant une expression de Rabbi Yéhochoua Ben Levi, la paix a la même fonction par rapport au monde que « le levain par rapport à la pâte ». Elle est « l'éternel élément moteur du destin humain. » C'est la paix qui crée tout ce qui est noble et grand. C'est elle qui stimule l'énergie humaine et qui fait accéder à la perfection la personnalité individuelle, préparant ainsi l'époque du dénouement messianique. Notre vie n'est rien d'autre qu'une lutte permanente pour la paix perpétuelle et absolue. C'est pourquoi la dernière requête que nous adressons à Dieu est qu'il nous accorde sa bénédiction dans ce combat pour la paix.

Une histoire

Durant la tourmente, dans les ghettos et les camps, à l'intérieur des murailles de feu et de mort, nos frères, nos sœurs trouvaient encore la force et le courage de prier. Dans le royaume de la mort et de l'abjection qui est pire que la mort, des hommes et des femmes, au péril de leur vie, s'acharnaient à observer autant de commandements religieux que possible. Certains jeûnèrent le jour du Pardon ou refusèrent de manger le pain à Pâque. D'autres faisaient la file pour mettre les phylactères que quelqu'un avait réussi à introduire au camp. Je me souviens – écrit Élie Wiesel – des offices de Nouvel An israélite sous un ciel bleu et glacial, des prières de *Kol-Nidré* et du *Kaddich* que nous disions pour les morts et les vivants ; je me souviens de toutes les prières que nous avons prononcées là-bas. Des juifs qui, en route vers Birkenau, dans les wagons scellés, dansaient le soir de *Simhath Tora* ; les juifs qui malgré les travaux accablants, malgré les coups de matraque, chantaient silencieusement les prières de *Chabbath*. Oui, c'était difficile d'observer ces commandements, c'était impossible de les accomplir, et pourtant. C'était pour ces hommes et ces femmes condamnés, l'unique façon de résister contre la tyrannie nazie mais aussi et surtout l'unique moyen qui leur permettait de tenir et d'espérer.

Et aujourd'hui…

Et aujourd'hui, c'est vrai que nous prions peu et mal. C'est vrai que nous connaissons certaines lassitudes, que nous sommes tentés par la distraction et la détresse. De même que l'amour d'un être n'est jamais chose définitivement acquise, de même la prière n'est jamais une formule définitivement prononcée. Notre seule préoccupation devrait consister à parler à Dieu avec nos faiblesses. L'essentiel est de changer chaque circonstance en occasion d'entretien avec Dieu.

■

Les deux boucs

Un des thèmes majeurs de la liturgie de *Kippour* est le rappel de la *'Avoda*[1], cérémonial sacrificiel, qui avait lieu jadis au Temple de Jérusalem, en ce jour sacré. Nous en relisons les prescriptions dans la Torah. Nous l'évoquons de manière détaillée, dans la prière du *Moussaf*[2]. Cette référence aux sacrifices tient au fait que ces rites antiques sont porteurs de significations qui n'ont rien perdu de leur actualité. Examinons aujourd'hui l'acte qui apparaît être comme le point culminant du cérémonial, tel qu'il se déroulait au Temple de Jérusalem : la loi du bouc émissaire.

Le bouc émissaire

Deux boucs étaient placés à la porte du sanctuaire. Ils étaient identiques par la couleur de leur poil, par la taille et le prix. Le Grand Prêtre tirait au sort. Le bouc que le sort avait réservé à Dieu était offert en sacrifice et son sang transporté dans le Saint des Saints. L'autre était conduit sur une montagne escarpée d'où on le poussait

1 Ce terme désigne ici l'office du Grand Prêtre dans le temple le jour de *Yom Kippour*. Tous les détails essentiels de ce rituel sont énoncés dans le livre du Lévitique (chap. 16) et précisés par les rabbins dans le Traité *Yoma*. Après une semaine de préparation spirituelle, le Grand Prêtre entrait dans le Saint des Saints pour mener la cérémonie annuelle d'expiation. Celle-ci comportait notamment le tirage au sort destiné à choisir, parmi deux boucs. L'un servirait de bouc émissaire pour *Azazel* et l'autre serait sacrifié. Après la destruction du Temple, la description de cette *'Avoda* fut incorporée dans le *Moussaf* de *Yom Kippour*.

2 Office complémentaire de *Yom Kippour*.

en arrière[1]. Il devait porter avec lui « tous les péchés » d'Israël[2]. Il est certain que ce sacrifice est l'un des plus puissants symboles que connaisse la Torah. Deux voies, s'offrent à chaque individu. L'une conduit à Dieu et l'autre l'en éloigne. La première implique de lourds sacrifices : le dévouement au service de Dieu, l'accomplissement des Commandements divins, faire le bien à soi-même et aux autres. À l'opposé de cette voie, il existe une démarche qui prône l'assouvissement de tous les désirs, la recherche des plaisirs, l'épanouissement total de la vie en sa dimension la plus physique. L'homme est libre d'agir entièrement à sa guise. Et c'est cette liberté qui comporte la grandeur et la misère de l'homme. Il est remarquable que ces boucs, symboles de ces deux options contradictoires, devaient être en tous points identiques, tels des sosies parfaitement interchangeables. C'est le sort qui décidait du choix.

Rien ne peut justifier l'abandon de la voie divine

La leçon ainsi suggérée est que la condition et la situation de chacun n'interviennent pas. Ni les arguments d'ordre économique (le prix de l'animal), ni la politique (sa taille, son envergure), ni le social (son aspect extérieur, sa couleur) ne sauraient justifier l'abandon de la voie divine. Le riche comme le pauvre, le fort comme le faible, l'intellectuel comme le travailleur manuel sont également libres de choisir. C'est donc en toute liberté que chacun engage sa propre destinée. La célébration de ce rite, précisément à *Yom Kippour,* n'est bien sûr pas innocente. Elle vise à certifier que le choix fondamental, auquel tout un chacun est confronté dans sa vie, lui est proposé à nouveau en ce jour. Quelles qu'aient été les options passées, *Kippour* nous contraint à entériner les décisions prises précédemment ou à les modifier.

Le rituel vient nous rappeler que *Kippour* représente une chance inestimable de bifurquer, de rompre avec le passé, au prix, il est vrai, de révisions déchirantes et de sacrifices. « Car, en ce jour, est-il écrit, Il vous pardonnera pour vous purifier ; de tous vos péchés, vous serez purifiés devant Dieu[3]. » Ainsi, devant la face du sanctuaire, nous

1 *Yoma* 67b.
2 Lév. 16, 22.
3 Lév. 16, 30.

nous présentons avec tous les éléments de cette liberté qui rend notre choix difficile et d'autant plus noble. Mais *Yom Kippour* nous enseigne que toute attitude indécise intermédiaire est impossible. Il n'y a pas trois boucs devant le prêtre, il n'y en a que deux. Nous n'avons pas d'autres choix. Lorsque nous refusons le chemin vers le sanctuaire, il ne reste que le désert, le néant, la solitude et la disparition.

LA FÊTE DE *PESSAH*

Pessah[1] ou l'éternel présent

« Observe la fête des azymes (pains sans levain) : sept jours tu mangeras des azymes comme je te l'ai prescrit à l'époque du mois de la germination[2], car c'est dans ce mois que tu es sorti d'Égypte[3]. » Sur l'ordre de Dieu, Moïse entreprit la libération du peuple d'Israël d'Égypte. D'une tribu d'esclaves qui n'avait plus le sens de la dignité, il forgea un peuple qui devait répandre le message de Dieu sur terre, message basé sur le respect, la dignité et la liberté. Mais *Pessah* n'est pas une fête appartenant exclusivement au passé et

---

1 La fête de *Pessah* dure 8 jours du 15 au 22 *Nissan*. Les deux premiers jours et les deux derniers jours sont pleinement fériés (tout travail est interdit). Les jours intermédiaires sont appelés jours de demi-fête.

Cette fête porte différentes significations :

– Fête de *Pessah* : le mot *Pessah* signifie « passage » du Seigneur par-dessus les maisons des enfants d'Israël pour les préserver de la dixième plaie d'Égypte. Ce terme rappelle également l'agneau pascal consommé jadis le premier soir de la fête.

– Fête des azymes : durant huit jours, il est interdit de manger du pain levé en souvenir de nos ancêtres qui n'avaient pas eu le temps de faire lever le pain au moment de la sortie d'Égypte. De plus, le pain non levé doit nous faire penser au pain de l'esclavage que les enfants d'Israël ont mangé en Égypte.

– Fête du printemps : la fête de *Pessah* doit toujours tomber au printemps. Elle est également liée à la moisson de l'orge dont une mesure (*omer*) était offerte le deuxième soir de *Pessah*.

– Fête de la libération : la fête de *Pessah* marque la fin de l'esclavage en Égypte et la création d'Israël en tant que peuple libre et indépendant.

2 Premier mois du calendrier juif religieux; septième mois de l'année hébraïque civile qui commence à *Tichri*. C'est un mois « plein » de 30 jours, qui coïncide d'habitude avec mars-avril. Son signe zodiacal, le Bélier, était associé par les rabbins à l'agneau pascal. *Nissan* est appelé « le premier mois de l'année » (Ex. 12, 2), mais dans le Pentateuque (Ex. 13, 4 ; 23, 15; 34, 18 ; Dt. 16, 1) il est généralement nommé «*Aviv*» (le mois de la germination).

3 Ex. 34, 18.

dont les événements se sont déroulés il y a quelque 3 500 ans. Dès les premiers pas, nous nous rendons compte que l'objet de notre histoire ne peut être renvoyé comme une épave sur les rives du passé. Le récit de la sortie d'Égypte surgit devant nous comme un fragment de notre vie. Ainsi, tout en puisant son essence dans notre passé historique, cette fête épouse l'idéal merveilleux pour lequel tout homme, à toutes les époques, doit lutter, à savoir le triomphe de la liberté.

La fête des *matsoth* et la fête de la liberté

La *matsa* (pain azyme) que nous mangeons à *Pessah* rappelle essentiellement la précipitation du peuple juif lors de la sortie d'Égypte. Elle est le symbole de la liberté et de la marche vers son indépendance. Le concept de la liberté ne signifie cependant pas l'affranchissement d'une contrainte extérieure permettant à l'homme d'agir à sa guise. La liberté ne doit pas être une anarchie. Ce concept implique des limites, des règles auxquelles on se soumet volontairement. L'homme libre est celui qui se soumet à un système auquel il adhère de son plein gré. Pour le peuple juif, cette liberté s'accompagne immédiatement de la soumission à Dieu.

La *matsa* montre bien ce double aspect. Elle symbolise la précipitation avec laquelle les juifs durent quitter la terre d'Égypte et retrouver ainsi leur indépendance nationale, mais aussi le pain des israélites libérés, pleins de joie et de reconnaissance pour Dieu à qui ils se soumettent volontairement en recevant la Torah sur le mont Sinaï. Avec une simultanéité complète, la *matsa* évoque donc à la fois la libération du peuple et sa subordination à Dieu. Ainsi donc, l'objectif de la libération de l'asservissement égyptien n'était pas de mener une vie de licence et d'anarchie. La grandeur de l'affranchissement de l'esclavage réside dans le fait qu'il a entraîné les Israélites vers un degré supérieur de liberté, la liberté de recevoir la Torah. « Cette tribu errante, impossible à distinguer, à beaucoup d'égards, d'innombrables communautés nomades, déclarait Winston Churchill, a saisi et proclamé l'idée dont tout le génie de la Grèce et la puissance de Rome avaient été incapables : il n'y aurait qu'un seul Dieu, un Dieu universel, un Dieu des nations, un Dieu juste. » Il est donc impossible de dissocier la liberté de la responsabilité. Il est impossible de dissocier la liberté des principes humains et religieux prescrits dans la Torah.

Accéder à la liberté nécessite cependant une certaine maturité spirituelle et morale. La liberté est un bien précieux. Il doit être préservé, entouré de précautions multiples. Cette liberté, arme à double tranchant, doit être canalisée et ne pas être mise entre les mains d'individus ne cherchant que meurtre et vengeance. Elle doit, au contraire, servir les hommes à se respecter, à s'unir et à s'aimer mutuellement.

Liberté et éducation

C'est la raison pour laquelle la consommation de la *matsa* s'accompagne de l'ordre d'enseigner aux enfants. Chaque père a le devoir de répondre aux questions posées par ses enfants. Il doit même susciter ces questions si l'enfant ne sait pas les poser lui-même. Il faut le motiver, l'intéresser et aussi le récompenser. Cette idée est reprise d'une façon brillante par Rabbi Chimchon Raphaël Hirsh[1]. Il écrit à ce propos : « En toutes circonstances, l'Éternel te demande à toi, père en Israël, d'abreuver tes enfants de l'esprit de Dieu ; de les conduire de bonne heure vers Lui, de leur insuffler un cœur juif, qui se battra pour la cause juive et qui se dévouera pour le destin juif. Mais c'est le soir où tu fêtes, toi-même, ton avènement historique et le début de ta mission juive, que l'Éternel a destiné pour la consécration de tes enfants, ces petits sur qui reposent la continuité, la fécondité et la pérennité de la tâche universelle dont la sortie d'Égypte constitue le fondement. Lorsque tu célébreras la fête, imprègne-toi du noble devoir de tout père juif, et enseigne à ton enfant, avec des paroles qui jaillissent du cœur, le sens du pain de la fête, de l'esprit de cette fête, la signification du grandiose événement historique et de la tâche du peuple juif qui en découlent. »

Liberté, éducation, voilà les deux principes mis en exergue par cette fête riche en symboles. Ces deux notions s'interfèrent. L'une ne va pas sans l'autre. C'est d'ailleurs pour enseigner aux juifs à aimer le prochain, à lutter contre les injustices sociales, à se rendre compte

---

1 1808-1888. Rabbin allemand, fondateur de l'école de la néo-orthodoxie. Il professait que le judaïsme orthodoxe devait accepter la culture occidentale et y adhérer, idée qui s'exprimait dans l'expression « *Torah Im Derech Eretz* » (La Torah avec un engagement dans le monde). Ses idées essentielles sont exposées dans les « Dix-neuf épîtres sur le Judaïsme » qu'il publia sous le pseudonyme de Ben Ouziel. Dans son commentaire sur le Pentateuque, il développe une méthode d'exégèse biblique fondée sur une approche symbolique des mots hébraïques, des racines qui les composent et des lettres.

des méfaits de l'aliénation physique et mentale que Dieu a condamné les juifs à purger 430 ans d'esclavage sous le joug des pharaons.

Un réveil dans la conscience juive

L'Égypte était donc le creuset qui devait faire prendre conscience aux juifs des injustices sociales. Fort de cette expérience, le peuple pouvait alors recevoir la Torah. Il était alors mûr pour recevoir cette charte divine et comprendre combien l'amour de l'autre était important dans la législation juive. La fête de *Pessah* devient alors chaque année un réveil dans la conscience juive. Le juif de l'Exode est celui qui se trouve simultanément avec les juifs persécutés, ici et ailleurs. Il est aux côtés des millions d'hommes et de femmes privés de nourriture et de soins médicaux dans le tiers et le quart-monde. Le juif de l'Exode est celui qui, face à la montée du racisme et de l'antisémitisme, s'engage dans la lutte contre toute injustice, surtout lorsque celle-ci frappe des êtres sans défense tels que les immigrés et les étrangers.

Le vrai tremplin de notre libération

Enfin, la *matsa,* symbole de la liberté, doit être l'occasion, pour l'individu, de se libérer des instincts matériels qui le subjuguent. L'homme doit apprendre à lutter contre l'automatisme dans lequel le projette la société de consommation où il vit. L'homme, devenu une sorte d'animal cultivé, doit conquérir sa liberté intérieure. Il doit extirper le « *hamets* » (levain), ferment qui pousse l'individu à agir mal. Nos sages ont comparé l'action du levain à celle de l'agent de fermentation dans l'âme humaine qui apparaît sous la forme de mauvais instincts. C'est le germe qui soumet la pureté naturelle de l'âme à l'influence des forces du mal. C'est lui qui crée la discorde au sein de la personnalité. Pour cette raison, nos sages nous demandent de rechercher minutieusement, la veille de *Pessah,* tout levain de notre foyer. Un nettoyage complet est entrepris. La maison resplendit intérieurement et extérieurement. Mais notre « intérieur » est-il aussi nettoyé ? Avons-nous fait notre examen de conscience pour nous débarrasser de tous nos vices ? Arrivons-nous à faire abstraction de notre « moi » pour nous mettre au service des autres ?

Sommes-nous parvenus à nous libérer de toutes les contingences matérielles ? C'est ce dépassement personnel que Dieu exige de nous, lors de cette fête de passage ; c'est cette purification extérieure et intérieure qui devient le vrai tremplin de notre libération.

■

Pessah : « une bouche qui parle… »

Nous connaissons tous les différentes significations de la fête de *Pessah* et la symbolique que représente chacune de ses significations. Nous savons combien cette fête est importante dans le vécu et la mémoire juive. Nul n'ignore combien sont actuels les enseignements que cette fête nous rappelle constamment : la proclamation de la liberté pour tous les êtres humains quelle que soit la couleur de leur peau, la langue qu'ils parlent, la religion qu'ils pratiquent ; la lutte contre l'esclavage sous toutes ses formes : esclavage qui, malgré les progrès que nous enregistrons au niveau des droits de l'homme, continue à miner notre société et à dénaturer la face humaine ; le respect de la dignité humaine et la défense des intérêts des personnes faibles et sans ressources.

Et si on communiquait davantage !

Par son nom, la fête de *Pessah* recèle une signification qui me paraît épouser l'actualité de notre quotidien. Le XXIe siècle est celui de la communication. Le monde est devenu un village planétaire. Chacun d'entre nous peut, sans difficulté, communiquer avec la personne de son choix là où elle se trouve. Les autoroutes de l'information nous ont ouvert des horizons nouveaux et permettent une information immédiate. Pourtant l'homme n'a jamais autant souffert de la solitude qu'en ce siècle. De plus en plus, les gens s'enferment à double tour dans leurs maisons cossues et plongent dans un égoïsme inquiétant. Face à la misère d'autrui, les hommes demeurent sourds et muets. Mais qu'est-ce que tout cela à avoir de particulier avec la fête de *Pessah* ? *Pessah* signifie passage par-dessus. Ce nom de la fête nous rappelle la protection divine déployée en faveur des enfants d'Israël en Égypte au moment où l'ange de la mort était passé par-dessus les maisons des Israélites en les épargnant.

Certains commentateurs de la Bible, conscients de la multiplicité des sens de cette fête, nous invitent à diviser ce mot en deux syllabes : *Pé* signifie la bouche ; *Sah,* qui parle.

« Une bouche qui parle », n'est-ce pas le rétablissement du dialogue entre les hommes ? Une bouche qui parle, n'est-ce pas la communication directe des hommes entre eux et non pas une communication artificielle par le biais d'écrans interposés ? La tradition juive a bien compris cet enjeu. Elle a fait du soir du *Seder*[1] un

Plat du Seder. Cologne, XVIIIe ou XIXe siècle. Collection MRAH

1 Soirée de Pâque au cours de laquelle la famille est réunie pour raconter le récit de la sortie d'Égypte et la libération de l'esclavage. Au cours du *Seder*, l'enfant pose les quatre questions auxquelles tout juif doit répondre. La table est garnie d'un plat appelé « plat du *Seder* » qui comprend trois *matsoth*, un os avec de la viande grillée rappelant le sacrifice de l'agneau pascal, un œuf dur rôti en souvenir du sacrifice des fêtes de pèlerinage que l'on offrait aussi à *Pessah*, des herbes amères qui doivent nous faire ressentir l'amertume

moment de dialogue privilégié. C'est le temps de la parole, le moment où l'enfant pose des questions à son père. C'est aussi l'occasion, pour le père, de répondre à l'attente de son fils. Tout est fait pour susciter la curiosité de l'enfant et pour le tenir éveillé.

Pessah, fête de l'ouverture vers l'autre

Le soir du *Seder* est le moment où la communication retrouve sa place. *Pessah* est la fête de la rencontre avec autrui et de l'ouverture vers l'autre. À ce sujet, j'aimerais rapporter ici une expérience qui a été réalisée dans une école en Allemagne et qui a été retransmise sur une des chaînes de la télévision française. Le présentateur faisait part de son inquiétude face à la montée dangereuse du racisme dans son pays. Aussi, pour lutter contre ce fléau, il proposa de briser les barrières qui existent entre les gens, de les faire parler, de les faire agir ensemble. Pour illustrer son propos, il projeta un reportage tourné dans une école primaire située dans une des régions les plus reculées de Bavière. L'instituteur était un Congolais qui avait acquis la nationalité allemande. Lorsque le maître entra dans sa classe pour la première fois, ce fut l'ahurissement des élèves. Lorsqu'il tendit la main à un des élèves pour lui dire bonjour, le petit enfant ne sut quoi faire. Il n'avait jamais touché la main d'un homme de couleur. Mais, avec beaucoup de doigté et de savoir-faire, cet instituteur finit par se faire accepter. Et ce fut, pour les enfants, une découverte continue. Un jour, ce fut la cuisine congolaise ; un autre jour, l'art congolais ; un autre jour encore, la musique et la danse congolaise et ainsi de suite… Ainsi, petit à petit, et par touches successives, les murs de préjugés tombèrent.

Pessah, une bouche qui parle. *Pessah,* une fête qui fait tomber les préjugés. *Pessah,* une fête qui rapproche les hommes entre eux, les générations entre elles, les membres de familles entre eux. À nous de faire de chaque fête de *Pessah* la fête de la solidarité, la fête de la fraternité entre les hommes. À nous de faire de chaque fête de *Pessah*

---

de l'esclavage égyptien, un mélange de fruits écrasés symbolisant le mortier que les juifs préparaient en Égypte, du persil ou des radis rappelant le maigre repas de nos ancêtres esclaves et de l'eau salée en souvenir des larmes versées par nos ancêtres au cours de leur asservissement. La joie de la fête est rehaussée par l'obligation de boire quatre coupes de vin en souvenir des quatre expressions bibliques qui marquent l'événement de la libération du peuple.

un moment de prise de conscience et d'engagement pour l'autre, partout et de tout temps.

■

Être esclave

Le récit de l'Exode rapporte une histoire qui se passait voici plus de trois millénaires. Nous avons perdu la mémoire de ce que le monde pouvait être alors. Néanmoins, l'Exode demeure une réalité toujours actuelle, à jamais vivante en nous. Moïse vit parmi nous et nous continuons à invoquer pour notre libération, notre Pâque toujours promise, toujours future. Les informations que les médias de toute nature déversent quotidiennement nous ont fait prendre conscience de la situation réelle de l'humanité en ce début du troisième millénaire. Notre époque, plus que toute autre peut-être, se caractérise par son indicible cruauté. Nous enterrons dans notre inconscient ce qui risquerait de troubler notre confort intellectuel, l'idée que nous nous faisons de nous-mêmes. Nous travaillons, hélas, pour effacer de notre conscience quelques-uns des faits dominants des réalités contemporaines. Et, parmi eux, l'actualité de l'esclavage.

Sommes-nous aujourd'hui délivrés de l'esclavage ?

Le texte de l'Exode, en termes lapidaires, décrit la situation des Hébreux réduits en esclavage par un roi d'Égypte qui n'avait pas connu Joseph. « Ils asservissent les fils d'Israël avec brutalité. Ils leur rendent la vie amère par un dur esclavage dans l'argile, les briques, tout l'esclavage des champs, outre tout leur esclavage où ils faisaient d'eux des esclaves, avec brutalité[1]. » Sommes-nous aujourd'hui délivrés de cette brutalité ? Les conventions internationales définissent l'esclavage comme l'obligation faite à une personne – homme, femme, enfant – de travailler contre son gré, sans rémunération ou presque et sans avoir la possibilité d'échapper à sa sujétion, étant la propriété de son maître.

Telle était hier la situation des Hébreux en Égypte pharaonique et telle est de nos jours, celle de plus de deux cents millions d'hommes,

1 Ex. 1, 13-14.

de femmes, d'enfants réduits en esclavage, à travers le monde. Encore faut-il dire que cette statistique ne tient pas compte du semi-esclavage des hommes, libres en principe, mais qui n'ont pas d'autre choix que d'accepter les conditions d'emploi fixées unilatéralement par leurs employeurs. Les rapports détaillés et circonstanciés de nombreux juristes, missionnaires, militants caritatifs et humanitaires, médecins, journalistes, d'associations comme Amnesty International, des Ligues des Droits de l'Homme des différents pays, des Églises et surtout des sociétés anti-esclavagistes montrent que dans notre société moderne l'esclavage, sous des formes brutales ou dissimulées, légales ou illégales, existe bel et bien. À l'âge où la robotique remplace le travail manuel des hommes, où l'informatique met fin à la fastidieuse collecte d'informations et des interminables documents d'archives, il existe encore et toujours des esclaves.

L'esclavage dans tous ses états

Dans certaines régions, l'esclavage persiste et, dans certains cas, se porte bien. Le tableau couvre toutes les zones de la planète : travail forcé des prisonniers politiques et de droit commun en Chine populaire sous couvert de « productivisation » ; régime sévère des camps de concentration et des prisons de « rééducation politique » en Corée du Nord ; vente formellement illégale, mais largement tolérée, d'enfants des deux sexes en Inde et aux Philippines ; travaux forcés, sans rémunération, dans des conditions dangereuses et pénibles, d'enfants de huit à dix ans, dans des mines, des plantations, des entrepôts, des fabriques en Asie du Sud-Est, en Afrique noire, dans les pays arabes, en Colombie, au Brésil ; exploitation par des colons sans scrupule des populations indigènes en Amérique latine ou dans des fermes immenses, loin de tout contrôle gouvernemental. Sous toutes ces formes, le nombre des esclaves est en croissance constante dans le monde[1]. Cette violence s'exerce contre des enfants

---

1 Au total, 245 millions d'enfants travaillent dans le monde, selon le rapport du Bureau international du Travail, intitulé « Coup de main ou vie brisée ? Comprendre le travail domestique des enfants pour mieux intervenir » et publié à la veille de la Journée mondiale contre le travail des enfants, le 12 juin 2004.

Beaucoup de ces enfants sont très jeunes. La pauvreté et le manque de revenus, l'ignorance des risques, le nombre croissant d'orphelins du sida et la persistance des hiérarchies traditionnelles contribuent à pousser les enfants à travailler comme domestiques, selon l'étude du Bureau international du Travail.

des deux sexes, obligés à des travaux forcés. Achetés ou arrachés à leurs familles, ils sont revendus et condamnés à travailler dans les usines qui les emploient de dix-huit à vingt heures par jour, sept jours par semaine. Tous les pays en voie de développement utilisent cette main-d'œuvre servile qui ne coûte à peu près rien en frais de nourriture et de logement.

L'esclavage pour dette subsiste encore de nos jours. C'est l'un des visages que revêt l'asservissement moderne qui sévit sous des formes multiples, économiques, intellectuelles, spirituelles. En Inde, au Pakistan, au Bangladesh et ailleurs, les adultes et les enfants se comptent par millions, asservis parfois à vie pour non-paiement de sommes dérisoires. Les conflits entre ethnies différentes aboutissent à des guerres avec, pour conséquence, l'asservissement des vaincus, comme au Soudan ou sur les frontières de Mozambique. Cette situation est d'autant plus dramatique qu'elle s'étale au grand jour, parfois à renfort de publicité, même dans des pays policés, signataires de conventions internationales qui demeurent lettre morte, dans l'indifférence universelle.

Le tableau est tragique

Inutile de se voiler la face. L'esclavage continue à exister malgré la Déclaration universelle des Droits de l'Homme, malgré les Constitutions nationales, malgré les déclarations hypocrites des hommes d'État. Ainsi donc, *Pessah* ne doit pas être un rituel purement formaliste ; le *Seder* ne doit pas être une soirée de souvenirs nostalgiques ; la narration de la sortie d'Égypte, la classique *Haggada* ne doit pas être seulement un charmant album de notre enfance. Il nous faut participer activement aux efforts des militants et des activistes qui, dans le monde entier, dénoncent les milliers de misérables et médiocres pharaons de pacotille qui, aujourd'hui encore, dans l'impunité, bâtissent des pyramides d'argent avec le sang et les larmes de centaines de milliers d'êtres humains. Cette année encore, nous devons répéter cette phrase de la *Haggada* : « À chaque génération, chaque homme doit se considérer comme étant lui-même sorti

---

D'autres facteurs jouent également : la perception du travail domestique comme une préparation au mariage, l'emprise des employeurs des parents, le besoin de rembourser des dettes. Les employeurs sont souvent considérés comme des bienfaiteurs de la famille. Le placement de l'enfant équivaut alors à une quasi-adoption.

du pays d'Égypte. » Lutter contre l'esclavage aujourd'hui, c'est lutter contre tous ceux qui veulent réduire l'homme et qui le considèrent comme un objet.

■

« À chaque génération, l'homme doit se considérer comme étant lui-même sorti d'Égypte »

« Je ne connais aucune autre œuvre littéraire évoquant un tel mépris de l'esclavage et un tel amour de la liberté que le récit de la servitude et de la délivrance d'Égypte. Je ne connais aucun autre événement du passé, aussi pleinement symbolique de notre présent et de notre avenir, que le souvenir de la sortie d'Égypte. »

B. Katsnelson

« À chaque génération, l'homme doit se considérer comme étant lui-même sorti d'Égypte. » Ce passage de la *Haggada*[1] ne s'adresse pas à l'homme juif exclusivement. L'auteur de la *Haggada* utilise le mot « Adam » (l'homme universel) pour signifier que chaque individu quelle que soit sa foi ou sa religion doit se considérer comme s'il était sorti lui même d'Égypte.

Rappelle-toi que tu as été esclave...

Pourquoi cet appel à l'homme en général ? En quoi le non-juif est-il concerné par la sortie d'Égypte, événement qui commémore la libération du peuple juif du joug égyptien et le début de son histoire en tant que peuple libre et indépendant ? La lutte contre l'esclavage, la libération de tous les jougs, la lutte contre toute forme de discrimination sont des valeurs partagées par l'humanité tout entière. La loi juive ne fait pas de distinction entre les nationaux et les étrangers. Elle étend sa sollicitude à tous ceux qui ont besoin d'être protégés et, parmi ceux-ci, elle fait une place à part, une place d'honneur, pourrait-on dire, aux étrangers. Dans le texte biblique, les droits des

---

1 Récit de la sortie d'Égypte que nous lisons les deux premiers soirs de *Pessah*. Ce nom dérive du verset : « Et tu le raconteras à ton fils en ce jour. C'est bien pour cela que Dieu a fait (ces miracles) pour moi, au moment de la sortie d'Égypte. » (Ex. 13, 8)

étrangers sont toujours rappelés à côté de ceux de la veuve et de l'orphelin. Et cette priorité donnée à l'étranger n'était pas le fait du hasard. Il y a quelque chose d'intentionnel dans l'ordre de cette énumération. « Rappelle-toi que tu as été esclave en Égypte et que l'Éternel, ton Dieu, t'en a affranchi[1]. » Le travailleur étranger jouissait des mêmes droits que le travailleur juif. Son salaire devait lui être remis le même jour[2]. Le judaïsme proclamait le droit d'asile. L'étranger qui venait se réfugier dans le pays d'Israël était sacré. « Si un étranger vient séjourner dans votre pays, ne le molestez point. Il sera pour vous comme un des compatriotes, l'étranger qui séjourne avec vous, et tu l'aimeras comme toi-même, car vous avez été étrangers dans le pays d'Égypte, je suis l'Éternel votre Dieu[3]. »

L'étranger, cet être qui fait peur...

L'étranger, cet être qui fait peur aujourd'hui et dont on veut faire un paria dans nos sociétés industrielles, cet étranger, nous devons faire attention à lui. Plutôt que de l'absorber, nous devons l'encourager à se vouloir fidèle à lui-même. Son identité nous est précieuse et il nous incombe de l'enrichir. Le judaïsme nous enseigne à mettre l'accent sur l'authenticité. Chacun doit être respecté pour ce qu'il est. Nous ne demandons pas à l'étranger de nous offrir ce que nous possédons déjà, mais ce qu'il a et qu'il est seul à avoir. Nous ne voulons pas qu'il nous ressemble et nous ne souhaitons pas lui ressembler. C'est bien cette idée qui a été développée par le professeur Vladimir Jankelevitch dans une Conférence faite à l'Unesco sous le titre « Religion et Tolérance » : « La séparation n'est pas un pis-aller dont il faudrait seulement s'accommoder. Elle ouvre la voie à une autre communication – à l'amour – inconcevable sans la séparation des êtres. La tolérance fraye la voie à cet amour, à moins que déjà, elle n'en précède. »

Or, aujourd'hui, c'est cette valeur qui est menacée. Les pays riches ferment leurs portes et refoulent les étrangers. Les pays de l'Union européenne cherchent par tous les moyens à juguler le flot des immigrés. Un grand nombre d'entre eux périssent dans des conditions terribles, avant même d'atteindre les côtes d'un des pays

1 Dt. 24, 15.
2 Ex. 13, 3.
3 Dt. 10, 19.

européens[1]. Et ceux qui réussissent à pénétrer dans l'un de ces pays sont refoulés sans ménagement. C'est bien pour cela que l'auteur de la *Haggada* ne s'adresse pas seulement à l'homme juif mais à l'homme en général. Il lui rappelle les dangers que recèle toute forme de racisme et demande à chaque homme de se considérer, à chaque génération, comme s'il était sorti d'Égypte. Selon lui, seul le respect absolu des valeurs qui fondent la dignité de l'homme peut sauver nos sociétés. C'est là le message de la fête de *Pessah*. Et c'est bien ce message que la Bible nous ordonne de rappeler trois fois par jour, tout au long de notre existence.

■

« Que celui qui a faim vienne et mange avec nous[2] »

Pour le peuple juif, la fête de *Pessah* a été le point de départ d'une aventure qui se prolonge dans le temps et dans l'espace. « Chacun, est-il écrit, doit se considérer comme étant lui-même sorti du pays d'Égypte[3]. » Le souvenir de la libération du joug égyptien est rappelé constamment. Et la fête de *Pessah* constitue un des moments les plus forts de notre tradition.

Quelles sont les idées véhiculées par cette fête et quel a été leur impact sur les nations du monde ?

« Proclamez dans le pays la liberté pour tous ceux qui l'habitent »

À d'autres époques et en d'autres lieux, la fête de *Pessah*, fête de la liberté qui a marqué l'histoire du peuple juif depuis sa création, a inspiré bien des personnalités. Benjamin Franklin et Thomas Jefferson firent graver sur le sceau des États-Unis d'Amérique nouvellement

---

1 Le samedi 10 janvier 2004, vingt et un clandestins ont été retrouvés morts de froid à bord d'un canot pneumatique qui avait quitté le port de Vlora (Albanie) pour tenter de gagner les côtes italiennes. « Le drame au large de Vlora repose un problème que l'on pensait réglé », écrivait le quotidien économique *Il Sole 24 Ore*. En effet, depuis le mois de mars 1997, date de la signature d'un accord entre Rome et Tirana, au moins 200 Albanais se sont noyés dans la mer Adriatique en tentant de rejoindre illégalement les côtes italiennes.

2 Extrait de la *Haggada de Pessah*.

3 *Ibid.*

fondés, l'image de Pharaon et de ses guerriers traversant sur des chars les eaux divisées de la mer Rouge, pendant que Moïse, la tête irradiant des rayons de lumière céleste, dressé sur l'autre rive, étend sa main au-dessus de la mer et fait rebrousser les eaux sur les Égyptiens. Le sceau des États-Unis portait comme devise : « La résistance aux tyrans est l'obéissance à Dieu. »

On a dit de l'hébreu que c'était la « langue maternelle » de la liberté. Est-ce donc un hasard si les fondateurs du pays le plus célèbre pour sa poursuite de la liberté ont cherché dans la Bible hébraïque la devise qui exprimerait le mieux cet idéal ? La Cloche de la Liberté du Hall de l'Indépendance à Philadelphie, coulée en 1753, porte gravé ce verset du Lévitique[1] : « Proclamez dans le pays la liberté pour tous ceux qui l'habitent. » Les vers gravés sur un autre monument américain célèbre, la Statue de la Liberté, sont de la poétesse juive Emma Lazarus (1849-1887). Les millions d'immigrants arrivant aux États-Unis en quête de liberté pouvaient contempler avec émerveillement et gratitude « une femme puissante... portant le nom de Mère des Exilés ». Son flambeau éclaire ces mots universels de bienvenue : « Donnez-moi vos faibles, vos pauvres. Vos masses opprimées, aspirant à respirer librement. Envoyez vers moi les sans-foyer, les ballottés par les flots. J'élève ma lampe devant le portail d'or. » Ces vers, rédigés par Emma Lazarus en 1889 et apposés sur le socle de la Statue de la Liberté en 1903, font désormais partie des grandes proclamations de l'histoire américaine. En écrivant son hymne à la Statue de la Liberté, Emma Lazarus s'était sans doute inspirée des premiers versets du récit traditionnel juif sur la liberté, la *Haggada de Pessah* : « Que celui qui a faim vienne et mange avec nous ; que l'indigent vienne et célèbre la Pâque avec nous. Cette année, nous sommes encore dans ce pays-ci, l'année prochaine nous serons dans le pays d'Israël, cette année nous sommes esclaves, l'année prochaine nous serons des hommes libres. »

Dans de nombreuses communautés juives, il est coutume de ne pas fermer la porte de la maison le soir du *Seder*. Elle reste ouverte pour les « malheureux et les pauvres, les masses opprimées aspirant à respirer librement, les sans-foyer et les ballottés sur les flots ». Cette porte grande ouverte du foyer juif célébrant, cette nuit, la liberté n'est-elle pas ce « portail d'or » que la poétesse associe, dans sa vision inspirée, à la Statue de la Liberté ?

---

1 Lév. 25, 10.

La liberté d'agir

La fête de *Pessah*, nous l'avons dit, est la fête de la liberté par excellence. Mais qu'est-ce que la liberté ? La liberté, c'est la soumission à un système de pensée auquel on adhère volontairement. Je peux choisir le pays où je voudrais habiter. Mais, une fois mon choix réalisé, je me dois d'observer les lois de ce pays et de contribuer à son rayonnement. Ainsi, la liberté n'est pas l'anarchie. La liberté n'est pas le droit à la passivité mais plutôt, comme l'a dit le philosophe existentialiste Jean-Paul Sartre, la « liberté d'agir », de prendre des décisions et d'en assumer la responsabilité.

Dans l'esprit de l'interprétation rabbinique de la liberté, Victor Franki nous met en garde : « La liberté menace de dégénérer en simple arbitraire, à moins qu'elle ne soit vécue en termes de responsabilités. » Et il suggère de donner, comme pendant à la Statue de la Liberté érigée sur la côte Est des États-Unis, une Statue de la Responsabilité, sur la côte Ouest. Être responsable, c'est refuser la neutralité. Être responsable, c'est agir chaque fois que cela s'impose. Être libre, c'est pouvoir constamment défendre les valeurs démocratiques, quel que soit le prix à payer. Ce n'est pas toujours facile. Ce n'est pas toujours évident. C'est bien pour cette raison que la Torah nous demande de ne pas permettre au souvenir de l'esclavage de tomber dans l'oubli le reste de l'année. En récitant quotidiennement le *Chéma' Israel*[1], en enroulant les « phylactères[2] » qui nous lient au service de Dieu, en nous soumettant aux nombreuses règles de notre foi, il nous est donné tous les jours l'occasion de nous souvenir que la liberté est la pierre de touche du judaïsme tout entier. À nous de défendre cette valeur partout et pour tous.

---

1 Voir la note de la page 83.

2 Deux petites boîtes en cuir contenant quatre passages bibliques que les hommes, à partir de l'âge de treize ans, portent au bras gauche et sur la tête pendant l'office du matin en semaine. À l'origine, on portait les *Tefillines* toute la journée. Les *Tefillines* sont des petits parchemins faits de la peau d'un animal rituellement préparé, calligraphiés à l'encre noire indélébile et insérés dans une boîte carrée sur laquelle figure la lettre hébraïque « *chin* ». L'injonction de porter des *Tefillines* s'inspire de la Bible (Ex. 13, 1-10 ; 11-16 ; Dt. 6, 4-9 ; 13-21). Les passages bibliques définissent les fondements du judaïsme par l'unité de Dieu, l'acceptation des commandements divins, la Providence de Dieu symbolisée par la sortie d'Égypte. Ainsi, l'acte de se lier avec des *Tefillines* rappelle au juif qu'il doit mettre au service de Dieu sa pensée et ses actes. On porte les *Tefillines* tous les jours de la semaine à l'office du matin. On ne les porte ni le *Chabbath* ni lors des fêtes principales puisque l'on estime que ces fêtes sont suffisantes pour rappeler au juif ses responsabilités envers Dieu.

LA FÊTE DE *CHAVOUOTH*

Les juifs se souviennent du don de la Torah

La fête de *Chavouoth*[1], célébrée chaque année les 6 et 7 *Sivan*[2], commémore la proclamation par Moïse des dix paroles[3], dont il venait de recevoir la révélation en présence du peuple juif réuni au pied du mont Sinaï. Trente-trois siècles après, que nous reste-t-il de cette révélation ? Pour reprendre l'expression d'Abraham Heschel « le monde n'a rien porté de plus précieux que les deux tables reçues par Moïse au mont Sinaï. Elles sont encore là, frappant à nos portes comme pour nous supplier de les graver dans la table de notre

---

1 La fête de *Chavouoth* porte différents noms. Chacun de ces noms relate un aspect particulier de cette fête et souligne sa signification profonde :

– *Hag ha Chavouoth* ou fête des semaines. Ce nom fut donné à cette fête parce qu'elle est célébrée à la fin de sept semaines qui commencent le deuxième soir de *Pessah.* Ainsi, la Torah veut établir un lien entre ces deux fêtes.

– *Hag ha Bikkurim* ou fête des prémices. À partir de *Chavouoth,* chaque Israélite pouvait offrir au Temple les premiers fruits de sa récolte. Cette offrande n'était due que pour les produits suivants : froment, orge, vigne, figues, grenades, olives et dattes.

– *Hag ha Katsir* ou fête de la moisson. *Chavouoth* est célébrée en été. Cette fête coïncidait autrefois, en de nombreux endroits d'Israël, avec la clôture de la récolte du froment. Pour remercier Dieu de la bonne réussite des travaux des champs, on présentait, en ce jour, au Temple, une offrande faite avec la nouvelle farine de froment. Au cours de cette fête nous lisons le livre de Ruth car il donne une description de la moisson dans les champs de Bethléem.

– *Hag Mattan Toratenou* ou fête du don de notre Torah. C'est en ce jour que Dieu se révéla à son peuple sur le mont Sinaï et lui donna la Torah. Avec *Chavouoth,* la marche vers la liberté s'achève et culmine, ce jour-là, avec le don de la Torah.

2 Nom donné au troisième mois du calendrier religieux juif qui court à partir de *Nissan* et neuvième mois du calendrier civil hébraïque. Le mois compte 30 jours et coïncide normalement avec les mois de mai-juin. Son signe zodiacal est représenté par les Gémeaux. Le terme *Sivan* n'apparaît qu'une seule fois dans la Bible (Esth. 8, 9).

3 Nous utilisons le terme « paroles » et non « commandements » car l'hébreu, en disant *Assereth Hadibberoth,* rapporte des *paroles,* non des *commandements.*

cœur ». Certes, ces dix paroles ne constituent pas le tout de la religion, ni des règles morales, ni des préceptes sociaux. On trouve bien d'autres éléments dans les diverses parties de la législation mosaïque. Cependant, le Décalogue continue à être la base intangible de l'institution humaine, applicable à toute civilisation. C'est Anatole Leroy-Beaulieu qui a dit de la Déclaration des droits de l'homme : « Il est vrai que le nouveau décalogue des droits de l'homme procède des Tables apportées du Sinaï et que la nuit du quatre août a été un lointain écho du Sinaï. »

Dans son discours devant l'Assemblée générale des Nations unies, René Cassin, rédacteur principal de la Déclaration des droits de l'homme, annonçait qu'à ses yeux, elle (la Déclaration des droits de l'homme) se présentait comme « la plus vigoureuse, la plus nécessaire des protestations de l'humanité contre les atrocités et les oppressions dont tant de millions d'êtres humains avaient été victimes à travers les siècles et plus particulièrement pendant les deux dernières guerres mondiales. La plus récente de ces oppressions venait d'être menée, sous le déguisement d'une "croisade des droits de l'homme" par les tenants du fascisme raciste, aussi ennemis de l'homme qu'ils l'étaient des autres nations et de la communauté internationale. »

On pourrait aisément, en regard de chaque article de la Déclaration des droits de l'homme, inscrire une citation biblique. Ce qui ressortirait de cette confrontation serait l'identité ou la très grande proximité des principes énoncés. Mais, malgré cette similitude frappante, nous trouvons une profonde différence dans la formulation. Déjà le terme « Déclaration » pose problème. On peut déclarer ce que l'on veut. Cela ne nous engage en rien. En ce début du XXIe siècle, on n'a jamais autant parlé des droits de l'homme. Et pourtant, jamais ces droits n'ont été aussi ouvertement bafoués et cela sur la terre entière.

Droits bafoués

Promenez votre regard sur l'Europe, sur l'Orient proche ou lointain, sur l'Afrique au Nord ou au Sud du Sahara, sur l'Amérique latine, et vous vous rendrez compte combien les droits de l'homme ont besoin non pas d'être réaffirmés mais bien d'être appliqués. Un terme plus engageant que le mot « Déclaration » aurait eu certainement plus de poids et d'impact. Il y a aussi une grande différence dans la formulation. En ses trente articles, le mot « droit » revient cinquante-neuf fois alors que le mot « devoir » n'apparaît qu'une seule fois dans l'article 29 qui souligne les devoirs de l'individu envers la communauté. Le texte biblique, par contre ne parle pas de droits mais de devoirs. « Tu ne tueras point[1] » et non pas « droit à la vie. » « Tu ne voleras pas[2] » et non pas « droit à la propriété ». « N'humilie pas l'étranger[3] » et non pas « droit à la dignité ». « N'exploite pas le journalier, qu'il soit l'un de tes frères ou l'étranger qui est dans ton pays[4] » et non pas « droit à une rémunération équitable ». « Juge ton prochain avec impartialité[5] » et non pas « droit à un jugement équitable ». En effet, pour le texte biblique, si l'homme accomplissait ses devoirs élémentaires, une déclaration concernant ses droits ne serait pas nécessaire. Ceux-ci en résulteraient naturellement. C'est le Grand Rabbin Jacob Kaplan qui disait : « Il convient de ne pas galvauder le mot “droits”. » Et il rappelle, à cet égard, que si le Décalogue ne contient que l'énoncé des devoirs, l'énoncé des droits s'y trouve implicitement.

La formulation des dix paroles est singulière à un double titre. D'une part, par le « Tu », elle s'adresse à l'individu, à chaque homme en tant que tel et non pas à un groupe, une tribu, une caste, une race ou un parti. Elle interpelle chacun d'entre nous dans sa propre individualité. Elle fait appel à la conscience individuelle et non plus à la conscience collective. D'autre part, par l'impératif « Tu dois », elle associe aux droits de l'homme, les devoirs de l'homme : devoirs de droiture et de justice, devoirs envers l'autre, envers le prochain. Il est clair que cette formulation personnelle et impérative « Tu dois » suppose qu'il existe un « Je » : « Je suis l'Éternel ton Dieu, qui t'ai fait sortir d'Égypte[6]. » Autrement dit : la lutte pour les droits implique des devoirs et suppose une référence à des valeurs, à une éthique. « Ces dix préceptes de vie renvoient à une Transcendance, quelle que soit la signification que l'on puisse prêter à cette dernière : la divinité plus ou moins personnalisée des hommes de religion, l'Inconnaissable des agnostiques, le Néant ou le Non-Être des athées sont présents aux sources de toute connaissance[7]. »

---

1 Ex. 20, 13 ; Dt. 5, 17.
2 Ex. 20, 15 ; Dt. 5, 17.
3 Lév. 19, 33.
4 Lév. 19, 13.
5 Lév. 19, 15.
6 Ex. 20, 2 ; Dt. 5, 6.
7 André Chouraqui, *Mon testament, le feu de l'Alliance*, Paris, 2001, p. 111.

Droits et devoirs

Les droits ne valent que par l'accomplissement des devoirs que seuls garantissent les droits. Aujourd'hui, nous vivons dans un siècle où il est interdit d'interdire. Cette triste évolution à laquelle nous assistons aujourd'hui est en grande partie la conséquence d'une exigence de liberté totale et de satisfaction de tous les caprices. Si on abolit les Dix commandements qui interdisent de tuer, de voler, de porter de faux témoignages, de convoiter, on pourra impunément tuer, voler et torturer l'être humain. Certains réclament le droit au suicide, le droit au viol, le droit aux perversions sexuelles. Ce n'est que dans le respect de la loi que l'homme pourra vivre dans la dignité.

Cette idée trouve son expression la plus parfaite dans le premier chapitre de la Bible qui nous apprend qu'à l'origine, Dieu créa un seul homme : Adam. Un seul homme qu'est-ce que cela signifie ? C'est que tous les hommes, habitants du globe, sont les enfants d'Adam, quelles que soient la couleur de leur peau, la configuration de leur crâne, leur langue, leur culture et leur confession. Pourquoi à l'origine un seul homme, se demandent les rabbins du Talmud ? Afin, répondirent-ils, que personne ne puisse dire : « Mon père était plus noble ou mon sang plus rouge que le tien. » Pourquoi, à l'origine, un seul homme ? Pour que les familles de la terre ne soient pas en lutte les unes contre les autres. Or, malgré leur parenté commune, elles n'arrivent pas à s'entendre. Combien plus se déchireraient-elles si, à l'origine, Dieu avait créé plusieurs hommes ! Pour que cet enseignement biblique puisse passer dans la pratique quotidienne, nous devons croire en l'homme et aimer Dieu, source de justice et d'amour. C'est bien cela que nous commémorons le jour de la Révélation au Sinaï par l'étude, par des rites, par la lecture des livres bibliques, par les actes : une infinie responsabilité.

■

Écoute

Debout, il y a quelque 3500 ans, nos ancêtres se virent proposer la Torah, près du mont Sinaï. « Cette Torah, répondirent-ils, nous la ferons et nous l'entendrons[1]. » La parole de Dieu doit, avant tout, se

1 Ex. 24, 7.

faire entendre. C'est pour cette raison que le judaïsme exige de ses fidèles de réciter plusieurs fois par jour le verset biblique « *Chéma' Israel*[1]... » (Écoute Israël...) Le judaïsme ne donne aucune vision de Dieu. Il n'est pas une religion « optique ». Mais il fait entendre sa voix, connaître sa volonté, écouter ses ordres. Il est une religion acoustique. Souvent certains assimilent le verset du *Chéma' Israel* à un credo religieux formel, lui attribuant une valeur symbolique. Il n'en est rien. Cet appel biblique, répété tous les jours dans le recueillement, doit nous permettre d'affiner notre ouïe, de mieux nous préparer à l'obéissance et au discernement. Pourquoi cette importance accordée à l'écoute ? Contre quel danger la Torah veut-elle nous préserver ?

Écouter et voir

Dans notre vie, il existe deux mondes : le monde de la vision et le monde de l'écoute. Le monde de la vision est le monde du superficiel, du tape-à-l'œil, du luxe et de la matière. C'est le monde de l'argent et de l'illusion. Le monde de l'écoute est le monde de la réflexion, de la pensée. Le monde de l'authenticité et de la vérité. Il s'agit d'écouter, c'est-à-dire de pénétrer le moment pour essayer de mieux l'appréhender dans son essence et dans sa profondeur. Il s'agit de ne pas se bercer d'illusions mais d'être dans la réalité des choses et des faits. C'est peut-être à ce niveau-là que nous devons poser la question de savoir : pourquoi nous nous cachons les yeux au moment où nous récitons le *Chéma' Israel.* Il s'agit, pour nos sages, de ne pas être aveuglés par l'aspect extérieur des choses, par les illusions de la vie, par les reflets et les mirages que le luxe et le monde matériel peuvent procurer à l'homme.

Chéma' Israel : Écoute Israël. Ne te laisse pas induire en erreur par tout ce qui est superficiel. Nous mettons la main devant les yeux pour couvrir la vision, comme pour refuser cet aspect extérieur des choses. Nous couvrons les yeux pour refuser ce monde extérieur qui nous subjugue. Nous couvrons les yeux pour refuser l'agressivité du monde extérieur de plus en plus immoral et amoral.

Et c'était bien cela la crainte de Jacob au moment où il descendait en Égypte, ce pays du luxe et de la luxure. Ce pays où le matérialisme régnait en maître et ne laissait plus l'individu réfléchir à son existence.

---

1 Dt. 6, 4.

Jacob avait peur. Qu'allaient devenir ses enfants dans ce temple du capitalisme ? Et Joseph, qu'est-il devenu dans le palais du Pharaon, le sanctuaire du matérialisme ? « Ne crains pas de descendre en Égypte[1] » dira Dieu à Jacob pour l'encourager à y aller voir son fils Joseph. Cette crainte que tu as et qui est tellement justifiée ne doit pas t'arrêter. « Joseph mettra sa main sur tes yeux[2]. » Il est resté fidèle à ton message : celui de l'écoute. Il n'a pas été aveuglé par le mirage de la vision.

Religion d'action et d'amour

Mais le judaïsme n'est pas seulement une religion d'écoute. Il est aussi et surtout une religion d'action, une religion d'amour. Il combat l'oubli et la négligence des commandements divins. Il s'oppose à la routine et à la satisfaction de soi. C'est probablement là la raison qui explique pourquoi nos sages ont juxtaposé au Commandement d'écouter celui d'aimer. Juste après le « *Chéma' Israel* » (Écoute Israël) vient le verbe « *Véahabta*[3] » (et tu aimeras). La juxtaposition de l'écoute et de l'amour vient nous enseigner que l'homme ne pourra jamais arriver à aimer Dieu s'il n'écoute pas son prochain. Si nous ne faisons pas preuve de patience pour nous pencher sur les problèmes de l'autre, nous n'arriverons jamais au véritable amour de Dieu. Et, pour écouter, il faut faire abstraction du monde extérieur qui nous subjugue. On veut que l'espace d'un moment, nous puissions nous détacher de tout ce qui nous entoure. Fuir le clinquant et le superficiel qui nous entourent pour saisir le vrai sens de la vie.

Il est intéressant de remarquer que le terme « *Véahabta* » (et tu aimeras) est employé à trois reprises dans l'Écriture. La première fois quand il s'agit de **l'amour de Dieu** : « Et tu aimeras l'Éternel, ton Dieu, de tout ton cœur, de toute ton âme et de tous tes moyens[4]. » La deuxième fois quand il s'agit de **l'amour du prochain** : « Et tu aimeras ton prochain comme toi-même[5]. » La troisième fois quand il s'agit de **l'amour de l'étranger** : « Et vous aimerez l'étranger, car,

1 Gen. 46, 3.
2 Gen. 46, 4.
3 Dt. 6, 4.
4 Dt. 6, 5.
5 Lév. 19, 18.

étrangers vous fûtes dans le pays d'Égypte[1].» Ces trois formes d'amour ne sont, en réalité, que les éléments consécutifs d'un seul et même ensemble. L'amour que l'on porte à l'étranger est la meilleure école d'altruisme qui soit. Elle nous amène à l'amour qu'il nous faut porter au prochain. Et c'est seulement dans la mesure où cet amour de l'étranger et cet amour du prochain sont réalisés que l'on peut s'acheminer et s'élever vers l'amour de Dieu.

Oui, l'amour de Dieu passe tout d'abord par l'amour du prochain quel qu'il soit et, en particulier, par l'amour de l'étranger. Nous comprenons dès lors le sens de l'Alliance conclue entre Dieu et Abraham. L'Égypte était le creuset où devait se forger l'âme du peuple juif. Ce n'est qu'en subissant nous-mêmes l'esclavage et l'asservissement que nous pouvons comprendre les sentiments ressentis par l'étranger.

■

Le livre de Ruth ou l'éloge de la conversion sincère

La fête de *Chavouoth* est marquée essentiellement par la lecture du livre de Ruth. Cette lecture, pendant la fête du don de la Torah, revêt une importance capitale et constitue un des fondements de la pensée juive. Il est remarquable de signaler que Ruth, la convertie, est l'arrière-grand-mère du roi David et qu'elle est à l'origine de la lignée royale légitime. Plus encore, c'est d'elle que sortira le Messie, objet de notre attente. Comment est-ce possible ? Pour bien comprendre ce paradoxe, il est intéressant de se pencher sur l'approche du judaïsme face aux conversions.

L'approche du judaïsme face aux conversions

Dans le Talmud, on discerne, à première vue, deux courants opposés, l'un favorable aux conversions, l'autre qui les réprouve. « Quiconque amène un païen à la connaissance de Dieu sera considéré comme s'il l'avait créé[2]. » « Israël n'a été exilé que pour qu'il s'accroisse par les

---

1 Dt. 10, 19.
2 *Berechith rabba* 8, 10.

prosélytes[1]. » Certains docteurs estiment que les mérites des prosélytes sont supérieurs à ceux d'Israël. « Une même loi vous régira, vous et l'étranger domicilié. Règle absolue pour vos générations : vous et l'étranger, vous serez égaux devant l'Éternel. Même loi et même droit existeront pour vous et pour l'étranger habitant parmi vous[2]. » Commentant ces versets, le *Midrach Yalkouth Chim'oni*[3] nous livre la parabole suivante : « [Le converti] ressemble à une gazelle du désert qui vint se mêler au troupeau. Le berger l'aimait et la soignait plus que ses propres moutons. Quand on lui demanda, pourquoi il agissait ainsi, il leur répondit : "Pour élever mes brebis, il m'a fallu beaucoup de peine. Or, celle-là, qui est venue d'elle-même, ne devrais-je pas l'aimer ?" Les enfants d'Israël, je les ai fait sortir d'Égypte, je leur ai procuré l'eau dans le désert, je leur ai fourni la manne, je les ai entourés de colonnes de nuée jusqu'au moment où il reçurent la Torah. » Ce *Midrach*, comme bien d'autres, témoigne de l'approche positive que le judaïsme adopte vis-à-vis des conversions sincères. L'élection d'Israël n'est pas une exclusivité. La voie menant vers Dieu est ouverte à tous.

Rech Laquich[4] dit : « Le converti est aimé par le Saint-Béni-Soit-Il plus que ne le sont ceux qui ont reçu la Torah sur le mont Sinaï. Ce converti n'a pas été témoin des miracles opérés en faveur d'Israël et, malgré cela, il a pris sur lui le joug de la Torah et des *Mitswoth*. Y a-t-il un homme plus aimé que celui-ci ? » Rabbi Simon Bar Yohaï[5] déclarait : « Des justes il est dit qu'ils aiment Dieu, des prosélytes que Dieu les aime : qui donc est le plus grand ? Celui dont on dit qu'il aime le roi ou celui dont on dit qu'il en est aimé[6] ? »

---

1 *Pessahim* 87.

2 Nb. 15, 15-16.

3 Anthologie de textes du *Midrach*, la plus connue et la plus détaillée, couvrant l'ensemble de la Bible. Composée de deux parties, dont 963 paragraphes ou *remazim* pour le Pentateuque et 1 425 pour les autres livres bibliques. Le compilateur du *Yalkout* visait à intégrer les propos rabbiniques à sa disposition aux versets bibliques auxquels ils se rapportaient. L'ouvrage fut publié pour la première fois en 1526 à Salonique.

4 Siméon Ben Laquich, vers 200-275.

5 Tanna de la quatrième génération, il fut l'un des plus illustres disciples de Rabbi Akiva à l'école duquel il étudia treize années durant, à Bné Braq. Il est l'auteur présumé du Zohar. Il fut l'un des cinq disciples à survivre à la défaite de Bar Kochba et « il rendit la vie à la Torah à son époque » (Yev. 62b). Il fut l'irréductible adversaire de l'occupation romaine. La tradition juive a maintenu, à travers les siècles, sa renommée de saint homme. C'est au 33e jour de l'*'Omer*, jour anniversaire de sa mort, que des dizaines de milliers de personnes montent à Méron, en Galilée pour prier sur sa tombe.

6 *Mekhilta* sur Ex. 22, 20.

Maimonide écrit à Ovadia le converti

Cette même idée est reprise par Maimonide dans la réponse qu'il a donnée à Ovadia le converti lorsqu'il lui a demandé s'il pouvait réciter le *Chmoné Esré*[1] et dire « Notre Dieu et Dieu de nos pères » vu que ses parents ne descendaient pas des patriarches. Généralement, Maimonide avait l'habitude de répondre de façon très sommaire aux questions qu'on lui posait. Certaines de ces réponses ne dépassent pas trois lignes. À Ovadia le converti, Maimonide a adressé une longue lettre, très encourageante dont nous rapportons cet extrait : « Tu dois réciter la prière sans aucune modification. Tu dois la dire comme tout juif qui fait sa prière habituellement. C'est ainsi que tu dois faire les bénédictions et prier. Que ta prière soit publique ou privée, que tu sois ministre-officiant ou non. Le converti est le disciple d'Abraham notre père. Il n'y a aucune différence entre toi et nous. Tes origines sont supérieures aux nôtres. Nous, nous nous rattachons aux patriarches Abraham, Isaac et Jacob et toi, tu te rattaches à celui qui a créé le monde... Il n'y a absolument aucune différence entre toi et nous. »

En effet, l'élévation spirituelle ne dépend que de la volonté de tout un chacun, comme cela ressort du *Midrach*[2] où Rabbi Méir dit : « D'où savons-nous qu'un non-juif qui étudie la Torah est considéré comme un grand prêtre ? » Du verset « l'homme accomplira Mes commandements pour vivre[3] ». Le texte ne spécifie pas. Il parle d'Adam. Il ne parle pas de juif. De là, nous pouvons déduire qu'un non-juif qui étudie la Torah est considéré comme un grand prêtre. Mais le caractère universel du judaïsme apparaît surtout dans la *Michna Guérim* où il est écrit : « Le prophète Élie dit : "Je prends à témoin les cieux et la terre que ce soit un juif ou un non-juif ; que ce soit un homme ou une femme... Tous peuvent avoir droit à la révélation divine." C'est d'ailleurs la raison pour laquelle Dieu choisit le désert pour donner la Torah. Ceci pour nous enseigner que la Torah ne peut être acquise que par celui qui, tel le désert, reste ouvert à tous. »

---

1 Élément central de tous les offices, récité les pieds joints. La *Amida* se compose de trois bénédictions préliminaires (louanges) et de trois bénédictions finales (actions de grâces). Ces bénédictions encadrent les treize bénédictions centrales dites les jours de semaine. À l'origine, cette partie centrale ne comportait que douze bénédictions, d'où l'appellation populaire de la *Amida* : *Chmoné Esré* (littéralement, dix-huit). Bien qu'une 19e bénédiction ait été ajoutée lors de la fixation définitive du texte de la prière, on continue à l'appeler *Chmoné Esré*.

2 *Midrach Rabba*, section Bo.

3 Lév. 18, 5.

Et pourtant…

Et pourtant, il faut savoir distinguer entre la propagande religieuse active et l'attitude passive des rabbins qui se contentent d'accueillir favorablement les prosélytes sincères lorsqu'ils s'adressent à eux. Cette réserve rabbinique est déjà exprimée par certains textes qui désapprouvent les conversions et montrent de la défiance à l'égard des convertis. Ainsi, l'un des *Amoraïm*[1] exprima son rejet des prosélytes en affirmant : « Les convertis sont aussi durs pour Israël qu'une blessure[2]. Les malheurs s'accumulent sur ceux qui font des prosélytes[3]. » La contradiction entre les positions des uns et des autres n'est cependant qu'apparente. Le judaïsme accepte avec plaisir les conversions désintéressées, déterminées par une véritable vocation religieuse. Mais il condamne celles qui sont fondées sur des mobiles purement intéressés[4].

En effet, accepter des convertis qui ne s'engagent pas totalement, c'est les tromper dans leur choix et leur causer une source de déception. Il est impératif qu'avant la conversion les prosélytes étudient, sachent ce vers quoi ils se dirigent. Il est important qu'ils connaissent le sens de l'engagement qu'ils prennent pour eux et pour leurs descendants. La conversion n'est pas une formalité que l'on accomplit. Elle doit être, pour celui qui l'accomplit, une source d'épanouissement et non un joug intolérable à supporter. Pour cela, il est impératif de prendre son temps, d'étudier afin de pouvoir poser un acte délibéré et surtout de faire un choix éclairé.

En dehors du judaïsme, le salut existe

Par ailleurs, au-delà de cet aspect pratique, décourager le prosélyte s'explique parfaitement, non par le particularisme juif ou un repli du juif sur soi mais, au contraire, par l'universalisme du judaïsme en vertu duquel « les justes du monde entier ont droit au monde futur ». Car il n'est pas nécessaire pour le non-juif de pratiquer les

---

1 Ce nom désigne les « maîtres » qui, de 200 après l'ère commune à 498, contribuèrent à l'élaboration des commentaires de la *Michna*, dont l'ensemble forme la « *Gémara* », deuxième partie du Talmud. On compte sept générations de *Amoraïm*.

2 Yev. 47b.

3 Yev. 48b.

4 « Celui qui se convertit pour des mobiles purement humains ne fait pas partie des vrais prosélytes. » (*Yebamot* 24b)

613 Commandements pour avoir droit au monde futur. En dehors du judaïsme, le salut existe. Il suffit, pour ce faire, de respecter les sept lois noahides[1]. Maimonide est catégorique à ce propos : « Quiconque accepte les sept commandements noahides et les observe avec soin est considéré comme juste des nations et il a part à la vie éternelle[2]. » « Par là, écrit Robert Aron, le judaïsme... rejoint certains des incroyants contemporains que préoccupe le mystère de la destinée humaine et celui du sens de la vie. Il se rapproche de Jean Rostand, lorsque ce maître à penser de l'humanisme athée affirme qu'il faut avoir le respect de l'inconnu que chacun porte en soi[3]. » Tous ceux qui, dans la conduite de leur vie, observent une certaine morale et respectent certains principes fondamentaux se rapprochent de Dieu et accélèrent, par leur comportement exemplaire, l'arrivée du Messie. Ils participent au salut de l'humanité tout entière. Il est donc inutile de passer par le judaïsme pour obtenir le salut.

■

Le livre de Ruth[4] ou Livre de la bienfaisance

Nous lisons dans le *Midrach Ruth Rabbati*[5] : « Le livre de Ruth ne contient pas de lois relatives à la pureté ni à l'impureté. Il ne contient pas non plus de lois relatives au permis et à l'interdit. Pourquoi alors a-t-il été écrit ? Pour nous enseigner combien est grand le mérite de ceux qui agissent charitablement. »

---

1 « Sept commandements ont été donnés aux fils de Noé : l'institution des magistrats, l'interdiction de blasphémer le Nom de Dieu, l'interdiction de l'idolâtrie, l'interdiction des unions illicites, l'interdiction du meurtre, l'interdiction du vol avec violence et l'interdiction de prélever un fragment de chair sur un animal vivant. » (*Sanhedrin* 56b ; *Avoda Zara* 64b)

2 *Michné Tora, Melachim*, VIII, II.

3 R. Aron, *Le judaïsme, hier, demain*, Paris, 1977, p. 96.

4 Un des cinq rouleaux intégrés dans la Bible hébraïque. Il relate l'histoire de Ruth, ancêtre du roi David. Ce livre compte quatre-vingt-cinq versets et se divise en quatre chapitres. Il est le second des cinq Rouleaux (*Chir ha Chirim*, « le Cantique des Cantiques » ; *Ekha*, « Les Lamentations » ; *Qoheleth*, « l'Ecclésiaste » et Esther) qui sont lus à la synagogue, chacun pour une fête donnée. Le livre de Ruth est lu à *Chavouoth*. Selon le Talmud (*Baba Batra* 14 b), le Livre de Ruth aurait été écrit par Samuel avant la rédaction du livre des Psaumes. Il ne pouvait en être autrement puisque la tradition attribue généralement le livre des Psaumes à David et que David descend de Ruth.

5 *Midrach* Aggadique sur le livre de Ruth, rédigé par les *Amoraïm*. Il est divisé en huit *Parachioth* (sections) et débute par une introduction (*Petiha*) composée de six poèmes. Sa langue est principalement l'hébreu de la *Michna*, auquel se mêle de l'araméen de Galilée ; il contient quelques mots grecs.

Le livre de Ruth

Élimelech, le mari de Noémie était un des membres dirigeants de la ville de Bethléem. Une telle personnalité devait, à l'instar du commandant d'un bateau qui coule, rester le dernier sur le navire et offrir ses services à tous ceux et à toutes celles qui avaient besoin de lui. Élimelech a préféré se réfugier à Moab et laisser ses coreligionnaires mourir de faim et de soif[1]. Il a préféré sauver sa vie et celle de sa famille sans tenir compte de la misère dans laquelle vivaient ses concitoyens. Il est parti à Moab. Pourquoi seulement Moab ? Le choix de son pays d'adoption n'est pas fortuit. Il s'est rendu à Moab, pays qui, au moment où les enfants d'Israël se trouvaient dans le désert, affamés et assoiffés, a refusé de leur venir en aide en leur offrant du pain et de l'eau. Élimelech a trouvé dans ce pays une atmosphère conforme à ses agissements. Il connaissait bien le verset : « Un habitant d'Ammon ou de Moab ne doit pas être admis au sein du peuple d'Israël parce qu'ils ne vous ont pas offert de pain et de l'eau au moment de la sortie d'Égypte. » Mais, c'est bien dans ce pays que vont surgir les deux belles-filles : Ruth et Orpa qui ont décidé d'épouser les deux fils d'Élimelech, Mahlon et Khilion, et de partager leur destin. Le malheur qui va frapper ces deux hommes obligera Orpa à revenir à son peuple. Quant à Ruth, elle dit à Noémie : « Ne me force pas à te quitter, à m'en retourner et à ne pas te suivre, car partout où tu iras, j'irai[2] ; où tu habiteras, j'habiterai[3] ; ton peuple est mon peuple[4] et ton

---

1 Selon nos sages, Élimelech s'était rendu trois fois coupable. En premier lieu pour avoir quitté le pays d'Israël. Même une famine ne saurait être une raison suffisante pour abandonner Israël (*Baba Batra* 91a). En outre, le motif primordial qui avait poussé Élimelech à quitter le pays, c'était sa crainte de voir le peuple s'adresser à lui et quémander son aide. Il aurait dû entamer sa grande richesse pour subvenir aux besoins d'un important segment de la Communauté (*Ruth Rabbati* I, 4). Finalement, Élimelech avait failli à son peuple, non seulement du point de vue matériel mais aussi spirituel. Car il n'était pas uniquement un homme riche, il était également un érudit et un des justes de sa génération. Néanmoins, il ne chercha point à exercer une influence positive sur tous ceux qui le suivaient et le considéraient comme leur guide (*Midrach Tanhuma, Shmini* 9).

2 De cette phrase, les rabbins déduisent que si quelqu'un désire se convertir, on lui fait connaître les différents châtiments encourus en cas de non-respect des pratiques religieuses de façon qu'il puisse renoncer s'il le désire (*Yébamoth* 47b).

3 Noémie dit à Ruth : « Ma fille, les femmes juives ne vivent pas dans une maison sans *mezouza.* » La *mezouza* est un petit rouleau de parchemin fixé dans un étui à la droite de la porte d'entrée de la maison. À quoi Ruth répondit : « Où tu habiteras, j'habiterai. »

4 Noémie dit : « Il nous a été donné 613 commandements. » Ruth répondit : « Ton peuple est mon peuple. Maintenant, je fais partie de ton peuple et j'accepte les *mitswoth.* » (*Yébamoth* 47b)

Dieu sera mon Dieu[1]. Seule la mort pourra nous séparer[2]. » Une fois revenues à Bethléem, à l'époque de la moisson, Noémie et Ruth manquaient de tout. Et c'est alors que Ruth proposa à Noémie de descendre dans les champs et de glaner les épis de blé. Tristement, Noémie répondit alors : « Va, ma fille. » Booz, cet homme généreux et plein de compassion ne fit pas attention à l'origine de Ruth. Moabite ou non, elle avait droit de vivre. Et c'est alors qu'il dit à ses moissonneurs de l'aider dans sa tâche et de lui permettre, au moment des repas, de partager leur pain. Ruth lutta de toutes ses forces. Elle ne recula devant aucun effort. Son but était d'aider Noémie et d'alléger sa souffrance. Lorsque Booz voulut l'épouser pour donner une descendance à son mari afin que son souvenir ne s'éteigne pas, Ruth agit encore une fois avec charité vis-à-vis des morts, comme elle l'avait fait vis-à-vis des vivants. Elle voulait que le nom de son mari ne disparaisse pas. Elle voulait lui donner une descendance qui l'immortaliserait et perpétuerait son souvenir[3].

---

1 « L'idolâtrie nous est interdite. » « Ton Dieu est mon Dieu », dit Ruth (*Yebamoth* 47b).

2 « La raison principale qui me pousse à te suivre est que je me suis rendue compte qu'aussi proches que nous soyons dans la vie, si je ne me convertissais pas, nous serions séparées dans la mort. » (MaLBiM)

3 C'est ce qu'on appelle : le lévirat. Mariage contracté entre une veuve (*Yevama*), dont le mari est mort sans enfants, et le frère du défunt (*Yavam*). L'intention de ce commandement transparaît dans le verset biblique : « Et il faudra que le premier-né qu'elle enfantera perpétue le nom du frère qui est mort. Ainsi, son nom ne sera pas effacé d'Israël. » (Dt. 25, 6) Le texte biblique prévoit cependant le cas où le beau frère refuserait d'épouser la veuve de son frère. Il faut alors accomplir la cérémonie de la *Halitsa,* rite au cours duquel la veuve et le beau-frère sont exemptés de l'obligation qui leur incombe. Au cours de cette cérémonie, la veuve retire la sandale du pied (de son beau-frère) et crache par terre devant lui. Ce faisant, elle prononce la formule suivante : « Ainsi fait-on à l'homme qui ne rebâtit pas la maison de son frère. » (Dt. 25, 9) Tant que la veuve n'a pas contracté le mariage du lévirat ou du moins procédé à la *Halitsa,* il lui est interdit d'épouser qui que ce soit. En 1950, le Grand Rabbinat d'Israël promulgua une *Taqqana* qui rendit la *Halitsa* obligatoire, afin de permettre à la veuve de se remarier librement. Dès lors, le beau-frère se voit ôter le droit d'épouser la veuve de son frère quand bien même il en aurait émis le souhait. (Une *Taqqana* est une ordonnance instituée soit par les sages du Talmud et applicable à tous les juifs, soit par les dirigeants communautaires pour les membres de leur communauté ou par les membres d'une association pour en régler les affaires internes. En Israël aujourd'hui, le Grand Rabbinat a limité son pouvoir d'instituer des *Taqqanoth* à la direction des tribunaux rabbiniques, laissant les affaires civiles à la Knesset). La cérémonie de la *Halitsa* doit être accomplie devant un tribunal rabbinique composé de cinq membres. La veuve lit le passage de la Bible où il est question du lévirat (Dt. 5, 7-10), puis elle dénoue la chaussure droite de son beau frère et la lui ôte (la chaussure ne doit pas comporter d'élément en métal). C'est alors qu'elle crache par terre, devant son beau-frère.

Ruth change le cours des choses

Quelle est la conséquence de ce comportement ? Elle change le cours des choses. Comment comprendre que le Messie, descendant de la lignée de David, soit issu de Ruth la Moabite alors que la Torah nous enseigne : « Un Moabite ne peut pas faire partie du peuple juif[1] » ? En fait, grâce à ses actions de bienfaisance, Ruth a fait ce qu'on appelle un « *Tiqqun*[2] ». Elle a réparé par ses actes merveilleux le comportement inhumain de ses ancêtres qui fut la cause de leur exclusion. Et c'est ainsi que nos sages sont arrivés à la conclusion : « *Ammoni velo Ammonite, Moabi velo Moabite*[3]. » La Torah n'a exclu que les hommes. Elle nous donne d'ailleurs la raison de cette interdiction. Les *Ammonim* et les *Moabim,* en n'offrant aux juifs épuisés ni nourriture ni boisson, ont failli au plus élémentaire des respects humains. Nos sages remarquent que, s'il est normal pour les hommes d'aller dans le désert à la rencontre des voyageurs, une telle conduite ne sied pas aux femmes. C'est pour cette raison que les femmes ne sont pas coupables du crime de la nation et sont accueillies comme converties.

L'arbre de la connaissance du bien et du mal

Mais nos sages vont plus loin. Dans la littérature ésotérique et cabalistique, un thème revient régulièrement : celui de la coexistence du bien et du mal. Il est symbolisé par l'arbre de la connaissance du bien et du mal. Dans tout mal, il y a un peu de bien. Le but suprême de l'homme est d'extraire du mal les étincelles de bien. « Il est connu de tous ceux à qui a été donnée la compréhension, que l'âme de David était enfermée dans la carapace de Moab et qu'elle fut libérée grâce à Ruth[4]. » Les étincelles du bien sont éparpillées dans toute la Création. L'une était dans Loth et continuait à briller en lui malgré la méchanceté des habitants de Sodome et de Gomorrhe. Abraham a sauvé Loth, porteur de l'étincelle qui allait devenir l'âme de David. Elle passa, de génération en génération, jusqu'à ce que vint Ruth qui a rejoint la nation juive. Ainsi, le livre de Ruth met en exergue le

---

1 Dt. 23, 4.
2 Réparation.
3 *Yebamoth* VIII, 3 ; *Yebamoth* 69a.
4 Rabbi Moché Hayym Luzzato dans *Meguillath Sefarim.*

comportement de ceux qui agissent selon leur conscience et secourent ceux qui se trouvent dans le besoin. Par contre, il condamne, sans aucune excuse, ceux qui restent insensibles aux souffrances des autres.

LA FÊTE DE *SOUCCOTH*[1]

Israël parmi les nations

Immédiatement après les fêtes de *Roch Hachana* et *Yom Kippour*, nous sommes invités par Dieu à vivre sept jours dans une *Soucca*. Le texte du Lévitique motive ainsi ce commandement : « L'Éternel parla à Moïse en ces termes : Parle ainsi aux enfants d'Israël : le quinzième jour de ce septième mois aura lieu la fête de *Souccoth*… Vous demeurerez dans les *Souccoth* durant sept jours afin que vos générations sachent que j'ai fait demeurer les enfants d'Israël dans des cabanes quand je les ai fait sortir du pays d'Égypte[2]. » Le Talmud[3] éclaire la signification du mot « *Souccoth* » en évoquant une discussion entre deux rabbins. Selon Rabbi Eliezer, il s'agit en réalité de la colonne de nuée qui a protégé le peuple d'Israël dans le désert pendant quarante ans. Pour Rabbi Akiva, ce sont bien des cabanes dans lesquelles Dieu fit habiter les enfants d'Israël à leur sortie d'Égypte.

---

1 *Soucca* au singulier. Ce mot hébraïque signifie : cabane. Les diverses dénominations de la fête en expliquent le sens :
– *Hag Ha Assif*, « la fête des récoltes » (Lév. 23, 16 ; 34, 22), met en valeur son importance agricole.
– *Hag Ha Souccoth*, « la fête des cabanes » (Lév. 23, 24 ; Dt. 13, 16), commémore le séjour des enfants d'Israël dans le désert durant quarante ans.
– *Hag*, « la fête » (Lév. 23, 39-41 ; Nb. 29, 12), nom courant chez les rabbins pour suggérer que la fête de *Souccoth* est la fête par excellence.
– *Zeman Simhatenou*, « le temps de notre réjouissance » (Dt. 15, 14-15), appellation liturgique qui rappelle le commandement biblique d'« être tous ensemble joyeux ».

Autrefois, la joie de *Souccoth* était rehaussée par la fête du puisage de l'eau, « *Simhath Beyt ha Choéva* » lorsque des libations d'eau étaient cérémonieusement versées sur l'autel pour mettre en valeur les prières pour la pluie récitées pendant la fête de *Souccoth*. La liesse et les réjouissances qui accompagnaient ces cérémonies avaient lieu à Jérusalem.

2 Lév. 23, 33-44.

3 *Soucca* 11a.

Le repas dans la Soucca

Des sacrifices

Mais quel que soit le sens retenu, nos maîtres voient aujourd'hui dans la *Soucca* le symbole de l'histoire juive. Chez le prophète Isaïe, la *Soucca* symbolise le peuple d'Israël au milieu des nations. « Et la fille de Sion – est-il écrit – est restée comme une cabane dans la vigne[1]. » Solitaire au milieu des nations, le peuple d'Israël affronte l'hostilité du monde à l'instar de cette *Soucca* qui lutte contre les intempéries. La *Soucca* est un abri provisoire. Elle symbolise deux mille ans d'histoire au cours desquels nous fûmes constamment

1 Is. 1, 1-8.

installés dans le provisoire. Cependant, et malgré son caractère particulier, cette fête revêt un caractère extraordinairement universel. La célébration de cette solennité était marquée au Temple de Jérusalem par une série de sacrifices prescrits par la Torah, selon un rite extrêmement curieux. Durant les sept jours de la fête, on devait offrir treize sacrifices le premier jour ; douze le deuxième jour ; onze le troisième jour, jusqu'à retomber à sept le septième jour. On offrait au total septante sacrifices. Or, le nombre septante représente dans la tradition juive, le nombre conventionnel des nations de la terre.

En d'autres termes, *Souccoth* était la fête qui voyait les juifs présenter des sacrifices pour l'ensemble de l'humanité. En ce jour-là, Jérusalem devenait un véritable autel pour les nations dont les juifs n'étaient que les humbles sacrificateurs. Ainsi, Israël était appelé par Dieu Un à devenir le peuple Un, afin de préparer les nations à prendre conscience de leur unité. Aujourd'hui, si nous voulons réaliser cet objectif, il nous reste, faute de sacrifices au Temple, la concertation, le dialogue, l'association, l'amour, mais surtout la justice. Ainsi, *Souccoth* devait faire de Jérusalem le point de rencontre de l'humanité, le lieu privilégié de la découverte de l'autre que j'apprends à connaître et à estimer malgré ses différences.

Et l'écologie ?

Mais pouvons-nous parler de la fête de *Souccoth* sans soulever une des préoccupations majeures de notre siècle ? Aujourd'hui, en effet, le monde moderne est hanté par les problèmes de la pollution sous toutes ses formes. Heureusement, les mouvements écologiques tentent de sensibiliser les citoyens à ce problème aigu et militent pour freiner ce fléau de notre siècle. Il faut leur rendre hommage. Mais la question que nous sommes en droit de nous poser est la suivante : pourquoi l'homme a-t-il attendu cinquante siècles pour prendre conscience de l'importance de la nature alors que la Bible commence par une des plus belles leçons d'écologie ? À peine le monde créé, « Dieu plante dans le jardin d'Éden ». Dieu jardinier, telle est la première « profession » de l'Être suprême. Quand Dieu créa Adam et Ève, il les installa dans un jardin. Quand il dicta les fêtes au peuple d'Israël, il les doubla d'un sens écologique. Ainsi, *Pessah* (Pâque), fête de la liberté est aussi fête du printemps. *Chavouoth* (Pentecôte) fête du don de la Torah est également la fête des prémices et la fête des moissons.

À *Souccoth,* nous franchissons une nouvelle étape. Dieu nous demande de quitter nos maisons de briques pour vivre durant sept jours dans la *Soucca* – c'est-à-dire en pleine nature. Dieu veut ainsi établir un lien étroit entre l'homme et le monde qui l'environne. Il veut sensibiliser l'homme à aimer la nature et à la protéger, non pas de façon platonique, mais en y vivant et en jouissant de ses bienfaits. Il veut que l'homme découvre la flore et la faune pour mieux les respecter car l'homme, aujourd'hui, emporté par le rythme infernal de la vie, ne sait plus contempler la nature. Regarder le ciel, lutter contre le stress, prendre le temps de vivre, profiter de la vie en compagnie de sa femme et de ses enfants, se rendre compte que la vie ici-bas est éphémère comme une *Soucca,* cette demeure provisoire qui ne dure que sept jours : voilà, me semble-t-il, une des leçons que chacun peut tirer de cette fête riche en symboles.

■

La *Soucca* de paix

La paix en hébreu se dit : « *Chalom* », mot qui peut se lire également « *chalem* » (entier). C'est la paix qui confère l'unité aux choses et aux êtres. Il est symptomatique que, dans nos prières, la prière pour le règne de la paix soit la dernière d'un grand nombre d'oraisons. La prière pour la paix est la dernière des dix-huit bénédictions. Elle clôture également le *Kaddich* (sanctification du Nom de Dieu). Elle termine tous les offices quotidiens. Ce fait indique que, dans la conception juive, la paix ne constitue pas le principe de base, mais bien plutôt l'objectif de nos aspirations et de nos efforts. Dans cette optique, la paix devient l'harmonisation de tous les contrastes, la fin des antagonismes et des conflits terrestres. *Chalom* représente, en dernier lieu, la plénitude même, c'est-à-dire la solution définitive de tous les conflits, tant dans les rapports des hommes entre eux, que dans les relations de l'être humain avec sa propre intériorité et avec son Dieu. C'est pourquoi la recherche de la paix est une tâche permanente à laquelle l'homme doit travailler aussi longtemps qu'il vit. Suivant une expression de Rabbi Yéhochoua Ben Levi, la paix a la même fonction par rapport au monde que « le levain par rapport à la pâte ». Elle est « l'éternel élément moteur du destin humain ». C'est la paix qui crée tout ce qui est noble et grand. C'est elle qui stimule l'énergie humaine et qui fait accéder à la perfection la personnalité individuelle, préparant ainsi l'époque du dénouement messianique. Notre vie n'est rien d'autre qu'une lutte permanente pour la paix perpétuelle et absolue. C'est pourquoi la dernière requête que nous adressons à Dieu est qu'il nous accorde sa bénédiction dans ce combat pour la paix.

Dans nos prières quotidiennes, cependant, nous trouvons souvent le thème de la paix associé à la *Soucca*. « Étends sur nous ta *Soucca* de paix[1]. » « Bénis sois-Tu Éternel qui étend la *Soucca* de paix sur nous et sur son peuple d'Israël[2]. »

La paix fleuve

Mais de quelle forme de paix s'agit-il ? La tradition juive attache à l'image et à la réalité du fleuve la première forme de paix. Cette paix est décrite comme une dynamique qui vise autre chose que la stratégie, l'absence de guerre. La paix fleuve est celle de la prospérité et de l'amour entre les peuples et avec Dieu. Le fleuve n'appartient à personne. Il traverse plusieurs pays et les arrose en leur donnant, à tous, la vie. D'autre part, il ne leur demande jamais son dû : il leur abandonne ses eaux abondantes et vives, les fertilise sans discrimination, abondamment et sans rien demander en retour. Cette paix est certainement la plus belle car ses qualités économiques et géographiques permettent le rassemblement des individus et des nations autour des mêmes responsabilités, des mêmes ouvertures et des mêmes générosités.

La paix oiseau

Malheureusement, cet idéal de paix associé au fleuve n'est pas toujours celui qui est visé par les peuples ou par les hommes qui préfèrent se retrancher dans une autre paix, celle que la tradition juive appelle la « paix oiseau ». Cette paix éveille en nous l'image de l'oiseau qui protège ses petits et se prépare en même temps à la lutte contre ceux qui voudrait les tuer. Il s'agit manifestement d'une paix obtenue au prix d'une force entretenue afin de dissuader l'ennemi et prête à entrer en action pour épargner et sauver les uns et pour

1 Prière du soir.
2 Prière du vendredi soir.

intimider et détruire les autres. L'oiseau qui déploie ses ailes pour protéger sa famille ne se repose pas, car il sait le risque du relâchement et de l'inattention qui pourrait le surprendre. Il obtient la paix en se préparant à la guerre. Dans ce cas de figure, le danger est imminent et il est nécessaire de rester vigilant car les fauteurs de troubles guettent les moments de faiblesse. Triste paix qui consiste à apprendre à se préparer à se défendre. Triste paix obtenue sur base de l'intimidation des autres, les empêchant ainsi de nuire par peur. Mais il existe une troisième paix, encore plus désespérante et désespérée, car elle est associée à l'image de la marmite.

La paix marmite

Paix très fragile, angoissante et angoissée parce qu'elle est associée à la marmite bouillante. En effet, le feu absorbe l'eau. L'eau, quant à elle, éteint le feu. La marmite est le récipient qui fait la paix entre l'eau et le feu et permet à l'eau de bouillir sans éteindre le feu[1]. Il s'agit, dans ce cas, d'introduire les violences et les bouleversements au sein de la nation ennemie, comme le terrorisme par exemple. Il s'agit de semer le trouble chez la nation ennemie pour l'affaiblir et diminuer ses forces. Il s'agit de forger une dissidence qui va détruire l'harmonie qui règne chez les ennemis. Ce troisième type de paix est le pire de tous. Dans ce cas, les victimes se comptent malheureusement dans tous les camps. Il s'agit, dans ce cas, d'accepter des injustices et des violences qui se produisent chez les autres et dont, parfois, nous sommes les premiers responsables.

À *Souccoth*, nous prions Dieu d'étendre sur nous le pavillon de la paix. Nous formons le vœu qu'Il établisse parmi nous la paix et la concorde. Mais quelle paix demandons-nous ? Nous prions Dieu de nous accorder cette « paix fleuve » qui rassemble, partage, enrichit et épanouit tous les hommes ensemble. En d'autres termes, le *Chalom* doit se vivre comme absence de guerre conjuguée à un effort fait par des êtres humains qui s'aiment et se reconnaissent mutuellement comme reflets de l'infini et de l'absolu.

■

---

1 Mais certains ajoutent que, sous l'influence du feu, le fond de la marmite noircit. Ceci signifie que toute personne qui se hasarde à faire la paix entre deux protagonistes sort toujours noircie. Chacune des parties croit que l'intermédiaire a favorisé l'autre partie et de ce fait lui en veut quelque peu.

Chmini Atsereth[1]

Les fêtes des *Tichri* présentent des thèmes parallèles à ceux de l'ensemble que constituent *Pessah* et *Chavouoth*. Comme *Roch Hachana*, qui rappelle la création de l'homme et du monde, *Pessah* est considéré comme une naissance, la naissance du peuple juif qui a été libéré du joug égyptien. Par ailleurs, l'une et l'autre se terminent sur une fête de la Torah : *Chavouoth* vient après *Pessah* et *Simhath Torah* après *Souccoth*. Toutes ces fêtes qui émaillent notre calendrier hébraïque et qui rappellent des événements précis s'imbriquent l'une dans l'autre par leur histoire. Après la sortie d'Égypte et le don de la Torah, la faute du veau d'or pousse Moïse à intervenir auprès de Dieu pour sauver le peuple hébreu. Pour obtenir le pardon d'Israël, il sera obligé de remonter sur le Sinaï afin de ramener, le jour de *Kippour*, les secondes Tables de la Loi. Le parallélisme est frappant : à *Pessah*, nous assistons à la naissance du peuple tandis que, à *Roch Hachana*, nous assistons la naissance de l'être humain. À *Chavouoth*, la Torah est transmise au peuple ; à *Simhath Torah*, devant la communauté, on termine la lecture du rouleau de la Torah et on recommence au début. Il existe cependant une différence notable à *Simhath Torah*. Pour relier la fin au début, il faut avoir transité par la *Soucca*. Après *Kippour*, le juif sort de sa maison « en dur » et construit une *Soucca* dans laquelle il va demeurer provisoirement pendant sept jours. Après, seulement, il pourra reprendre le cours « normal » de la vie. Or, à *Souccoth*, c'est le toit qui doit être remplacé. Un autre s'impose, fait de branchages à travers lesquels on pourra « voir les étoiles » et porter un autre regard sur le monde.

La *Soucca* ou la découverte de l'univers inachevé

La *Soucca*, par son toit, pousse le juif à diriger son intérêt ailleurs que sur le monde dans lequel il vit. Elle cherche à faire comprendre au juif de ne pas s'investir outre mesure dans le monde qu'il habite.

---

1 Fête célébrée le huitième jour de la fête de *Souccoth*, soit le 22 *Tichri*, comme le prescrit la Torah : « Le huitième jour vous aurez encore une convocation sainte… C'est une solennelle assemblée, vous n'y ferez aucun travail. » (Lév. 23, 36 ; Nb. 29, 35) La liturgie de cette fête comprend également deux ajouts particuliers. Le premier est la prière pour la pluie chantée pendant la répétition de l'office supplémentaire ou *Moussaf*. Le second ajout est la récitation du *Yzkor*, prière de souvenir des morts qui a lieu après la lecture de la Torah, dans toutes les communautés ashkénazes.

Pour ce faire, elle crée un cadre de vie différent, qui, tout en restant provisoire, permet de supporter, par la suite, la maison avec un toit. Les commandements de la Torah n'ont pas d'autre but que celui d'éveiller l'homme à cette ouverture vers l'extérieur. Dans tous les domaines de la vie, elles jouent un rôle identique à celui de la *Soucca*. Les choix et les limites qu'elles imposent empêchent le juif de se laisser submerger par la nature et par les objets qui l'entourent, et dont il n'arriverait plus à se défaire. La Loi et la *Soucca* rappellent notamment au juif que son monde est un univers de l'inachevé, un univers qu'il faut dégager de sa gangue naturelle pour en faire jaillir les mécanismes et les lois. Un monde aussi où l'origine cachée des choses demande recherche et dévoilement. Un endroit, enfin, où le Messie, toujours attendu avec espoir et avec « obstination », n'est pas encore arrivé.

On pourrait imaginer un monde où tout serait en place, où la haine, l'injustice, le mal seraient définitivement éradiqués. Mais qui oserait affirmer que l'univers dans lequel nous vivons est dans un tel état, alors que la violence règne partout ? Le passage par la *Soucca* est indispensable pour parvenir jusqu'à *Simhath Torah*, au bout de la Torah. Ce jour-là, chaque fidèle est appelé à la Torah et on lit jusqu'aux derniers mots du texte, mais on ne s'y arrête pas. On reprend immédiatement la Torah à son commencement, à « *Beréchith* », dont on articule une partie, et c'est sur le début que se clôt la « fin ». La tradition juive finit toujours sur un début. Dans notre existence, rien ne se termine, ni paroles, ni vies humaines. Rien n'est définitif parce qu'on n'est pas encore parvenu au terme. Pourtant, le cycle réentamé n'est pas celui de « l'éternel retour ». Au mois de *Tichri*, après le retour à la source qu'est *Roch Hachana*, anniversaire de la création, un autre départ est pris dans lequel on aura injecté du « neuf », « un autre éclairage grâce à la *Soucca* ».

Le double mouvement

Ainsi donc, la Torah a inscrit le double mouvement du « même » et du « nouveau » dans son calendrier qui est à la fois lunaire et solaire[1]. Celui-ci se réfère au soleil, toujours identique à lui-même, ne faisant que se répéter, mais aussi à la lune qui, après sa disparition, se

1 *Cf. supra* p. 26 et suiv.

renouvelle et change chaque mois. Ainsi donc, notre calendrier doit tenter l'harmonisation entre la lune et le soleil. Le soleil ne change pas. Il brille tous les jours de la même façon et suit de façon immuable la même trajectoire. La lune, par contre, elle, change de jour en jour. Au début du mois, elle se présente sous forme d'un petit filament qui, de plus en plus va grandir pour devenir, le 15, la pleine lune. Puis, après le quinze du mois, elle commence à diminuer jusqu'à presque disparaître. La lune se renouvelle constamment alors que le soleil ne change pas. Le même signifie quoi ? Le même signifie ainsi une fidélité à un passé, à une mémoire. Le même signifie également un enracinement dans une tradition ancestrale que l'on doit préserver et maintenir telle quelle. Le même signifie aussi garder intact les valeurs reçues sans les modifier ou les transformer. Mais ce même ne doit pas signifier l'immobilisme. Il doit évoluer avec son temps tout en épousant les réalités quotidiennes et les contingences du moment. Il doit pouvoir répondre aux défis lancés à l'homme juif en toute circonstance. La lune, quant à elle, signifie ce renouvellement constant, cette lutte contre l'habitude et l'embourgeoisement, cette remise en cause perpétuelle indispensable à l'homme juif dans sa vie de tous les jours.

Le même et le nouveau

Le même et le nouveau, le soleil et la lune, c'est cela tout l'enseignement de la Torah. Le même et le nouveau, la fidélité dans l'adaptation quotidienne, l'enracinement dans une tradition, mais une tradition que l'on enrichit et que l'on développe, c'est cela tout le judaïsme pour lequel nous devons lutter de toutes nos forces. C'est bien ce que le *Midrach* nous enseigne de façon percutante lorsqu'il commente le verset : « *Torah tsiva lanou Moché, moracha kehillath Yaacov*[1]. » (Dieu nous a donnés la Torah, un héritage [offert] à la Communauté de Jacob.) Et le *Midrach* de rectifier : « *Al tikré moracha ella Méorassa*[2]. » (Ne lis pas « héritage » mais « fiancée ».) Nous devons constamment considérer ce témoignage, non pas comme un héritage venu d'outre-tombe, vieux et dépassé, mais bien au contraire comme une fiancée fraîche et prometteuse.

■

1 Dt. 33,4.
2 *Ber.* 57a.

Simhath Torah[1]

Le jour de *Simhath Torah* est le jour où tout le peuple d'Israël éprouve une grande joie devant le livre de Moïse. Car, en ce jour, nous portons témoignage que la Torah n'est pas seulement d'hier : elle est aussi d'aujourd'hui et de demain. Cette idée est exprimée de façon imagée par la liaison entre la première lettre de la Torah, le *Beth* de *Béréchith* et la dernière de la Torah le *Lamed* de *Israël.*

On chante et on danse avec la Tora

1 Fête célébrée le 23 *Tichri,* empreinte de joie qui marque la fin du cycle annuel des lectures hebdomadaires de la Torah et son recommencement.

Ensemble, ces deux lettres constituent le mot « *lev* », cœur. C'est avec intelligence – le cœur est selon la tradition, le centre de l'intelligence – et aussi avec amour que nous devons étudier la Torah.

Le refus du vide

Cette étude ne doit pas compter de coupure entre le début et la fin de la Torah. Il ne devrait pas y avoir non plus de coupure entre les générations. Dès leur plus jeune âge, nous devons veiller à donner à nos enfants l'enseignement de la Torah afin qu'il n'y ait jamais de vide entre les générations. C'est pour cette raison que le petit enfant, âgé de trois ou quatre ans, offre la *mappa* pour montrer qu'il suit les pas de ses parents et de ses grands-parents en adhérant très jeune au judaïsme et en refusant le vide entre les générations. Il donne un gage, une garantie : la *mappa*. Cette *mappa,* dans les communautés d'Europe orientale, était confectionnée avec des bandes découpées dans la couche du nourrisson et cousues bout à bout de manière à former un long bandeau. Ce bandeau est brodé. La décoration ainsi obtenue comporte le nom de l'enfant et sa date de naissance, avec la traditionnelle bénédiction souhaitant que, une fois adulte, il étudie la Torah, se marie et multiplie les bonnes actions. Par ce geste, il s'engage, depuis sa plus tendre enfance, à étudier la Torah de tout son cœur.

Les sens du cercle

Mais la joie de la Torah est toujours marquée dans nos synagogues par des *Haqqafoth*[1], mot qui signifie « tourner, faire des cercles avec la Torah ». Pourquoi cet usage de *Haqqafoth* avec la Torah ? Un cercle n'a ni début ni fin. Il est l'expression d'une égalité totale puisque tous les points de la circonférence se trouvent à égale distance du centre.

1 Processions circulaires faites à la synagogue ou ailleurs en diverses occasions solennelles. Le modèle nous est fourni par la Bible, lorsque les Israélites firent sept fois le tour de la ville de Jéricho, provoquant ainsi l'écroulement de ses murs. (Jos. VI, 3-20) Au niveau symbolique, les *Haqqafoth* ont une connotation de complétude, de même que le chiffre 7 auquel elles sont liées. À *Simhath Torah,* après l'office du soir et celui du matin, tous les rouleaux de la Torah sont retirés de l'Arche et transportés en procession autour de la synagogue à sept reprises. Entre chaque *Haqqafa* se déroule un joyeux intermède de danses et de chants.

Il en est de même pour les commandements de la Torah. En droits et en obligations nous sommes tous égaux face à l'application des *Mitswoth*. La Torah est la propriété de tous et de chacun. C'est bien cette leçon que nous révèle le sens du cercle que nous décrivons à *Simhath Torah*. On commence et on finit la Torah le même jour pour signifier aussi qu'il n'y a pas de priorité à accorder à un commandement plus qu'à un autre. Tous les commandements sont égaux et revêtent la même importance[1].

Cette même égalité se retrouve dans l'usage d'avoir, à *Simhath Torah*, deux *Hatanim*: *Hatan Torah* et *Hatan Berechith*[2]. Le même titre est donné à celui qui commence qu'à celui qui clôture. Tous les deux ont la même importance. Tous les deux ont un grand mérite: celui de terminer et de commencer la Torah. De ce fait, ils sont considérés comme s'ils avaient appliqué tous les commandements de la Torah. Le cercle est le symbole du judaïsme qui impose la voie du milieu, la voie royale. Le cercle n'a pas d'extrémités. Il n'y a ni coins ni angles. Aussi, tout extrémisme dans un sens ou dans un autre est à éliminer. C'est Maimonide qui dans son *Michné Torah* vante les mérites du « *Chvil Ha Zahab* », la voie du milieu qui devrait être suivie par tous. Le cercle symbolise enfin la succession et la transmission. Chaque génération constitue un anneau qui s'incorpore dans un autre, anneau indispensable pour former le cercle de la survie du peuple juif.

Quand la Torah se déplace

Pour que cette pérennité puisse être assurée, le *Sefer-Torah* doit passer de main en main. « *Vayhi Bin soa' Ha 'Aron*[3] » est le verset biblique que nous répétons chaque fois que l'on sort la Torah de

---

1 La Torah ne nous a pas révélé la récompense attachée aux commandements, à l'exception de deux d'entre eux: le respect des parents (Ex. 20, 12; Dt. 5, 16) et le renvoi du nid d'oiseau (Dt. 22, 6). Ce sont là deux commandements de valeur inégale. En effet, le respect des parents est l'un des commandements le plus difficile à réaliser. Quoique nous fassions, nous restons en deçà de ce qu'on aurait dû faire. On ne s'acquitte jamais de façon parfaite de ce commandement. Le second, par contre, est facile à réaliser puisqu'il s'agit de libérer la mère et de garder les oisillons au cas où l'on trouve dans un champ un nid d'oiseau. Pourtant, la Torah accorde la même récompense à celui qui accomplit l'un ou l'autre commandement. Dans les deux cas, la Torah promet la longévité.

2 Personnes appelées le jour de *Simhath Torah* respectivement pour finir et pour recommencer l'étude de la Torah.

3 Nb. 10, 35.

l'Arche sainte. « Quand la Torah se déplace. » La Torah n'a pas pour vocation de rester enfermée dans un bel écrin. La Torah doit voyager. Elle doit être transmise de l'un à l'autre. Elle doit être enseignée. Un juif qui garde la Torah pour lui souffre parce qu'il n'a pas à qui transmettre. C'est aussi la raison pour laquelle on appelle à la Torah tous les fidèles, le jour de *Simhath Torah*. L'essentiel est de transmettre et de veiller à cette transmission, particulièrement aux enfants. Cette transmission doit se faire de plusieurs manières : en premier lieu à la maison, puis à l'école, juive de préférence, enfin à la synagogue.

LA FÊTE DE *HANOUCCA*

Hanoucca, émouvante fête des Lumières[1]

Déjà l'hiver s'installe chez nous. Durant cette période sombre et triste dans les villes comme à la campagne, la nature sommeille. Toutefois, durant les huit jours de cette fête, nous verrons briller des feux de joie. Ce sont les lumières de *Hanoucca*[2], fête qui tombe du vingt-cinq *Kislev* au deux *Teveth*[3]. Partout, dans les synagogues et les

---

1 *La Libre Belgique*, 10 octobre 1989.

2 La fête de *Hanoucca* est une petite fête car elle ne figure pas dans la Torah. Tout travail est autorisé pendant cette fête. Elle commémore la victoire du Juda Maccabi et de ses hommes sur les puissantes forces militaires gréco-syriennes qui avaient fait installer des statues dans le Temple de Jérusalem. Elle commémore également la purification du Temple souillé par l'occupant et la réinauguration du culte. À l'heure où l'occupant voulait anéantir le culte, une petite fiole d'huile pure avait été trouvée dans le Temple. Versée dans la *Ménora* au moment de l'inauguration, cette huile dura miraculeusement huit jours. Ces événements, qui se sont déroulés au deuxième siècle avant l'ère chrétienne, sont relatés dans les livres des Maccabées. À la synagogue, et surtout dans chaque foyer, on célèbre la fête en allumant progressivement chaque soir au crépuscule, les lampes d'un chandelier à huit branches. Parents et enfants réunis récitent les bénédictions consacrées, chantant les psaumes et de nombreux chants populaires célébrant la joie de *Hanoucca*. Ces lumières vacillantes qui s'allument durant huit jours aux fenêtres des maisons juives, témoignent de la force spirituelle qui, grâce à la Torah, n'a cessé depuis plus de vingt siècles d'animer ce peuple.

3 Le mois de *Kislev* est le neuvième mois du calendrier hébraïque et le troisième mois de l'année civile hébraïque qui débute à *Tichri*. C'est un mois de vingt-neuf ou de trente jours, qui coïncide généralement avec novembre-décembre. Il est placé sous le signe du Sagittaire. Ce mois est mentionné dans la Bible (Za. 7, 1 ; Neh. 1, 1) ainsi que dans les livres apocryphes et les textes rabbiniques. Le mois de *Tévet* est le quatrième mois de l'année civile hébraïque comptée à partir de *Tichri*. Il compte vingt-neuf jours et coïncide généralement avec les mois de décembre-janvier. Son signe zodiacal est le Capricorne. La racine du mot est peut-être en relation avec le mot hébraïque « *tava* » qui veut dire : « tremper » ou « couler » car ce mois est généralement annonciateur de la saison des pluies.

Chandelier en argent. Autriche-Hongrie. 2de moitié du XIXe siècle.
Collection privée

foyers, le chandelier est préparé pour que, dès le premier soir, la première des flammes commence à luire. Chaque jour verra s'ajouter une flamme et, le huitième jour, toutes les lumières du candélabre brilleront ensemble. Jeunes et moins jeunes, depuis plus de vingt siècles, se rassemblent autour du chandelier, pour entonner un cantique de reconnaissance envers Dieu qui a donné la victoire aux vaillants Maccabées. Cette fête commémore en effet la lutte héroïque des juifs contre les forces païennes et la persécution religieuse menée par les gréco-syriens au IIe siècle avant l'ère chrétienne. Cette lutte fut décisive pour la formation du caractère du peuple juif. Les victoires remportées par les forces juives sous la conduite des Maccabées eurent pour résultat la liberté religieuse, et une indépendance nationale qui devait durer jusqu'à l'époque romaine.

Morale et politique

Les sources historiques les plus anciennes qui nous renseignent sur ces exploits sont le premier et le second livre des Maccabées. Ils retracent les causes de la révolte, le déroulement des combats jusqu'à la victoire finale, la réinauguration du Temple. Ces livres font pourtant partie des Apocryphes, c'est-à-dire qu'ils ne sont pas intégrés au canon biblique juif. Quant au Talmud[1], il ne mentionne que le fameux miracle de la fiole d'huile. La tradition raconte en effet que lorsque ces Maccabées reconquirent Jérusalem et entrèrent dans le Temple, ils découvrirent que les Grecs avaient souillé toute l'huile nécessaire à l'allumage quotidien du chandelier du Temple. Ils ne trouvèrent qu'une petite jarre d'huile cachetée dont le sceau du grand prêtre était intact : elle ne contenait d'huile utile à un seul jour d'allumage. Par miracle, elle dura huit jours, délai nécessaire pour fabriquer toute l'huile pure, telle que requise. Le récit talmudique occulte donc les faits de guerre. Pourquoi une telle discrétion dans la relation des héroïques faits militaires ? À quoi rime cette censure des sages du Talmud ? Ce silence est d'autant plus énigmatique que la fête de *Hanoucca* est une prescription religieuse tout à fait officielle dans le judaïsme et sa durée particulièrement longue, puisqu'elle dure huit jours.

Le sens d'une victoire

Le silence du Talmud suggère qu'il faut comprendre cette fête à la lumière de la vision de Zacharie qui dit : « Je vois un chandelier tout en or… ses sept lampes alignées[1]. » Le prophète demande à l'ange conversant avec lui le sens de cette vision. Il lui est répondu : « Ceci est la parole de l'Éternel à Zorobabel : ni par la puissance, ni par la force, mais bien par mon esprit[2]. » Le sens de la vraie victoire ne se trouve pas du côté de la force des armes, mais de celle des âmes. Ainsi, la tradition juive, en n'intégrant pas dans le canon biblique le récit des exploits guerriers des Maccabées, a voulu nous mettre en garde contre une tentation païenne : celle de la glorification des triomphes militaires et des nationalismes guerriers, contre une

1 *Chabbath* 21b.
1 Zach. 4, 2.
2 Zach. 4, 6.

illusion, celle du sens armé de l'histoire. Ce sont les flammes du chandelier et leur lumière spirituelle qu'a retenues la tradition ; pas celle des combats. Par là, les rabbins du Talmud ont voulu transmettre aux générations futures l'expérience proprement juive de la lumière. Cette fête a été fixée le 25 *Kislev,* c'est-à-dire au solstice d'hiver, période où les nuits sont les plus longues de l'année et où les jours sont les plus courts. Il s'agit ici du thème messianique de délivrance, du combat entre la lumière et l'obscurité. Il s'agit de faire éclater la lumière du fond même de l'obscurité apparemment victorieuse, et de se convaincre, avec les autres, qu'à nouveau la lumière brillera.

Miracle de la lumière

Hanoucca veut nous enseigner le secret et le miracle de la lumière. Une flamme minuscule a raison d'une masse de ténèbres. Les lumières de *Hanoucca,* même minuscules, nous rappellent combien grand est le devoir d'allumer une bougie, puis une autre, puis encore une autre, dans une progression constante, afin que l'obscurité cède la place à la lumière. Mais pour remporter cette victoire, il est indispensable d'avoir la détermination et le courage de Matathias et de ses fils et de ne pas s'effrayer des situations apparemment sans issue. À l'instar des Maccabées qui avaient trouvé une fiole d'huile pour alimenter le chandelier du Temple, nous devons nous efforcer d'en chercher nous-mêmes. S'ils ont réussi à rallumer la flamme, nous devons la rallumer à notre échelle. Il est vrai que nous n'avons plus de Temple, mais nos foyers ne sont-ils pas autant de temples érigés à la gloire de l'Éternel ?

■

Hanoucca : fête de l'espoir

Comment réagir face aux sceptiques

En répétant le récit merveilleux de la fiole d'huile à travers les âges et en instituant huit jours d'allumage, la tradition juive veut nous livrer un message : celui de l'espoir de voir un peuple survivre et produire de la lumière, indépendamment de sa taille et de son importance. *Hanoucca* célèbre le miracle exprimé par ceux qui allumèrent la lampe et pas seulement le miracle de la fiole d'huile qui resta allumée pendant huit jours alors qu'elle ne devait brûler qu'un seul jour. La fête de *Hanoucca* symbolise le miracle de notre survivance spirituelle à travers les âges et de cette capacité unique de vivre sans aucune garantie de succès et de s'appliquer à recommencer quelque chose sans savoir comment cette chose sera terminée. La lampe de *Hanoucca* a brûlé huit jours à cause de ceux qui étaient prêts à la voir brûler pendant seulement une journée. II y eut très certainement beaucoup de gens sceptiques quant à la décision d'allumer la lampe du Temple avec une seule fiole d'huile. Pourquoi faire jaillir une flamme qui sera consumée avant que le Temple ne soit complètement reconsacré ? « Ne vaut-il pas mieux que le Temple reste impur jusqu'à ce que nous soyons certains d'avoir assez d'huile pour que la lampe brûle durant une longue période ? », ont dû dire certains. « Attendons des conditions meilleures », ont-ils ajouté. Mais les Maccabées ont ignoré ces voix. Ils allumèrent la lampe avec un peu d'huile et le miracle de *Hanoucca* se produisit, grâce à leur foi, grâce à leur confiance en Dieu.

Mes ancêtres ont planté pour moi

Nous aussi, nous devons, plus que jamais aujourd'hui, prendre des initiatives heureuses dans le but de propager l'enseignement de la Torah, même si nous savons d'avance que le succès ne sera certainement pas au bout de notre action. Nous devons poser les jalons d'institutions juives solides et viables pour donner une chance à ceux qui viendront après nous. Nous avons trouvé des écoles, un service social, des synagogues, des centres communautaires, et j'en passe. Toutes ces institutions ont été fondées à des moments difficiles, notamment après la guerre. Ne devons-nous pas agir comme eux et imiter leur comportement ? L'exemple le plus remarquable nous a été donné par le Talmud dans le traité *Taanith*[1]. Rabbi Yohanan rapporte le récit de Honi Ham'agel[2] qui montre combien il

1 *Taanith* 23a.

2 Ce nom signifie : Honi le Traceur de Cercles. Le récit talmudique suivant relate l'origine de ce nom. « Une fois, presque tout le mois d'*Adar* était passé et la pluie n'était pas tombée. On demanda à Honi le Traceur de Cercles de prier pour qu'il pleuve. Il le fit, mais la pluie ne vint pas. Alors, il traça un cercle autour de lui, comme le faisait Habacuc. Honi adressa à Dieu cette prière : "Souverain de l'univers, Tes enfants se sont tournés vers moi,

est vital de se soucier des générations à venir. Un jour, pendant que Honi marchait sur une route, il vit un homme qui plantait un caroubier.

– « Combien d'années faut-il pour qu'un caroubier porte des fruits ? », lui demanda Honi.

– « Septante ans », fut la réponse.

– « Et tu ne te demandes pas si tu vas vivre septante ans, si tu vas pouvoir manger de ses fruits ? »

– « Dès ma jeunesse, j'ai trouvé des caroubiers ; mes ancêtres en ont donc planté pour moi ; de la même façon, j'en planterai pour mes descendants ! »

Parier sur l'avenir

À l'instar de Honi Ham'agel dont le souci majeur était ses descendants, il nous incombe, à nous aussi, de poser les jalons pour les générations futures. Nous devons veiller à ce que nos enfants et nos petits-enfants trouvent les structures nécessaires pour maintenir vivantes nos valeurs et nos traditions. Notre devoir est de tout faire pour qu'ils puissent avoir les meilleures conditions pour progresser physiquement et spirituellement. Nous ne devons pas laisser à demain ce que nous pouvons faire aujourd'hui. Il nous faut être imaginatifs et surtout ne pas nous laisser dépasser par le présent. Ce n'est qu'en pariant sur l'avenir que nous pouvons être sûrs de notre survie. C'est sans doute cette leçon d'espoir que les Maccabées nous ont léguée à travers la fête de *Hanoucca* et c'est bien cette leçon que nous devons faire nôtre, surtout en diaspora où, malheureusement, l'assimilation fait des ravages parmi nous. Nous ne devons reculer devant aucun sacrifice. C'est la seule façon, pour nous, de vivre et de survivre malgré toutes les circonstances. C'est la seule façon d'assurer notre avenir.

■

---

parce que je suis un familier de Ta maison. Je jure, par Ton grand nom que je ne bougerai pas d'ici tant que Tu n'auras pas eu pitié de Tes enfants." Quelques gouttes de pluie commencèrent à tomber… Honi s'adressa à nouveau à Dieu : "Ce n'est pas là ce que je demandais ; je souhaitais une pluie qui remplisse les puits, les lacs et les cavernes." La pluie tomba alors avec violence… Encore une fois, Honi s'adressa à Dieu : "Ce n'est pas ce que je demandais ; je voulais une pluie qui soit un don de Ta bienveillance, une bénédiction !" Et la pluie tomba normalement. »

Le chandelier à sept branches, représentation juive essentielle[1]

Ni par la puissance, ni par la force...

La *Ménora*, le chandelier à sept branches, était l'un des principaux objets du Temple de Jérusalem symbolisant l'éclat perpétuel de la présence de Dieu parmi son peuple. On le retrouve là où les communautés juives ont vécu et prospéré : gravé sur les tombes, sur les parois des caveaux funéraires et sur des plaques commémoratives. Il décore souvent l'entrée des synagogues et des maisons d'étude. Le Psaume 67, imprimé en forme de *Ménora*, les versets formant le tronc et les branches, est souvent encadré et accroché au mur dans les synagogues. Après la création de l'État d'Israël, la *Ménora* a été adoptée comme symbole suprême de son accession à l'indépendance mettant en lumière l'espoir de notre peuple dispersé de retrouver sa patrie[2]. À l'entrée de la Knesset, une grande *Ménora* en bronze de Benno Elkan, offerte à Israël en 1956 par le Parlement britannique, identique à celle qu'il a faite pour l'abbaye de Westminster, est décorée de figures bibliques et de scènes de l'histoire juive. Sur les branches extérieures s'inscrit le verset de Zacharie : « Ce n'est pas par la puissance ni par la force, mais par mon esprit, dit le Seigneur des Armées[3]. »

Ce principal symbole juif est décrit pour la première fois dans l'Exode[4] au moment où Dieu donne à Moïse des instructions détaillées pour sa fabrication : « Tu feras aussi un candélabre d'or pur, le candélabre sera en or massif, de même que sa tige et sa branche. Ses calices, ses corolles et ses fleurs feront corps avec lui. Six branches sortiront de ses côtés, trois branches du candélabre d'un côté et trois branches du candélabre du deuxième côté...[5] » Pourquoi cet objet du Temple, plus que tout autre, a-t-il connu une fortune aussi grande ? Pourquoi cette importance ?

---

1 *La Libre Belgique*, 10 septembre 1996.

2 Le drapeau et les armoiries du président de l'État ainsi que tous les documents d'État et les passeports sont frappées au coin du chandelier à sept branches. Celui-ci marque également l'entrée des bâtiments publics, des tribunaux et d'autres organismes officiels en Israël et à l'étranger. La forme de ce chandelier s'inspire de celui de l'arc de triomphe de Titus. Il est entouré de branches d'olivier et souligné de l'inscription ISRAËL.

3 Zach. 4, 6.

4 25, 31-38.

5 Une description similaire se retrouve en Exode 37, 17-24.

Au rythme du temps

La *Ménora* évoque un symbolisme puissant qui, plongeant au plus profond de nos racines et de nos sources, révèle une grande richesse de significations. Les sept lumières de la *Ménora* représentent les sept jours de la semaine. Six jours d'activité qui puisent leur essence et leur force morale dans le *Chabbath*[1], objectif suprême de joie spirituelle et de détente physique. Le repos du *Chabbath* devient alors l'âme de la création, le souffle qui inspire et éclaire les autres jours de la semaine. Le *Chabbath* est une étincelle d'espoir dans ce monde de désillusion qui nous subjugue. Il est une parcelle d'éternité. Une source d'amour et de paix. Abraham Heschel[2] écrit dans

Ménora ou chandelier à 7 branches

---

1 Au Moyen Âge, ces sept lumières symbolisaient les sept planètes ou corps astraux entourant la terre : le soleil au centre et trois planètes sur chacun de ses côtés. Cette idée émanait du philosophe grec Philon d'Alexandrie qui attribuait à la *Ménora* une signification cosmique.

2 Mort en 1972, Abraham Heschel a écrit également *Le Tourment de la vérité*, traduit en 1976 aux Éditions du Cerf de l'américain en français, par le père Georges Passelecq.

son ouvrage *Les bâtisseurs du temps*: « Même si notre âme est angoissée, même si nos gorges serrées ne laissent s'élever aucune prière, le pur et silencieux repos du *Chabbath* nous mène vers un royaume de paix infinie, au seuil de l'éternité. Il est peu d'idées au monde, chargées de force spirituelle que l'idée du *Chabbath*. Dans bien des siècles, lorsque de toutes nos théories ne subsisteront même plus les traces, la splendeur du *Chabbath* illuminera encore l'Univers. »

La *Ménora* résume également en elle l'histoire de notre peuple, vécue à travers son calendrier et ses principales fêtes. Les deux premières branches représentent les fêtes austères : *Roch Hachana* (Nouvel An) et *Yom Kippour* (jour de pardon). Ces fêtes permettent à l'homme juif de contempler son passé pour éclairer l'avenir. Elles lui donnent l'occasion de se libérer du joug pesant des erreurs commises et de renaître à nouveau. Les trois branches suivantes représentent les trois fêtes de pèlerinage. *Pessah*, fête de la sortie d'Égypte incarnant la libération du peuple d'Israël de toutes sortes d'esclavages. *Chavouoth*, fête de la Révélation et du don de la Torah sur le mont Sinaï. *Souccoth*, fête des cabanes, qui rappelle la protection miraculeuse opérée par Dieu en faveur de son peuple pendant quarante ans dans le désert (colonnes de nuée pour le diriger, colonnes de feu pour l'éclairer et le chauffer, la manne pour le nourrir, etc.). Les deux dernières branches représentent les fêtes de *Hanoucca* et de *Pourim*. *Hanoucca*, fête des lumières, rappelle le miracle de la fiole d'huile au deuxième siècle avant le début de l'ère chrétienne et la victoire remportée par les Maccabées contre leurs ennemis. *Pourim* commémore le sauvetage du peuple juif des mains de Haman et d'Assuerus qui cherchaient à les exterminer physiquement. Ces deux fêtes incarnent en elles les deux formes de destruction du peuple juif : la destruction physique (Haman qui a voulu exterminer physiquement le peuple juif) et la destruction spirituelle (les gréco-romains qui ont cherché à éteindre les feux du judaïsme et à obliger les juifs à renoncer à leur religion). Elles représentent les deux formes d'antisémitisme : l'antisémitisme religieux et l'antisémitisme éthique. La *Ménora* incarne ainsi, en un même symbole, l'histoire du peuple juif depuis sa création jusqu'au début de l'ère chrétienne. Elle résume en elle le destin du peuple juif et sa mémoire.

Protection de l'environnement

Par sa forme, la *Ménora* nous invite à veiller à notre environnement. La *Ménora* a la forme d'un arbre avec un tronc, des branches et des ramilles. Elle marque l'importance de l'arbre dans la tradition juive et le rappel perpétuel du respect que nous devons à la nature et à notre environnement. Elle répond ainsi à l'un des soucis majeurs de l'homme du XXIe siècle et l'invite à protéger la flore et la faune. Ce souci de la protection de la nature revient dans les textes bibliques et talmudiques comme un leitmotiv qu'il s'agit d'ancrer dans nos mémoires à jamais. Dieu, s'adressant au premier homme, Adam, lui demande de travailler la terre et de la protéger. La protection de l'environnement est un commandement divin. Il est, avec la procréation et le repeuplement du monde, un des premiers commandements de Dieu.

La pensée kabbalistique, quant à elle, a transplanté le symbolisme de l'arbre de vie dans la structure des *sephiroth* – les dix émanations de la divinité. La *Ménora* à sept branches représente les sept émanations inférieures de la divinité, au-dessus desquelles brille la triade suprême de lumière représentant les trois émanations supérieures. Les *sephiroth* (émanations divines) sont les éléments essentiels incarnés dans Adam, le premier homme, dans son état parfait, originel, avant la chute. La *Ménora* est donc le symbole de la régénération de l'homme à l'image de Dieu. Ainsi, la *Ménora*, symbole vivant de la naissance d'Israël, signe perpétuel d'élévation de l'esprit, est un flambeau qui éclaire la vie du peuple juif à travers son histoire. Elle est le rappel constant du triomphe de l'ouverture sur toute forme d'intégrisme ; le rappel perpétuel du rayonnement de la lumière sur toute forme d'obscurantisme.

■

Les différentes lumières dans le judaïsme

Le thème de la lumière occupe une place de choix dans toutes les religions et tout spécialement dans le judaïsme. Déjà dans le récit de la création, le premier élément créé par Dieu fut la lumière, ainsi qu'il est dit : « Qu'il y ait de la lumière et la lumière fut[1]. » C'est elle qui inaugura la création du monde et c'est par elle que furent créées, selon le *Zohar*, toutes les autres créations. Passons en revue les différentes lumières évoquées dans le judaïsme.

La lumière perpétuelle

Cette lumière qui brûlait constamment dans le Temple devait être le témoignage de la présence divine au milieu d'Israël. C'est à cette lumière que l'on empruntait la flamme pour allumer au crépuscule le candélabre à sept branches. Son origine se trouve dans le commandement biblique donné aux enfants d'Israël de « procurer de l'huile pure d'olives concassées pour le luminaire, pour faire monter la lampe perpétuellement[2]. » Aujourd'hui, le Temple n'existe plus. Mais la lumière perpétuelle brûle encore dans toutes les synagogues au-dessus de l'Arche sainte qui contient les rouleaux de la Torah[3].

Les lumières chabbatiques

L'entrée du *Chabbath* et des fêtes est annoncée par l'allumage des deux bougies en l'honneur du double commandement de « se souvenir[4] » du jour du *Chabbath* et de « l'observer[5] ». Le commandement d'allumer ces bougies est si important que même l'indigent doit se résoudre à mendier quelques pièces de monnaie pour l'achat des bougies. Par l'allumage de ces bougies, la femme, prêtresse du foyer, éclaire et illumine la maison familiale et annonce l'arrivée du *Chabbath*. Mais les rabbins du Talmud voient dans ce commandement la définition du rôle de la femme. C'est à elle

---

1 Gen. 1, 3.
2 Ex. 27, 20-21 ; Lév. 24, 2.
3 Actuellement, la flamme perpétuelle est électrique.
4 Ex. 20, 8.
5 Dt. 5, 12.

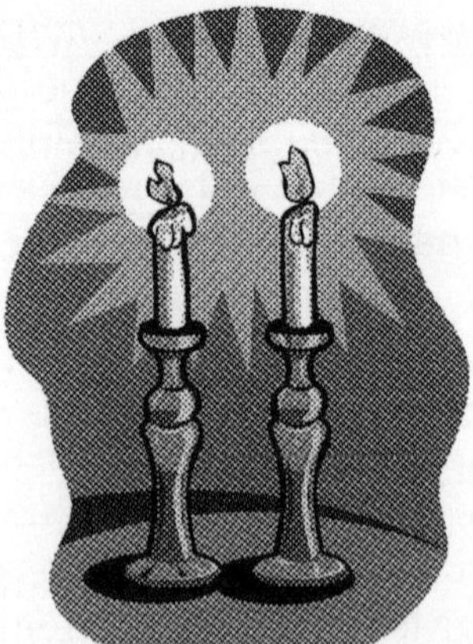

Lumières chabbatiques

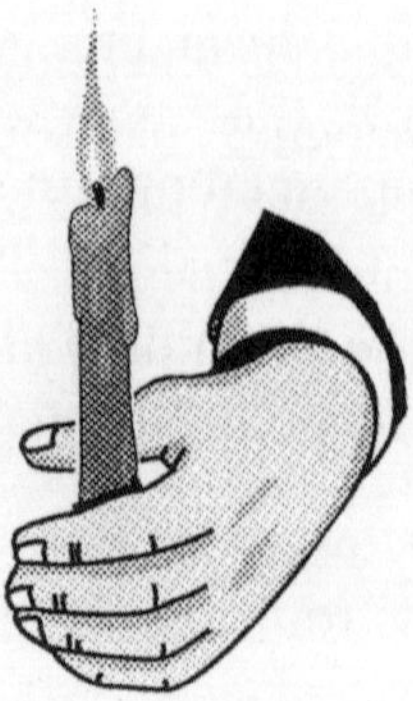

Bougie pour la recherche du *hamets*

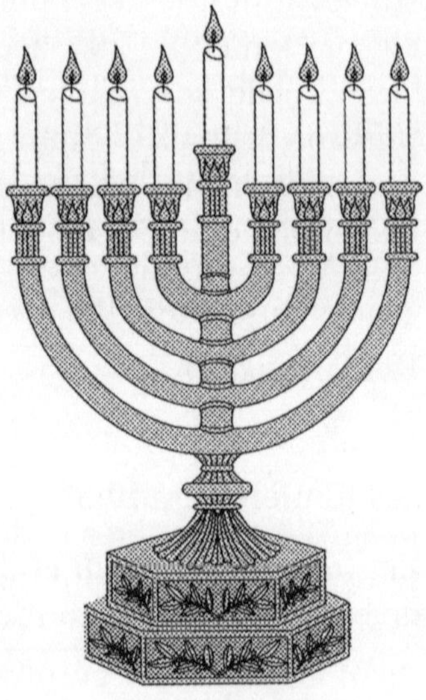

Lumières de *Hanoucca*

Lumière pour commémorer le souvenir d'une personne disparue

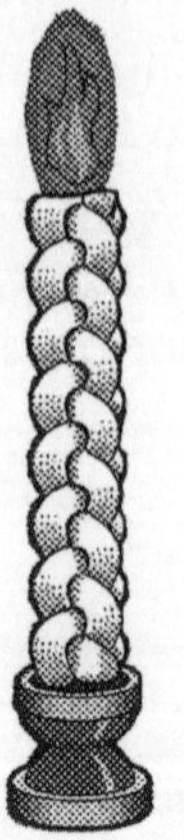

Lumière pour *Havdalah*

Usage des lumières dans la tradition juive

qu'incombe le devoir de faire rayonner au sein du foyer les lumières spirituelles du judaïsme. C'est à elle que revient la charge d'assurer la pérennité des valeurs juives et leur transmission de génération en génération.

La *Ménora*

À côté du *Magen David* (l'étoile de David), des Tables de la Loi, le chandelier à sept branches revêt une importance particulière. Il bénéficiait d'une place privilégiée dans le Tabernacle et dans les deux Temples. Après la destruction du Second Temple, son image se répandit à travers le monde. On le trouve dans les catacombes juives de Rome, sur l'arc de triomphe de Titus. De nos jours, on le rencontre sur les armoiries de l'État d'Israël. Dans les synagogues, par son orientation et par sa place auprès de l'Arche, il est le symbole de la vie éternelle, le symbole d'un judaïsme vivant et lumineux. Il est l'expression de tous les espoirs juifs. Il traduit l'espoir que le Temple sera construit et que les temps messianiques arriveront quand le mal disparaîtra et que la justice s'installera sur terre.

La *Hanoukkia*

La *Hanoukkia* a huit branches. Elle est allumée à *Hanoucca.* Au cours de cette fête, on allume chaque soir, huit jours durant, un, deux, trois jusqu'à huit lumières le dernier jour, pour rappeler la délivrance de Jérusalem et la restauration du Temple par les Maccabées en 168 avant l'ère chrétienne. Les lumières de *Hanoucca* rappellent également la victoire de l'esprit sur la force. Un des grands exégètes juifs de la Renaissance, le Maharal de Prague[1], avait jadis interprété la différence entre le chandelier du Temple à sept branches et celui de la maison juive, de l'exil, à huit branches. Le chiffre 7, c'est le temps de la semaine, le temps d'une histoire cyclique qui tourne en rond. Le chiffre 8, c'est le moment où l'on dépasse l'histoire purement

1 Yehoudah Loew Ben Israël (1520-1609). Autorité rabbinique, kabbaliste, moraliste et mathématicien. Sa réputation extraordinaire, qui relève du mythe, tient autant à son érudition qu'à son ascétisme et à sa piété. Son œuvre apparaît aujourd'hui comme l'une des plus importantes du XVIe siècle. Parmi ses ouvrages les plus célèbres, citons notamment : *La Puissance divine* ; *La Gloire d'Israël* ; *Le Chemin de la vie* ; *Les Routes éternelles* ; *Le Puits de l'Exil* ; *La Haggadah glosée.*

humaine : le temps du Messie. Le chandelier à huit branches comporte, généralement, soit au milieu soit sur le coin, une neuvième branche appelée le « *chamach*[1] ». C'est avec sa lumière que l'on allume les autres. Il faut toujours des hommes pour allumer le chandelier. Ainsi donc, l'avènement messianique ne peut arriver que grâce à l'œuvre de l'homme. Autrefois, la lampe de *Hanoucca* était placée dehors, à l'entrée de la maison, à gauche de la porte, afin de proclamer publiquement le miracle commémoré[2].

La flamme du souvenir

C'est une bougie spéciale allumée en souvenir d'un défunt. Cette tradition est fondée sur l'idée exprimée dans les Écritures que « La lampe de Dieu est le souffle de l'homme[3] ». Cette lampe est allumée en trois occasions spécifiques : pendant les sept jours de deuil au domicile de la famille du défunt ; au jour anniversaire de la mort d'un père ou d'une mère ou autre parent proche ; la veille de *Yom Kippour*. Cette bougie doit rester allumée au moins pendant 24 heures. En Israël, on allume aussi les lumières du souvenir pour *Yom Ha Shoa* (Jour de l'Holocauste) et *Yom Ha Ziccaron* (jour du souvenir des morts pour Israël).

La bougie pour *bedikath hamets*[4]

La veille de *Pessah*, après l'office du soir, on entreprend la recherche du *hamets*. On utilise, pour ce faire, une bougie. Il est d'usage, afin de favoriser la concentration, d'éteindre les lumières électriques et de n'utiliser qu'une bougie. Le chef de famille procède à une fouille minutieuse de la maison, passant en revue tous les endroits où du *hamets* aurait pu être introduit ou déposé durant l'année. En l'absence du mari, c'est la femme ou un autre adulte de la famille qui se charge de cette tâche. Tout levain découvert est soigneusement recueilli dans un sac après y avoir introduit la bougie, le tout devant être brûlé le lendemain.

---

1 *Chamach* veut dire en hébreu « serviteur ».
2 *Chabbath* 21b.
3 Pv. 20, 27.
4 La recherche du *hamets* (pain levé).

Les lumières de la *havdala*[1]

Havdala veut dire séparation. C'est une prière récitée à la clôture du *Chabbath* et des fêtes marquant le passage d'un jour consacré à un jour de la semaine ordinaire. La cérémonie de la *havdala* comporte quatre bénédictions : une sur le vin, une sur les épices, une sur les bougies et la *havdala* proprement dite. Pour la cérémonie de la *havdala*, on allume une bougie faite au moins de deux mèches emmêlées ; à défaut de celle-ci, on utilise deux bougies ordinaires en nouant leurs mèches. L'obligation d'avoir deux mèches au moins, vient du fait que la bénédiction récitée sur le feu fait allusion à un feu multiple.

1 Cérémonie qui clôture le *Chabbath* et permet l'utilisation du feu.

LA FÊTE DE *POURIM*

Zachor

Le *Chabbath* qui précède la fête de *Pourim* s'appelle *Chabbath Zachor*[1] en raison du texte biblique que nous lisons. Ce texte commence par les mots : « *Zachor ett Acher assa lecha Amalek*[2] » (Souviens-toi de ce que t'a fait Amalek). Se souvenir et faire que d'autres se souviennent est un commandement de la Torah. Un des commandements les plus importants puisqu'il revient cent nonante-six fois dans la Bible. Le mot « *zachor* », se souvenir, évoque, pour chacun d'entre nous le passé. On se souvient de ce que Pharaon a fait au peuple d'Israël en Égypte. Il l'a asservi durant quatre cents ans. Il lui a infligé de durs travaux et l'a condamné à un dur esclavage. On se souvient de ce qu'Amalek a infligé aux enfants d'Israël dans le désert alors qu'ils ne lui avaient rien fait. Il s'est attaqué aux personnes âgées, aux personnes faibles pour diminuer l'impact que l'action divine avait créé au sein des peuples de la région. On se souvient de ce que Hitler a fait au peuple juif et de la catastrophe qu'il lui a fait subir. Six millions de morts, hommes, femmes et enfants parce que juifs. La haine gratuite.

---

1 *Chabbath* du souvenir. Ce *Chabbath* nous lisons en supplément (*Maftir*) dans la Torah le texte biblique commençant par les mots : « Souviens-toi de ce qu'Amalek t'a fait. » (Dt. 25, 17) Ce passage biblique fait allusion à la lâche attaque sur l'arrière-garde des Hébreux dans le désert. Ce *Chabbath*, qui précède la fête de *Pourim*, est lié au fait qu'Haman, descendant d'Amalek, avait lui aussi projeté d'exterminer le peuple juif.

2 Ex. 17, 14-15.

Refuser d'oublier

Refuser d'oublier, tel est le premier enseignement que nous pouvons tirer de notre terrible destin. La mémoire est incertaine. Elle est généralement décevante, parfois même perfide. Nous devons nous souvenir non pas pour assouvir quelque désir morbide ou cultiver la haine et l'angoisse mais parce que c'est en se souvenant, et en faisant que d'autres se souviennent, que nous avons une chance d'éviter que cela ne se reproduise. Nous devons nous souvenir car le temps favorise une certaine banalisation de l'histoire. Au fil des années, le monde a tendance à oublier la catastrophe qui s'est abattue sur notre peuple. Ainsi, généralement le souvenir se rapporte à quelque événement qui est arrivé. Il a pour but de lutter contre l'érosion du temps, contre l'oubli. Il a pour objectif d'immortaliser le passé et de lui permettre de transcender le temps et l'espace pour arriver jusqu'à nous. Dans la Bible, cependant, le verbe *zachor*, « se souvenir », est mis souvent en relation avec des événements du présent et du futur.

Se souvenir, c'est rendre présent

« *Vayzkor Elohim ett Noah*[1] » (Dieu se souvient de Noah et de tous ceux qui étaient avec lui dans l'Arche) et fit cesser le déluge. Il a ainsi permis à l'humanité de se régénérer et de se renouveler. « *Vayzkor Elohim ett Rachel*[2] ». Rachel était stérile. Son avenir était sans perspective. Dieu se souvint de Rachel et lui donna un fils qui assurerait son avenir. Ainsi donc, dans la pensée biblique, le souvenir est lié au passé mais aussi au présent et à l'avenir. Nous devons tirer les conclusions du passé pour éclairer notre avenir. Celui qui ne tire pas de leçons du passé risque de le revivre. La langue française l'exprime bien quand elle traduit « se souvenir », par « actualiser ». Se souvenir, c'est rendre présent. Se souvenir, c'est rendre vivant. La vraie tradition consiste justement à empêcher que ce passé se confine au passé et cela en le rendant présent, actuel. Là est pour nous la signification du rite, de la *mitswa*. Le rite consiste à vivre dans le présent l'événement fondateur passé. Le soir de *Pessah* nous pratiquons le rite de la sortie d'Égypte. Nous ne voulons pas seulement rappeler ce qui est arrivé autrefois. Le soir de *Pessah*, nous mangeons des *matsoth*,

1 Gen. 8, 1.
2 Gen. 30, 23.

c'est-à-dire que nous changeons de nourriture. Puisque nous commémorons l'événement du commencement, nous prenons le pain du commencement. Ce rite charge le moment que nous vivons de la signification qu'il avait dans le passé et rend celui-ci présent, même actuel. D'autre part, chacun est tenu de se considérer comme effectuant lui-même la sortie d'Égypte. Ce n'est pas seulement mon père, mon ancêtre, c'est moi-même qui, aujourd'hui, sors d'Égypte.

Actualiser l'événement pour le mener à son but

Chaque année, nous reprenons ainsi à notre charge la sortie d'Égypte pour la faire nôtre, la rendre actuelle et pour la mener plus loin. Quand nous disons : « On se souvient », cela signifie que, dans le présent, on actualise l'événement pour le mener à son but. « Afin que sachent la jeune génération, leurs enfants, et ceux qui sont à naître, et qu'ils racontent à leurs enfants[1]. » Nous devons tout faire pour que du souvenir émerge l'espoir et que de la mémoire émerge la foi. L'espoir d'un monde qui entendra la parole : « Tu ne tueras point. » L'espoir d'un monde qui accomplira le commandement : « Ne fais pas couler le sang de ton prochain. » L'espoir d'un monde qui inscrira sur son drapeau le combat contre le racisme et l'antisémitisme sous toutes ses formes. L'espoir que la flamme de la mémoire se dressera comme une balise éternelle et comme un signal d'avertissement pour proclamer : « Plus jamais ». Là réside l'essentiel du souvenir. Si on ne revit pas les événements du passé, on risque de les oublier même si, intellectuellement, on s'en souvient : l'Inquisition, les persécutions, la Shoah : les gens vont s'y habituer, vont les banaliser. Le souvenir doit s'accompagner de l'acte. Dans le cas de l'antisémitisme et de la haine prônée par Haman, le souvenir consiste à lutter de toutes ses forces contre tout ce qui peut avilir l'homme. De lutter de toutes ses forces contre toute forme d'exclusion quelles qu'en soient les malheureuses victimes. De lutter et de faire en sorte que d'autres luttent contre toute forme de racisme ou de xénophobie. Le vrai sens du souvenir consiste à revivre l'événement passé en le réactualisant.

■

1 Ps. 78, 6.

Fête de réjouissances

La fête de *Pourim*[1] compte parmi les plus populaires du judaïsme. Elle comporte une série de réjouissances pittoresques, joie carnavalesque et enivrement. Ce qui lui donne un caractère profane qu'on ne retrouve pas dans la célébration des autres fêtes du calendrier israélite. Dès l'origine, la coutume fut de festoyer, de boire jusqu'à ce qu'on ne puisse plus distinguer entre : « Maudit soit Haman » et « Béni soit Mardochée[2] ». On mange les oreilles d'Haman sous forme de gâteaux. On offre des cadeaux à des parents et à des amis. On fait des dons aux plus démunis. Dans la synagogue, on fait tourner des crécelles et, plus que jamais, la maison de prière est la maison du peuple. Le déguisement, prohibé par la Torah, est permis ce jour de *Pourim*. Or, la fête de *Pourim* commémore la tentative d'extermination du peuple juif par Haman et Assuérus. En un jour, le 13 *Adar*, les juifs qui vivaient dans les 127 provinces du royaume d'Assuerus devaient être exterminés. Pourquoi donc commémorer de cette façon cet événement qui risquait d'être dramatique pour le peuple juif ? Pourquoi *Pourim*, contrairement à d'autres fêtes similaires, est-il ainsi célébré ?

Dérouler les événements de l'histoire

En effet, tous les us et coutumes de cette fête semblent contribuer à voiler la réalité trop cruelle d'un événement qui embrassa le passé et l'avenir. C'est ce qui paraît en filigrane dans le livre d'Esther appelé *Meguilla*. Le terme *Meguilla* invite le lecteur à dérouler les événements de l'histoire, à les découvrir, à en scruter la teneur pour retenir la

---

1 De nombreuses communautés fêtent leur propre *Pourim*, chacune commémorant ainsi les calamités particulières dont elle a été délivrée. Ainsi, le *Pourim* de Padoue, célébré le 11 *Sivan*, commémore le fait que les juifs aient été épargnés par l'incendie de 1795. Celui de Florence (27 *Sivan*) marque leur salut d'une émeute grâce à l'intervention de l'évêque de la ville. Le *Pourim* avignonnais (24 *Tammouz*) était fêté chaque année. Le *Pourim* de Bagdad (11 *Av*) célèbre la conquête de la ville par les Arabes et la défaite des Perses qui maltraitaient les juifs. Les juifs de Tunis fêtèrent « le *Pourim* de neige » (24 *Teveth*) à la suite d'une forte tempête de neige qui, ruinant le pays, laissa intact le quartier juif. Le « *Pourim* d'Hitler » célébré à Casablanca, est commémoré le 2 *Kislev* (11 novembre 1943), jour où la ville fut sauvée de l'invasion allemande. Là, un « rouleau d'Hitler » fut rédigé qui, paraphrasant le rouleau traditionnel, comporte les mots « maudit soit Hitler, maudit soit Mussolini » et nomme d'autres dirigeants nazis et fascistes.

2 Ces deux phrases sont tirées du poème *Chochannath Yaacob* (Le lys de Jacob), chanté après la lecture du livre d'Esther. Les rabbins ont institué de se réjouir à *Pourim* au point de ne plus pouvoir distinguer entre Haman et Mardochée (*Meg.* 7b).

leçon profonde de cette fête. Aussi, il est significatif de relever que seul le rouleau d'Esther, parmi les écrits bibliques, ne contient pas le nom de Dieu. Tout se passe donc comme si le judaïsme voulait dénoncer cet état où l'homme, créé à l'image de Dieu et à sa ressemblance, tente de fuir son identité, de masquer son visage, d'endormir sa conscience et de le laisser perpétrer des crimes contre des innocents sans réagir et sans s'opposer farouchement. Cette fête nous rappelle que nous devons tout faire pour refuser la fuite délibérée, l'exil consenti devant la conscience morale. N'est-ce pas l'unique fête instituée dans la diaspora et pour celle-ci ? Cela explique l'enseignement de nos sages qui accordèrent au message de *Pourim* une portée permanente, en instituant qu'à l'instar de la Torah, la lecture de la *Meguilla* ne serait jamais abolie, même après l'arrivée du Messie. Plus encore, toutes les fêtes seront dépassées, sauf *Pourim*.

Il faut laisser tomber le masque

La *Meguilla*, ce récit qui se déroule devant nos yeux tout le long de l'histoire, nous invite à contribuer à son dénouement avec la conviction et la détermination de nous porter vers autrui. C'est la raison pour laquelle la tradition nous demande d'offrir des cadeaux aux parents et aux amis et d'y associer obligatoirement les démunis. C'est cela la permanence du message de cette fête. Message qui se résume dans un appel poignant et émouvant à l'ensemble de l'humanité. Il faut laisser tomber le masque, dévoiler son vrai visage, affermir son idée pour aller à la rencontre de son semblable proche ou lointain. Le combat de *Pourim* vise le triomphe du bien, de la justice et de la paix. Nos sages établissent une similitude entre la fête de *Pourim* et la solennité de *Kippourim*[1]. Lors du jour du Grand Pardon, le juif se réfugie dans la prière. Il tente de maîtriser la parcelle de mal qu'il a en lui. Ceci explique la pratique austère des jeûnes. Un combat similaire doit être mené le jour de *Pourim*. Il cristallise la mission du peuple juif. *Pourim* demeurera toujours un appel à la fraternité prôné par la Torah : « Tu aimeras ton prochain comme toi-même. » Il appartient à chacun d'apporter sa contribution pour que le bien succède à l'emprise du mal.

■

1 Les kabbalistes attachèrent une telle importance à cette fête qu'ils affirmèrent, au nom de Rabbi Isaac Louria, que le jour de *Yom Kippour* était comme *Pourim*.

Pourim

L'histoire de *Pourim*, qui s'est déroulée il y a vingt-cinq siècles, n'est ni une légende, ni un mythe. Elle ne repose pas sur des suppositions, mais constitue un fait d'histoire authentique qui relate la menace d'extermination qui pesait sur le peuple juif, à l'instigation de l'ambitieux et vaniteux Haman descendant d'Amalek. Une fois de plus, le peuple fut miraculeusement sauvé.

Un fragment de notre vie

L'objet de notre histoire ne peut être renvoyé comme une épave sur les rives du passé. L'histoire de *Pourim* surgit devant nous comme un fragment de notre vie. Rencontre et heurt de deux blocs idéologiques, antisémitisme religieux et social, judaïsme et assimilation, anéantissement et résurrection. Sont-ce là les thèmes d'un passé déchu ou bien ne sont-ils pas plutôt des slogans d'une époque qui est nôtre, plus que jamais ? L'histoire de *Pourim* n'est pas un accident dans l'histoire d'Israël. Elle se répète à travers le temps comme une sorte de loi. *Pourim*, première fête instaurée en diaspora, coïncide en fait avec un tournant critique de l'histoire d'Israël, provoqué par l'absence du prophétisme biblique. II n'y a plus de prophètes en Israël, telle est l'une des perspectives dominantes de l'histoire juive en exil. À l'époque biblique, chaque aube nouvelle faisait apparaître la voix d'un prophète qui clamait dans les rues la volonté de Dieu, rappelait le passé, scrutait le présent, préparait l'avenir.

Le silence de Dieu

À présent, c'est le silence, le silence de Dieu à l'intérieur de la nation juive. Ce mutisme se traduit d'une façon frappante par l'absence du nom de Dieu dans la *Meguillat* d'Esther. Le rouleau d'Esther est, en fait, le seul livre de la Bible où le nom divin n'apparaît à aucun moment. Le sens étymologique du nom « Esther » symbolise lui-même cette absence. Esther dérive du mot « *Seter* » qui signifie « caché », « secret ».

Dieu n'agit plus comme jadis, d'une façon ouverte. II se cache sous le voile de la nature, au point que nous risquons de ne pas être conscients de son intervention. Révolue est l'époque où Dieu coupait la Mer des Joncs pour ouvrir un passage au peuple d'Israël, finie cette époque où Dieu se révélait d'une manière concrète et se manifestait d'une façon visible. Le peuple n'est plus digne de ce genre de théophanie. II faut donc qu'il se contente d'une révélation plus discrète. Ce silence, cependant, ne signifie pas la démission divine. Dieu demeure le maître de l'histoire à qui il imprime sa volonté et son désir, en utilisant les dédales de la voie naturelle. II prévoit le malheur et y remédie avant même que celui-ci ne s'abatte sur le peuple. C'est ainsi qu'Esther est choisie reine pour intervenir et accomplir la volonté divine avant même qu'Haman n'accède à la fonction de ministre du Roi Assuérus et n'obtienne, par son influence, le décret d'extermination du peuple. Pour nous, juifs de la Diaspora, la *Meguillat* d'Esther est devenue le vade-mecum d'Israël. Les miracles éclatants ne sont plus de saison. Tout se passe apparemment sans l'intervention de Dieu mais la providence, invisible derrière la scène, guide les événements. À l'instar de Mardochée et d'Esther, nous devons savoir écouter ce silence, l'interroger et savoir qu'il n'est pas vide mais qu'il contient une plénitude de présence indéfiniment prolongée de paroles du Sinaï. Maïs là ne s'arrête pas la similitude de *Pourim* avec notre époque. Parmi les obligations de cette fête, nos sages ont introduit l'organisation d'un festin au cours de l'après-midi, copieusement arrosé de vins capiteux, au cours duquel chaque juif est tenu de se laisser aller à une joie exubérante qui, pour un moment, doit faire oublier les tribulations des autres jours.

L'antisémitisme à travers les siècles

La célébration de cette fête revêt ainsi un caractère matériel[1] car Haman s'est attaqué à l'homme juif, et visait l'extermination du peuple en tant que peuple. Dans le texte de la *Meguilla*, Haman va donner le coup d'envoi et ouvrir la voie aux antisémites les plus virulents. « II existe – dira-t-il à Assuérus – une nation répandue, disséminée parmi les autres nations, dans toutes les provinces de ton royaume ; ces gens ont des lois qui diffèrent de celles de toute autre

1 Contrairement à la fête de *Hanoucca*, où l'ennemi s'est attaqué aux valeurs spirituelles du judaïsme et à sa Loi. C'est d'ailleurs pour cette raison qu'à *Hanoucca*, la célébration de la fête est différente de celle de *Pourim*. Au lieu de faire un repas de *Hanoucca*, nos sages ont institué l'allumage des lumières.

nation. Quant aux lois du roi, ils ne les observent point. Il n'est donc pas de l'intérêt du roi de les conserver. » Le thème du juif étranger, séparé du reste des humains servira au cours des siècles à tous les rhéteurs antisémites. Dans le sillage de Haman, on brodera toute une littérature où les juifs seront considérés comme un corps étranger, non assimilé et inassimilable, comme une écharde dans la chair de l'humanité. Aux Haman de tous les temps, la fête de *Pourim* est un avertissement solennel. À chaque génération, Dieu envoie des Mardochée et des Esther capables de briser les attaques des antisémites invétérés et de libérer ainsi le monde de leur haine injuste et injustifiée. Cette fête, qui se greffe non seulement sur le présent mais aussi sur l'avenir, doit nous redonner courage et foi et fortifier notre attachement à Dieu, gardien d'Israël, qui ne dort ni ne sommeille.

LE TEMPS D'UNE VIE

LA CIRCONCISION DANS LA TRADITION JUIVE[1]

« Et Dieu dit encore à Abraham : “Et toi tu seras fidèle à mon alliance, toi et ta postérité, tout le cours des générations. Voici l’alliance que vous garderez entre moi et vous et ta descendance à venir : fais circoncire tout mâle[2].” » Ainsi la Torah ordonne à tout juif de circoncire son fils. Cette circoncision, ou « *Brith-Mila* », doit se faire le huitième jour[3]. La cérémonie peut avoir lieu le *Chabbath*, les jours de fêtes ou même à *Yom Kippour*. Cependant, quand la circoncision présente un certain danger, il est interdit de faire courir à l’enfant un risque quelconque et l’on attend aussi longtemps qu’il le faut.

La circoncision est un acte religieux. Elle est – pourrait-on dire – l’acte le plus caractéristique du judaïsme parce qu’elle marque l’individu dans sa chair et lui rappelle sans cesse son appartenance au peuple juif. Elle est le signe de l’Alliance au point de faire dire au roi David : « Même au bain, quoique n’ayant sur moi aucun objet de culte, quoique empêché de penser à ta Sainte Loi, je garde sur moi la marque de l’Alliance[4]. » Rabbi dit : « Si grand est le commandement de la circoncision, qu’il équivaut à tous les commandements de la Torah[5]. »

La circoncision est un acte chirurgical qui consiste à couper l’excroissance (prépuce) qui recouvre l’extrémité de la verge et à retrousser ensuite la peau, en dessous de la coupure, afin de laisser à découvert l’extrémité de ce membre. Le pansement auquel on

---

1 Cet article est paru dans *La Libre Belgique* du 8 janvier 1991.

2 Gen 17, 9-10.

3 Gen 17, 13.

4 *Menahoth* 43b ; Abrabanel, Commentaire sur Gen. 17, 9. À l’époque des Maccabées, certains juifs, apparemment honteux, essayaient de cacher le fait qu’ils étaient circoncis.

5 *Nedarim* 31b.

Drap de circoncision filet sur pointe brodé. Origine inconnue, XVIIIe siècle. Coll. MRAH

procède à la fin de l'opération n'est soumis à aucun règlement spécial mais les circonciseurs mettent à profit une expérience séculaire ainsi que les derniers progrès de la médecine pour réaliser la circoncision avec les meilleures garanties d'hygiène. La médecine admet presque unanimement que le prépuce ne joue aucun rôle physiologique utile. Par contre, il peut causer des infections qui exigent d'en faire l'ablation à ceux qui les ont contractées. Bien que l'on attribue à la circoncision des propriétés sanitaires réelles, celles-ci n'occupent, dans la conscience juive, qu'une place très secondaire et le précepte divin dépasse la portée hygiénique de l'acte.

Valeur spirituelle

De nombreux penseurs juifs, dont Maimonide[1] et Nahmanide[2], ont expliqué que l'un des objectifs de la circoncision était de diminuer la passion sexuelle et d'aider l'homme à élever spirituellement ses instincts. Le judaïsme, qui ne prêche pas l'abstinence, condamne résolument la débauche, le libre cours laissé aux instincts. Ainsi, la fonction sexuelle, au lieu d'être refoulée ou frappée d'interdit, se trouve investie de sainteté.

L'un des exemples les plus poignants est ce texte du Talmud qui dépeint l'aventure de Joseph avec la femme de Putiphar[3]. Adolescent, solitaire, pouvait-il rester indifférent au charme de cette noble maîtresse ? Il s'était décidé – disaient nos sages – à céder à la tentation mais, à la dernière seconde, le jeune homme se reprit et s'enfuit, laissant son habit entre les mains de la femme : c'est le signe de la circoncision qui avait été l'ultime et décisif obstacle. Parmi les différents commentaires qui se rapportent à ce commandement, l'un des plus célèbres est contenu dans le dialogue entre Rabbi Akiva et Turnus Rufus qui était son geôlier[4]. C'était précisément une époque où la puissance romaine voulait interdire la circoncision. Le Romain s'efforçait de démontrer à Rabbi Akiva que les juifs étaient coupables

---

1 Rabbi Moché Ben Maïmon désigné par le sigle RaMBaM. Rabbin, philosophe et décisionnaire, né en Espagne, il vécut surtout en Égypte (1135-1204). Auteur, entre autres, du *Michné Tora* et du *Guide des Égarés* (traduit en français par S. Munk, Paris, 1981).

2 Rabbi Moché Ben Nahman connu sous le sigle de RaMBaN, mort en 1270. Célèbre exégète et cabaliste, ayant vécu en Espagne et en Israël ; auteur d'ouvrages sur la Bible et le Talmud.

3 Gen. 39, 11.

4 *Midrach Tanhouma*, section *Tazria*.

de porter atteinte à l'œuvre de Dieu. « Ce que le Saint-Béni-Soit-il a créé ne dépasse-t-il pas ce que l'homme est capable de faire », argumentait-il. « De quel droit les juifs se permettent-ils de modifier la divine création ? » Le prisonnier juif apporta alors des céréales et une miche de pain. « Le pain ne vaut-il pas mieux que les céréales non comestibles », dit-il. Il appartient aux hommes – expliqua le rabbin – de parfaire l'œuvre de Dieu. C'est bien là leur mission sur terre. « L'enfant, ajouta Rabbi Akiva, est retenu au ventre de sa mère par le cordon ombilical. La mère le coupe pour libérer son enfant. Dieu a voulu qu'il en soit ainsi. Il en est de même pour la circoncision que Dieu a ordonnée. »

Seconde naissance

Ce récit est remarquable parce que nous y trouvons associées la coupure du cordon ombilical et la circoncision. D'une part, la mère va détacher d'elle l'enfant retenu par le cordon ombilical pour qu'il puisse pénétrer en toute autonomie dans le monde. D'autre part, le père, huit jours plus tard, coupe le prépuce de l'enfant comme le fit Abraham sur lui-même. Le père agit de la même façon que la mère, mais, cette fois, pour que l'enfant adhère à la communauté d'Israël. Il est à noter, dans cette perspective, que la circoncision a lieu le huitième jour. Le chiffre 8, traditionnellement, se réfère au dépassement du facteur humain, naturel. Il est de l'ordre de l'idéal, du surnaturel, du divin. C'est bien ce dépassement de l'individu que la circoncision rappelle et stimule. La naissance du corps est terminée avec le septième jour. Le huitième est le jour d'une seconde naissance. Une naissance spirituelle et morale incarnée par l'application des commandements divins.

LE RACHAT DU PREMIER-NÉ OU LE CHOIX ENTRE LE BONHEUR FAMILIAL ET LE BIEN-ÊTRE MATÉRIEL

Le *Pidion Ha Ben* est une pratique qui consiste à racheter à un Cohen[1] le premier enfant, si c'est un garçon. Tout comme les prémices[2] et les premiers-nés des animaux[3] qui devaient être remis aux prêtres[4], les premiers-nés de l'homme appartenaient à Dieu. « Consacre-moi tout premier-né ; toute primogéniture parmi les enfants d'Israël, être humain ou bétail, m'appartient[5]. » C'est ce verset qui a servi de base à nos sages pour instituer le commandement du rachat du premier-né, commandement que l'on accomplit encore aujourd'hui en Israël et en Diaspora. Sont dispensés du rachat des premiers-nés les fils des Cohanim et des Lévites ainsi que ceux des femmes issues des mêmes familles. Il en est de même si la femme a mis au monde un enfant mort-né ou fait une fausse couche. Le fils puîné n'est pas considéré comme le premier-né.

Comment se passe cette cérémonie ?

Quand le garçon a trente et un jours[6], le père invite un Cohen à venir lui rendre la propriété de son fils. En présence de ce Cohen, le père dépose cinq sicles. Dans certaines communautés, on remplace les cinq sicles par un objet d'argenterie. Le père dit au Cohen :

---

1 Cohen : Israélite descendant de la famille du premier prêtre Aharon.

2 Nb. 18, 15-18.

3 Dt. 15, 19-23.

4 Dt. 26, 1-10.

5 Nb. 8,17.

6 La cérémonie est reportée au lendemain si le 31e jour tombe un *Chabbath* ou un jour de fête.

– « Ma femme a mis au monde ce garçon, c'est le premier-né de sa mère et je suis donc tenu de le racheter. »
– « Que préfères-tu ? Ce fils premier-né ou les cinq sicles que tu me dois pour son rachat ? » demande le Cohen.
– « Je préfère garder mon fils premier-né ; voici les cinq sicles pour son rachat. »

Le père récite alors deux bénédictions. La première sur l'accomplissement du *Pidion Ha Ben*, la seconde exprimant sa gratitude envers Dieu. Il donne au Cohen l'argent préparé ou l'objet qui en représente la contre-valeur, et prend son enfant, pendant que le Cohen répète : « Ton fils est racheté, ton fils est racheté, ton fils est racheté. »

Le sens premier

Parlant de ce commandement, l'auteur du *Sefer Ha Hinouch*[1] écrit : « L'Éternel nous a ordonné d'accomplir une *mitsva* avec les prémices des entrailles afin que nous prenions conscience du fait que tout Lui appartient et que l'homme ne possède en ce monde que ce qu'Il nous accorde. L'homme s'en rendra compte en offrant à l'Éternel ces prémices qui sont ses fruits les plus chers et pour lesquels il a œuvré et consacré ses efforts de longue date. Pourtant, aussitôt venus au monde, il s'en désiste et les remet au Créateur. En outre, le commandement relatif aux premiers-nés vise à commémorer le miracle de notre protection lors de la mortalité qui frappa les premiers-nés égyptiens. » Le MaHaRaL[2] développe cependant l'idée que la primogéniture est empreinte d'un caractère de sainteté à l'instar de la sainteté divine qui émane de la source première de l'existence. Cette sainteté n'est pas le résultat d'un effort ou d'un mérite personnel[3]. Aussi les premiers-nés possèdent-ils leur caractère particulier par naissance, caractère qui ne s'attache pourtant qu'aux premiers-nés de la mère et non à ceux du père, car il ne se trouve qu'aux lieux les plus rapprochés de la source de la vie.

---

1 Ouvrage attribué à Rabbi Aharon Halevi (XIVe siècle). Traduit en français sous le titre *Le livre des Commandements* par Robert Samuel (Paris, 1974).

2 Voir note 1 page 155.

3 Shmuel David Luzzato (Italie, 1800-1865). *Messilat Yécharim*, chap. 26.

Les cinq sicles d'argent ou ton fils ?

Par-delà le sens premier que le texte biblique donne à ce commandement, nous sommes en droit de nous demander : « Quelle est la signification de la question posée par le Cohen ? Peut-on imaginer un instant qu'un père ou une mère puissent renoncer à leur premier enfant pour une somme symbolique ? Quel enseignement devrons-nous tirer aujourd'hui d'une cérémonie comme celle-ci ? »

Nous vivons une période où la cellule familiale perd de plus en plus de sa cohésion. Souvent, les parents sont tellement sollicités par leurs activités professionnelles qu'ils relèguent l'éducation de leurs enfants au second plan. Certains d'entre eux ne voient leur père que rarement. Il est constamment en voyage. Il saute d'un avion à l'autre. La mère est souvent prise par ses occupations professionnelles de plus en plus absorbantes. Parfois, certains enfants sont élevés par des femmes de ménage et ne retrouvent leurs parents que le week-end ou les jours de fête. Dans le meilleur des cas, ils sont pris en charge par des grands-parents quand ceux-ci peuvent le faire. Et c'est ainsi que la vie familiale, souvent éclatée, produit des enfants déboussolés. Dans ce contexte familial créé par notre société de consommation et de profit, la question posée par le Cohen au père, lors du *Pidion Ha Ben*, prend toute son ampleur. Que préférez-vous ? Les cinq sicles d'argent ou votre fils ? En d'autres termes, à quoi voulez-vous donner la priorité ? Au développement économique et à la richesse matérielle ou, au contraire, à une éducation heureuse et harmonieuse de vos enfants ? Allez-vous pouvoir sacrifier la course à la richesse pour assurer le bonheur de vos enfants ou, au contraire, allez-vous consacrer toute votre énergie au bien-être matériel ?

Cette question, chacun d'entre nous doit se la poser. Que choisir ? Le bonheur familial ou le bien-être matériel ? Devant le choix proposé par le Cohen qui est le guide spirituel, le père répond : « Je choisis mon enfant. Je donne la priorité au bonheur familial et je ne le sacrifie pas sur l'autel de l'économie. » Vu sous cet angle, ce commandement biblique devient non seulement d'une grande actualité mais surtout un engagement des parents à donner à leurs enfants les soins et l'attention requis. C'est un engagement public des parents qui témoignent, devant la communauté réunie, que l'éducation de leurs enfants ne sera en aucune façon sacrifiée sur l'autel des aspects économiques.

LA BAR MITSVA, UNE AUTRE « CONFIRMATION[1] »

Fils du commandement

La *bar* (fils) ou *bath* (fille) *mitsva* (commandement ou précepte) est le nom donné à la cérémonie d'intégration à la communauté. C'est généralement à treize ans que le garçon juif passe à l'âge de la « responsabilité religieuse ». Il est désormais considéré comme majeur et peut faire partie d'un *minyan*, quorum nécessaire à tout culte collectif qui ne peut avoir lieu qu'en présence de dix hommes juifs. Par ailleurs, la jeune fille juive âgée de douze ans et un jour confirme sa majorité religieuse au cours d'une cérémonie quelque peu différente de celle qui est célébrée pour les garçons. Dans les deux cas cependant, il s'agit d'un engagement à vivre en homme et en femme juifs, membres inaliénables de la communauté et soucieux de respecter les préceptes et les lois d'origine biblique ou rabbinique. La préparation à cet événement se fait au cœur même de la scolarité qui assure la formation de base, complétée par une préparation intensive de la cérémonie durant plus d'une année. Le jour de la cérémonie, c'est la grande fête à la synagogue. Le jeune adolescent porte, pour la première fois, le *Tallith* et les *Tefillin* et est invité à lire un passage de la Torah. Pourquoi juste ces symboles au moment où l'enfant devient partie intégrante de la communauté ? Quel enseignement veut-on que l'enfant, devenu majeur, retienne durant toute sa vie ?

---

1 Cet article est paru dans *La Libre Belgique*, le 1er juin 1991.

Le bleu et le blanc

Le *Tallith* est un châle de prière, blanc, bordé aux quatre angles de franges[1] de laine, ornées de 39 nœuds[2], que les hommes doivent revêtir durant tous les offices religieux. À l'origine, au bout de chaque frange, il devait y avoir sept fils blancs entourés d'un fil d'azur. Or, depuis des siècles, ce fil bleu azur n'est plus ajouté à chaque frange parce que le secret de cette teinture ne nous est plus connu. Cependant, nous restons attachés à ces deux couleurs qui sont imposées par le texte biblique. Pourquoi ces couleurs ? Que symbolisent-elles ? La couleur bleue était la couleur de base que l'on trouvait dans le tabernacle. Elle figurait également sur les habits du Grand Prêtre. Le pectoral que portait le Grand Prêtre était attaché par des anneaux avec un cordon d'azur. La table, le chandelier, l'autel étaient couverts d'une couverture bleue, ainsi qu'il est dit : « Ils étendent par-dessus une étoffe entièrement d'azur[3]. » Par ailleurs, Rabbi Meir se demandait[4] : « En quoi la couleur bleue se distingue-t-elle de toutes les autres ? Cette couleur, dit-il, rappelle la mer. La mer fait penser au firmament et le firmament au trône de la gloire divine. » Le bleu devient dès lors le symbole du spirituel par excellence.

Le blanc, par contre, symbolise selon Pirkey de Rabbi Eliezer[5], l'enveloppe matérielle de l'homme, la partie visible et incarnée. Dans le *Tallith*, le fil bleu d'azur devait entourer les fils blancs pour signifier que, dans notre existence, nous devons toujours faire dominer le spirituel sur le matériel. Le bleu sur le blanc rappelle donc la victoire de l'esprit sur le corps. Mais faire triompher l'esprit sur le corps ne signifie pas pour nous de négliger le côté matériel. Le matériel est le support du spirituel. C'est l'harmonie des deux qui devient le modèle idéal.

Les rabbins ne se sont pas limités à cette interprétation. Ils ont donné à ces deux couleurs une autre signification. Le blanc représente le sentiment d'amour. Le bleu par contre symbolise la justice et la

---

1 *Tsisith.*

2 Le Tétragramme, les quatre lettres désignant le nom divin, a comme valeur numérique 26 et le mot « *Ehad* » (un) a comme valeur numérique 13. Le tout forme la somme de 39.

3 Nb. 4, 6.

4 *Sota* 17a ; *Berachoth* I, 2.

5 *Midrach* composé dans les premières décennies du IXe siècle par un auteur anonyme qui l'attribua lui-même à Rabbi Eliezer Ben Hyrkanos qui vécut à la fin du premier siècle. Les érudits divergent quant à son lieu d'origine : Israël ou Babylonie.

Le *Bar Mitsva* en prière

rigueur[1]. Dans le *Tallith*, le bleu et le blanc doivent être réunis pour signifier que notre existence doit toujours conjuguer harmonieusement la justice et l'amour avec une prédominance pour l'amour d'autrui qui est la base de notre foi. Ces deux couleurs viennent donc nous rappeler l'harmonie qui doit guider notre vie : harmonie entre le matériel et le spirituel ; harmonie entre l'amour et la justice.

1 Il est écrit dans le Talmud : « L'homme qui voit en rêve la couleur blanche, c'est un heureux présage. Par contre, le bleu est de mauvaise augure car il symbolise la rigueur et la justice. »

La pensée et l'action

Le jour de son treizième anniversaire, l'adolescent porte aussi les *Tefillin* ou phylactères, ces petits boîtiers de cuir noir contenant quatre passages du Pentateuque[1]. Ils nous rappellent l'unité de Dieu, l'acceptation du joug divin, le souvenir de la sortie d'Égypte et la Providence de Dieu et ses bienfaits. Les phylactères sont traversés par des lanières qui permettent de les fixer sur le front et sur le bras gauche et ce pour symboliser les liens qui unissent le croyant à Dieu, aux valeurs juives, à l'histoire du peuple d'Israël et à une certaine conception du monde. Ces phylactères ne sont pas des amulettes, comme pourrait le faire croire la racine grecque, mais des aide-mémoire qui rappellent que la tête est symbole de réflexion, de pensée et de méditation, tandis que le bras est celui de l'action. Invitation donc à mettre, dès le matin, notre intelligence et toutes nos forces au service de Dieu. Le symbole va plus loin car, si le phylactère de la tête est bien visible et que celui du bras reste caché, c'est que les actes doivent s'accomplir dans l'humilité et la discrétion, tout en faisant rayonner au grand jour l'idée qui les inspire. En d'autres termes, nous ne devons jamais cacher nos opinions mais au contraire les exposer avec courage et fierté, quoique sans arrogance.

L'unité dans la pluralité

Y a-t-il cependant une différence entre les *Tefillin* de la tête et ceux du bras ? Le boîtier contenant les *Tefillin* de la tête est divisé en quatre compartiments. À l'intérieur de chaque compartiment nous insérons un petit parchemin comprenant un des quatre textes bibliques. Par contre, le boîtier contenant les *Tefillin* du bras est non compartimenté. Il ne comprend qu'une seule section dans laquelle nous déposons un parchemin comprenant les quatre textes bibliques. Pourquoi cette différence entre les deux boîtiers des *Tefillin* ? Pourquoi l'un est-il divisé en quatre compartiments alors que l'autre est non compartimenté ? Les *Tefillin* de la tête, siège de l'intelligence, nous invitent à la réflexion. Ils viennent nous enseigner qu'au niveau de la pensée, le judaïsme accepte la pluralité. Il exige de chacun d'entre nous de respecter l'autre dans sa façon de voir les choses, dans sa façon de croire, dans sa manière de vivre son judaïsme. Chaque matin,

1 Ex 13, 1-10 et 11-16, Dt. 6, 3-9 et 11, 13-21.

lorsque nous posons les *Tefillin* sur notre tête, nous devons être imprégnés de l'idée de respect et de tolérance. La pluralité d'idées est le message véhiculé par les *Tefillin* de la tête, divisés en compartiment à l'instar de notre peuple qui pourrait être composé de plusieurs groupes. Les *Tefillin* du bras, symbole de l'action, nous rappellent que, malgré la diversité de nos points de vue, nous devons tous avoir la même action. C'est bien pour cette raison, que le boîtier est non compartimenté et ne contient qu'un seul parchemin. L'unité dans la pluralité. Le respect de l'autre dans son identité. L'acceptation de l'autre tel qu'il est et non point tel qu'on voudrait qu'il soit : tels sont les enseignements véhiculés par les *Tefillin* que nous devons porter tous les matins, sauf le samedi et les jours de fête.

La lecture de la Torah

C'est en ce jour que pour la première fois de sa vie, l'adolescent est appelé à lire un extrait de la Torah. Devant les rouleaux de la Loi, le jeune *bar-mitsva* prend l'engagement solennel de rester fidèle à la tradition de ses pères. Ce qu'accomplit aussi la jeune fille au cours d'une cérémonie similaire, à l'exception de la lecture publique de la Torah, strictement réservée aux hommes. Et comme partout, après la fête, c'est le retour à la maison, la réception joyeuse, égayée par des chants populaires, la présentation des vœux de bonheur… et la pluie de cadeaux.

LE MARIAGE DANS LA TRADITION JUIVE[1]

Il est incontestable que, dans l'ordre de la création, l'espèce humaine occupe une place privilégiée. Toutes les autres créatures lui sont subordonnées quelle que soit leur importance. C'est en vue du perfectionnement de l'homme qu'a été organisé l'univers dans tous ses détails. Cependant, Dieu lui-même reconnut que son chef-d'œuvre ne serait parfait que grâce à la création de la femme, grâce à son union à l'épouse, chair de sa chair et âme de son âme. L'homme n'est considéré comme pleinement complet que lorsqu'il est uni à la femme comme il est dit : « Il les créa mâle et femelle, les bénit et les appela du nom d'homme[2]. » C'est alors que l'homme abandonne son père et sa mère et s'unit à sa femme pour devenir ensemble une seule chair. Se marier et élever une famille est une prescription divine, la première que Dieu ait adressée à l'homme. C'est par le mariage que l'homme devient à l'image de Dieu, s'associant avec lui dans la création et la perpétuation de la race humaine sur terre. C'est pour cette raison que l'équivalent en hébreu du mot mariage est *kiddouchin*, qui signifie : sanctification par excellence. Le mariage n'est donc pas considéré comme une concession, mais comme un idéal.

Croissez et multipliez !

L'Éternel dit en effet : « Croissez et multipliez-vous ! Remplissez la terre et soumettez-la[3]. » Isaïe, reprend la même idée : « La terre a été

---

1 Ce texte a été publié dans les Actes du XIIIe Colloque international de Sexologie tenu au Centre international Cardinal Suenens (Louvain), les 21, 22 et 23 mai 1971.

2 Gen. 5, 2.

3 Gen. 1, 28.

Les mariés couverts du châle de prière

créée non pour demeurer déserte mais pour être habitée[1]. » Un des buts fondamentaux du mariage est donc de peupler le monde et continuer l'œuvre commencée par Dieu. Voilà pourquoi le *Choulhan 'Arouch* commence par ces mots le chapitre traitant du mariage : « Chaque juif est obligé de se marier. L'homme qui refuse de se marier minimise l'image de Dieu et agit comme s'il voulait voir la présence divine s'éloigner d'Israël. » Il importe à tel point de prendre femme que chacun est autorisé à vendre un rouleau de la Torah pour se marier. La seule autre raison pour une pareille vente est la nécessité de se procurer les moyens de poursuivre ses études.

Le mariage doit être fait par amour[2]. Nos sages insistent beaucoup sur ce point. Ils déclarent : « L'homme qui contracte un mariage sans

1 Is. 45, 18.
2 *Yebamot* 62b.

amour profond est maudit.» En effet, la seule force capable de mettre en œuvre une action qui exige tant de sacrifices, tant d'efforts généreux et de dévouement, est celle de l'amour. L'amour devient le puissant levier de l'action, la force irrésistible capable de réaliser l'union fraternelle entre deux êtres. Seul l'amour peut porter le facteur masculin fécondant et productif, source de l'énergie, à combler le facteur féminin passif et réceptif, agent de la forme, à se prêter à l'action du facteur masculin, à la désirer et à la stimuler. C'est dans cet accord intime que leur étreinte fait germer le fruit le plus parfait : l'enfant. Nos sages déclarent d'ailleurs en termes clairs : lorsque mari et femme sont tous deux méritants, la présence divine habite avec eux. Dans le cas contraire, Dieu retire Son nom et ils deviennent l'un pour l'autre un feu dévorant[1]. Ceci repose sur le fait que les mots hébreux *Ich* et *Icha* désignant l'homme et la femme forment des anagrammes avec ceux qui signifient Dieu (*Yah*) et feu (*Ech*). Voilà pourquoi la violation de la loi du mariage est inscrite dans le Décalogue entre : « Tu ne tueras point[2] » et « Tu ne déroberas point[3] ». Car celui qui transgresse cette loi du bonheur familial ruine la prospérité, la paix et la concorde.

« Il n'est pas bon que l'homme soit seul, je lui ferai une aide digne de lui »

Ève, dans la Genèse, n'apparaît dans sa signification première ni sous le signe de la fécondité, ni dans un rapport de soumission. Dans son essence, elle apparaît comme une interlocutrice. Ceci se trouve vérifié de façon de plus en plus rigoureuse à mesure que l'on creuse le texte et le jeu des racines hébraïques. Le texte utilise quatre termes différents pour parler de cette nouvelle créature. Il emploie en premier lieu *Icha*[4], ensuite *ezer kenegdo*[5] puis *nekeva*[6] enfin vient le nom *Havva*. L'étude de ces quatre termes nous permet de trouver un dénominateur commun.

Quand Adam dit à la vue de sa femme « Celle-ci est, cette fois, un membre de mes membres et chair de ma chair. Elle sera nommée

1 *Sota* 17a.
2 Ex. 20, 13.
3 *Ibid.*
4 Gen. 2, 23.
5 Gen. 2, 21-23.
6 Gen. 1, 27 ; Gen. 5, 2.

Icha parce qu'elle a été prise de *Ich*[1] », il exprime par là la différence fondamentale entre le rôle de la compagne chez l'homme et chez l'animal. Tous les animaux, certes, ont été créés par couple, mâle et femelle, mais le lien entre le couple n'est qu'accidentel et n'a pour but que de contribuer à la reproduction de l'espèce. La femme, elle, est différente. Elle est véritablement un membre extrait de l'homme. C'est pourquoi elle a été appelée *Icha* car elle a été prise de *Ich ezer kenegdo* : expression difficilement traduisible. Après avoir noté que la racine *ngd* signifie : « devant, en face, après », mais aussi « contre, envers, opposé », que la déclinaison du possessif *ngdo* signifie « son *ngd* », nous pouvons proposer comme traduction : « Une aide qui soit comme sa contrepartie » ou mieux encore « comme son face-à-face ». Ainsi, dans ce face-à-face est impliquée l'essence active du dialogue[2] qui est à dévoiler, à conquérir et ses pièges naturels que sont la lutte et l'affrontement. D'ailleurs, le mot *nekeva* qui signifie « féminin » a la même racine que le verbe *nakov*[3] qui désigne en même temps « perforer, trouer » et « celui qui nomme. » Enfin le nom *Havva*[4] a la même racine que le verbe *haveh*[5] qui signifie « dire », « raconter », « communiquer ». Ève est donc l'interlocutrice et le témoin de l'homme. Elle est sa contrepartie qui le tire de son esseulement et lui permet de trouver son équilibre physique et mental. Elle remplit son monde et lui évite de tomber dans le gouffre de la solitude qui affole l'homme et est, pour lui, signe de désespoir.

Vue sommaire des rites du mariage juif

La ketouba (acte de mariage religieux)

La *ketouba* est l'acte de mariage religieux qui renferme les conditions et stipulations faites par le mari à la femme, y compris le système successoral ainsi que le montant total auquel la femme a droit par ce contrat en cas de dissolution du mariage. L'homme s'engage en outre à fournir à sa femme le vêtement, la nourriture et le plaisir physique. C'est en vertu de ce droit que, au cas où la profession du mari exige des séjours

---

1 Gen. 2, 23.

2 En tant que racine du verbe « *lehaggid* » à la forme causale du *hif'il*, le mot *ngd* signifie : dire, parler, répondre.

3 Gen. 30, 28 ; Lév. 24, 11 ; Lév. 24, 16 ; Is. 62, 2.

4 Gen. 3, 20.

5 Job 15, 17 ; Job 32, 6, 10, 17 ; Ps. 19, 3.

prolongés hors du foyer, le conjoint est tenu à une présence minimale chez lui. Par ailleurs, il ne peut changer de travail pour un autre, qui l'éloignerait davantage encore, qu'avec l'accord de sa femme. Le texte de la *ketouba* est souvent agrémenté de détails calligraphiques et de dessins en couleur. Certaines *ketouboth* sont de véritables œuvres d'art.

L'anneau

Au moment de la cérémonie, le prétendant offre à la fiancée un objet de valeur. Cet objet revêt traditionnellement la forme d'un anneau. La bague doit être en métal précieux. Elle est glissée sur l'index de la main droite de la mariée pour indiquer que l'alliance est offerte non comme un ornement (dans ce cas, on la met sur l'annulaire) mais comme un don légal. Par cet acte, l'homme déclare cette femme mise à part, différenciée par lui entre toutes les femmes. Un anneau représente ce qui est différencié, délimité, personnalisé comme l'intérieur de l'anneau.

Les premières bénédictions

Deux bénédictions précèdent le mariage. La première est récitée sur un verre de vin, boisson utilisée dans toutes les célébrations. Ainsi, un breuvage qui peut pousser à l'excès se trouve sanctifié. La deuxième bénédiction rend grâce à Dieu d'avoir donné des lois sur le mariage.

Les sept bénédictions

Le marié et la mariée sont réunis sous le même *Tallith*. L'officiant prend en main la seconde coupe de vin et récite les sept bénédictions. Deux des sept bénédictions que le couple entend sous le dais nuptial rappellent la création du monde et du premier homme : « Sois loué, Éternel, notre Dieu, Maître de l'Univers, qui a tout créé pour Sa gloire. » « Sois loué, Éternel, notre Dieu, Maître de l'Univers, qui a créé l'homme à Son image et à Sa ressemblance. » Les deux dernières bénédictions se rapportent à la joie que Dieu donne aux membres du couple qui vient d'être fondé. En effet, la sixième bénédiction que nous lisons sous le dais nuptial se termine par les mots « *mésammeah Hatan vé Kalla* » (« qui fait réjouir le marié *et* la mariée »). La septième bénédiction, quant à elle, se termine par les mots « *messameah Hatan im Ha Kallah* » (« qui fait réjouir le *Hatan avec* la *Kalla* ».) Pour ceux qui ne sont pas habitués aux sources hébraïques, cette différence qui existe entre ces deux bénédictions ne présente aucun intérêt. Faire réjouir le *Hatan et* la *Kalla* ou faire réjouir le *Hatan avec* la *Kalla* ne change pas grand-chose au sens global des bénédictions. Pourquoi dès lors cette différence et pourquoi alors deux bénédictions ? Une seule n'aurait-elle pas suffi ? Ne savons-nous pas qu'il est interdit de faire des bénédictions inutilement ? En fait, il existe une différence fondamentale entre *vé* qui signifie « et » et *im* qui signifie « avec ». La conjonction de coordination « et » coordonne deux éléments ou deux êtres différents qui se trouvent associés de façon accidentelle. Reuben et Shim'on se trouvent dans un avion. Ce voyage les a associés pendant un laps de temps. La préposition « avec » signifie qu'entre les deux personnes, ou les deux éléments groupés, il y a une relation étroite. Ils sont unis de façon très puissante. C'est le MalBiM[1] qui explique[2] que la préposition « avec » unit deux êtres de façon indissociable.

Dans la sixième bénédiction qui s'achève par la phrase « [...] qui fait réjouir le *Hatan* **et** la *Kalla* », nous demandons à Dieu de faire réjouir chaque membre du couple dans ce qu'il entreprend séparément. Nous prions Dieu de faire réussir l'œuvre du marié et de la mariée, chacun pris individuellement, dans la vie professionnelle qui lui est propre. La septième bénédiction parle de l'amour, de la fraternité, de la paix, de la compréhension mutuelle. Il s'agit, en fait, de la vie du couple, prise comme un ensemble. Dans ce cas, nous ne parlons plus de « *Hatan vé Kalla* » (« *Hatan* **et** *Kalla* ») mais de « *Hatan im Ha Kalla* » (« *Hatan* **avec** la *Kalla* »). Nous formulons ainsi le vœu que la relation établie au sein du couple soit une relation qui les unisse fortement et qui fasse couronner les efforts du couple pris dans son ensemble.

Le bris du verre

Pour montrer qu'aucune joie en Israël n'est complète tant que le Temple n'est pas reconstruit, un verre est brisé à l'occasion du mariage.

La houppa

Le dais représente symboliquement la chambre nuptiale. Il sert également de modèle au foyer qui sera construit. Il montre que, si le bonheur doit y régner, il ne sera pas déterminé par des facteurs

---

1 Meit Leivouch ben Yehiel Michal, rabbin et exégète né en Pologne en 1809 et mort à Kiev le 18 septembre 1879. Son commentaire biblique fait aujourd'hui autorité.

2 *Pessahim* 67a ; *Berachoth* 12b.

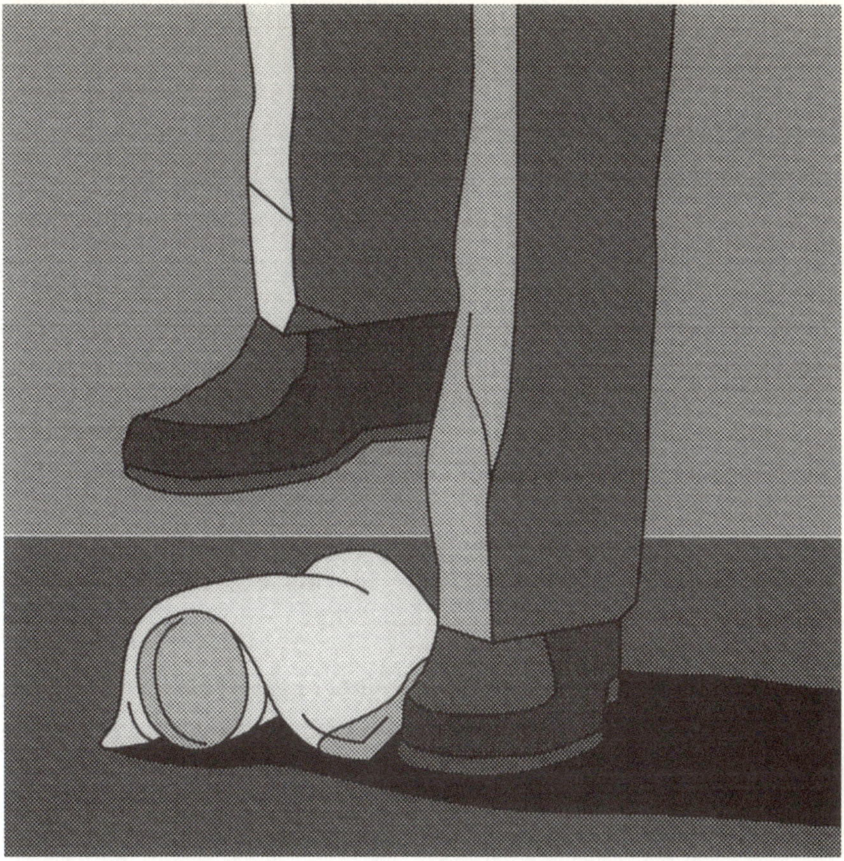

Bris du verre en souvenir de la destruction du Temple de Jérusalem

matériels, mais par l'esprit de joie et d'harmonie. Nombre de communautés orthodoxes érigent la *houppa* en plein air. Ce faisant, elles se basent sur des prescriptions du code des lois juives qui stipule : « Le dais doit être fait sous le ciel ouvert comme symbole de bonne chance. »

Le mariage, dans la tradition juive, a un double objectif : la sanctification de deux êtres pour les buts les plus sacrés de la vie, la procréation et l'éducation des enfants et, d'autre part, la communauté, où la femme devient le complément physique, moral et social que la nature de l'homme réclame. Voilà pourquoi les prophètes, pour peindre l'amour divin vis-à-vis d'Israël, ne trouvèrent pas de plus pure et de plus radieuse image que l'amour conjugal.

■

Se marier : c'est apprécier la manière du conjoint d'être unique

Isaac et Rébecca

Le récit du mariage d'Isaac et de Rébecca est devenu dans la tradition juive le symbole de l'union juive réussie. L'histoire de ce mariage est une idylle, un conte presque, avec des messagers, des signes spéciaux et des paroles magiques. Des présents en or, un prince et une princesse destinés l'un à l'autre dès leur naissance. Parlant de cette union, la Torah nous raconte[1] qu'Éliezer, serviteur d'Abraham, chargé par son maître de trouver une femme pour Isaac hésite et ne sait quoi faire. Quelle est la vertu cardinale que doit remplir la jeune fille pour être digne de l'enfant de la promesse ? Alors qu'il réfléchissait, Rébecca apparut.
– « Fais-moi boire un peu d'eau de ta cruche », lui demanda-t-il.
– « Bois, Seigneur ! », répondit-elle. Et vite, elle fit descendre sa cruche jusqu'à sa main et elle lui donna à boire ainsi qu'à ses chameaux.

Le choix par Éliezer de l'hospitalité envers l'étranger comme critère de reconnaissance ne présume pas tant du rang social de la personne que de cette disponibilité à entendre la demande du prochain. Ainsi, Rébecca ne sera choisie qu'en vertu de cette responsabilité envers le premier venu, ce n'importe qui assoiffé, cet inconnu sans pouvoir. Son élection ne se fera pas en fonction de son éventuelle piété, mais de ce geste d'ouverture vers cet autre. Plus urgent, incomparablement plus essentiel que toute autre vertu est le geste d'apaiser la soif, de nourrir, de vêtir et d'abriter.

Le puits

Cette scène de reconnaissance, sa douceur, sa gravité se lie à la présence de l'eau. Elle se passe au bord d'un puits. « C'était vers le soir, au temps où les femmes viennent puiser l'eau[2]. » Le puits se retrouve à divers temps forts de l'histoire biblique. C'est autour d'un puits que se décident les mariages de Jacob, de Moïse. Rachel rencontre Jacob pendant qu'elle abreuvait son troupeau. Plus tard,

---

1 Gen. 24.
2 Gen. 24, 11.

fuyant l'Égypte, Moïse arrivera au puits de Madian où il rencontrera sa future épouse, la bergère Tsipora. L'eau, élément de douceur, symbolise les forces pacifiques possédant le pouvoir de désaltérer, de rafraîchir, de tempérer la rigueur de la nature. Elle est aussi le symbole de la pureté et le signe de la fécondité. Cela doit servir d'indication. Le judaïsme dépend d'une double vocation : d'une part, le don de soi, et d'autre part de la capacité de recevoir ce qui vient d'un autre sans pour cela le réduire à une possession nouvelle. Le don de soi, dans le respect absolu de la personnalité de l'autre, est l'exigence fondamentale demandée par le judaïsme au nouveau couple. Elle est la clé et la condition du bonheur. Nous ne devons pas l'oublier. Tout amour humain est marqué par la volonté de s'approprier quelque chose. Lorsqu'un enfant naît, il a les poings fermés. Tout amour qui naît entre un homme et une femme comporte cette volonté de prendre. Mais, rapidement, le poing fermé doit se transformer en main offerte. Et c'est cette main offerte qui procure la joie et le bonheur. Ainsi doivent être les rapports entre mari et femme : tous deux ne doivent former qu'une seule unité. Cette valeur doit être accompagnée d'une autre valeur, non moins importante, le *kavod* (le respect mutuel). Il est impératif d'avoir de la considération l'un pour l'autre et d'apprécier l'indépendance de l'autre, sa manière à lui d'être unique.

Le Nom de Dieu

Une anecdote illustre bien cette idée. Un enfant avait appris à lire l'hébreu et, une fois l'apprentissage terminé, son maître se proposa de lui enseigner la Torah à travers les textes. Et voici qu'il tomba sur le nom de Dieu écrit avec, en hébreu, deux *youd* juxtaposés[1]. L'enfant, quelque peu intrigué, accepta les explications de son maître. Mais, à la fin du verset, il tomba sur deux points l'un en dessous de l'autre signalant la fin du verset. L'enfant, fort de l'enseignement qui lui avait été prodigué pensa qu'il s'agissait, à nouveau, du nom de Dieu. Et le maître de lui répondre : « Mon enfant ! Sache que lorsque les deux *youd* sont juxtaposés à la même hauteur, c'est le signe de la présence divine. Par contre, lorsque les deux points se trouvent l'un en dessous de

1 Au lieu d'écrire le Nom de Dieu en toutes lettres, on écrit parfois deux *youd* juxtaposés.

l'autre, ils signifient la fin du verset.» Ce récit apparemment anodin recèle en lui un enseignement fondamental. Pour le couple, c'est un peu la même chose. Deux *youd* juxtaposés à la même distance, signifient la juxtaposition de deux identités basées sur le respect, l'égalité et l'unité. Par contre, si l'on fait du mariage un compétition ou une rivalité, si l'un des conjoints veut supplanter l'autre sans tenir compte de sa personnalité, cette union risque de devenir la fin du verset. Le respect doit être une valeur absolue, c'est-à-dire indépendante de tout ce qui peut la réduire, la relativiser et la particulariser. Elle doit être universelle, valable pour tous, en tout temps et en tout lieu. Elle doit être gratuite, totale et déboucher sur l'accueil chaleureux de l'autre. Nous comprenons, dès lors, pourquoi le mariage se dit en hébreu *nissouin* mot qui signifie «porter, s'élever». Ce serait porter ensemble la charge qui est la construction quotidienne du foyer aussi bien dans sa dimension matérielle que spirituelle.

LA TORAH, LA VIE, LA MORT ET LE MONDE À VENIR[1]

Qu'enseigne la Torah au sujet de la mort ?

La tradition juive n'a jamais exalté la mort. Il n'y a pas, chez nous, de littérature de la mort, contrairement aux civilisations anciennes. La mort apparaît cependant comme un absolu, tout comme la vie. Dans la Genèse, Dieu informe l'homme qu'il retournera à la terre d'où il a été pris[2]. La mort est le parfait symbole de toute négation et de toute impureté. Toutefois, dans le judaïsme, la mort est considérée comme un phénomène aussi naturel que la création. À ce sujet, Rabbi Meir fait remarquer : « Il était donc très bon que la mort existe », suggérant par là que la mort fait partie intégrante de l'ordre naturel. Selon le *Midrach*[3], lorsque Dieu déclara le monde qu'il avait créé « très bon », il se référait à la mort. Dieu aurait donc créé la mort comme une partie positive et nécessaire de l'univers. « La mort était un bien (*tov maveth*)[4]. » Maimonide interprète ce dicton de Rabbi Meir « et la mort est un bien » comme suit : la mort fait partie de l'existence, et l'existence est un bien. Il n' y a pas de naissance sans la mort. « La sagesse divine, écrit Maimonide, a voulu que la naissance n'eût lieu que par suite de la mort ; et sans la mort individuelle, il n' y aurait pas de naissance. »[5] La mort prépare la voie à une vie nouvelle. En effet, dans la *Michna*[6], les rabbins établissent une sorte de parallèle entre

---

1 Ce texte est paru dans *La Libre Belgique*, le 17 août 1993. Nous avons gardé cet article et le suivant sous forme de questions-réponses pour rester fidèle à la présentation originale. Nous avons cependant approfondi les réponses.

2 Gen. 3, 19.

3 Gen. Rabba 9, 5.

4 *Le Guide des égarés*, trad. É. Munk, Paris, 1856-1866, III, 10, p. 64.

5 *Ibidem*, 12, p. 71.

6 *Traité des Pères.*

la vie et la mort : « Une heure en ce monde est plus belle que le monde à venir. Et une heure dans le monde futur est plus admirable que l'univers d'ici-bas. »

Quelle interprétation donne-t-on de cette maxime ?
Le monde présent est celui de l'action. Sur terre, nous pouvons tout entreprendre. Tout est possible. La faute peut être rachetée et les dégâts réparés. En une heure, nous avons la possibilité d'accomplir des choses extraordinaires qui pourraient nous permettre de bénéficier du monde à venir. Par contre, dès que la mort a accompli son œuvre, il n'y a plus d'initiatives possibles. Tout est terminé. Mais accéder à la source divine, être en présence de Dieu et jouir de Sa béatitude ne peut, en rien, être comparé avec tout ce que nous connaissons ici-bas. Une heure dans le monde à venir n'a pas d'équivalent avec toute la vie d'ici-bas.

L'accident de la mort

Dans la lecture juive de la Bible, la mort est-elle naturelle ?
Dans la Bible, tout est axé sur la vie. Le texte biblique nous enseigne qu'à l'origine la mort n'existait pas. L'homme devait vivre éternellement. C'est la faute d'Adam qui a inscrit la mort dans la nature de l'homme. Nous devons, dès lors, l'accepter sans révolte. C'est pourquoi lors d'un décès, la personne en deuil récite la prière « Béni soit le juge de vérité ! » pour exprimer sa soumission au verdict divin. On pleure un mort. Abraham le fait avec dignité à la mort de Sara sa femme[1]. David avec véhémence quand il perd son fils Avchalom qui a pourtant pris les armes contre lui[2].

Quelles conséquences pratiques en tirez-vous pour résoudre les problèmes éthiques contemporains ?
Tout doit être raisonnablement entrepris pour que l'homme puisse vivre. Supprimer ne serait-ce qu'une seule vie équivaut à supprimer l'univers tout entier et, inversement, sauver une seule vie équivaut à sauver l'univers tout entier. Par contre, rien ne doit être fait pour

---

1 Gen. 23, 2.

2 « Alors le roi frémit. Il monta dans la chambre au-dessus de la porte et il se mit à pleurer. Il disait en marchant : "Mon fils Avchalom, mon fils, mon fils Avchalom, que ne suis-je mort moi-même à ta place ! Avchalom, mon fils, mon fils." » (II Sam. 19, 1)

prolonger la vie. Il faut laisser l'homme mourant s'éteindre comme une bougie. Donc, pas de mort provoquée, ni d'acharnement thérapeutique.

L'avortement

Que dit la tradition juive de l'avortement dans des cas extrêmes, tel celui du viol ?
Pratiquer l'avortement, c'est priver un être humain de sa vie. C'est aussi un grand échec. Mais il y a des circonstances exceptionnelles qui exigent une solution exceptionnelle. C'est ainsi que le grand théologien, philosophe et médecin Maimonide considère que le fœtus est un agresseur quand il met en danger la vie de la mère, tant sur le plan physique que psychique. Il s'agit certes d'un agresseur innocent mais qui n'en est pas moins agresseur. On peut donc invoquer le cas de légitime défense. Des principes qui peuvent intervenir dans les problèmes concernant l'avortement thérapeutique.

Mais qui peut prendre une telle responsabilité ?
Chaque cas est un cas particulier et doit être étudié et résolu de manière spécifique. Quant à la décision, elle doit émaner d'un collège de rabbins compétents, éclairés par un avis médical autorisé.

La vie éternelle

Comment le judaïsme envisage-t-il la vie éternelle ?
Tout être humain est doté d'une âme immortelle. Le « souffle de Dieu », une parcelle divine qui doit un jour revenir à sa source, à son origine. Toute âme aspire à atteindre cet objectif. Y parvenir, c'est accéder au monde à venir.

Le péché n'est-il pas un obstacle ?
L'âme est évidemment « souillée » par les fautes que l'homme commet durant sa vie. Elle doit donc être « décrassée » avant de parvenir au but ultime. D'où un temps nécessaire de purification. L'âme quitte le corps lors de la mort, mais elle demeure en relation avec celui-ci pendant les douze premiers mois, allant et venant

jusqu'à la décomposition corporelle.La mort est le lot de tous les hommes, qu'ils soient pieux, sages ou grands pécheurs. Les rabbins en concluent que l'accès au monde céleste est réservé à ceux dont la vie est conforme avec la Loi.

La loi qui sauve

Mais quelle Loi ?
Tout juif qui a demandé le pardon de ses fautes, au moins à la fin de sa vie, est absout de ses péchés, car la main de Dieu est toujours tendue, ouverte pour qui se repent. Mais, dans tout péché, l'homme engage sa responsabilité. Il doit donc purger les fautes commises durant un certain temps qui, selon l'enseignement des rabbins, n'excède pas onze mois.

Quel est, dans cette perspective, l'avenir éternel des non-juifs ?
Tout homme, quelle que soit son ethnie, sa religion, sa croyance, est assuré du salut éternel du moment qu'il observe les sept commandements de l'Alliance de Noé qui constituent les principes fondamentaux de la vie en société, tel que respecter la vie et le bien d'autrui, etc. Qui se réfère à cette « loi naturelle » est considéré comme un « juste des nations ». C'est d'ailleurs la raison pour laquelle le judaïsme ne prêche pas le prosélytisme et ne cherche pas à convertir car, en dehors du judaïsme, il y a aussi le salut.

■

La mort, le deuil et les rites funéraires[1]

En quittant cette vie, le juif croyant « part à la rencontre de Dieu. » Un jour de joie qui n'empêche sans doute pas le deuil ?
En effet. Le deuil est assez strict dans la tradition juive. Les rites du deuil sont précisés dans le livre de Samuel[2]. « Déchirez vos vêtements, ceignez-vous de sacs et célébrez le deuil. » Il s'agit d'un deuil dégressif qui comprend trois étapes : la *chiv'a* (les sept premiers jours), les *chlochim* (trente jours après le décès) puis l'année qui, pour le deuil, ne compte que onze mois.

---

1 Paru dans *La Libre Belgique*, le 8 septembre 1993.
2 II Samuel 3, 31.

Quel est le but poursuivi par les pratiques de deuil ?
Vivre dans le respect du défunt et, pour cela, écarter les personnes qui sont dans la peine de toute mondanité communautaire, sociale ou individuelle. Il s'agit, en réalité, des sept proches parents, à savoir : le père et la mère, le fils et la fille, le frère et la sœur, l'époux ou l'épouse.

Un deuil très exigeant

Comment s'exprime et se vit le deuil dégressif ?
Le deuil des sept jours, selon Maimonide, est ancien et traditionnel : il remonte aux Patriarches. Durant les premiers jours, le deuil est total et exigeant. Les hommes qui sont en deuil ne se rasent pas. Ils ne travaillent pas non plus. Ils sont généralement assis sur des chaises basses, et s'abstiennent de toute nourriture carnée. Dans la chambre mortuaire, durant les sept premiers jours, on allume des bougies ou des veilleuses à l'huile. La semaine écoulée, chacun peut vaquer à ses occupations et l'on reprend le travail. En ce qui concerne le deuil de trente jours, Maimonide écrit[1] : « C'est un décret rabbinique que l'endeuillé observe quelques lois de deuil pendant les trente jours. D'où les sages ont-ils pris trente jours ? Car il est écrit : "Elle pleurera son père et sa mère un mois entier[2]." C'est pour cela que l'endeuillé se lamente tous les trente jours. » Enfin, durant toute l'année, on est invité à une certaine retenue en s'abstenant par exemple de participer à des fêtes et dîners mondains.

Il y a sans doute, sous-jacente, une pédagogie du deuil ?
Dans nos sociétés modernes, on essaie par tous les moyens d'occulter la mort. On évite d'en parler. Et bien souvent les funérailles sont suivies de ripailles. C'est une manière de fuir la douleur et la tristesse qui accompagnent la séparation de l'être cher. Mais refouler toute cette détresse ne sert à rien puisque, quelques temps après, toute cette tristesse ressortira sous forme de dépression. Le deuil dégressif, au contraire, permet à la fois une libération progressive des souffrances et une réinsertion graduelle dans la vie sociale. Une excellente méthode pour vivre et assumer son deuil.

---

1 *Michné Torah*, Hilchot Evel, chap. 6, *Halacha* 1.
2 Dt. 21, 13.

Pierre tombale juive du XIIIe siècle. Stèle de Dame Rébecca.
Collection des Musées royaux d'Art et d'Histoire

Le corps veille

Quel est le rôle de la « société des derniers devoirs » ?

Chaque communauté juive compte une de ces « congrégations saintes ». Les confréries saintes comptent généralement dix-huit membres car, en hébreu, le chiffre dix-huit correspond au mot *haï*, qui signifie « vivant ». C'est un honneur de faire partie d'une telle confrérie dont on recrute les membres parmi les plus riches et les plus érudits de la communauté. Les femmes participent également aux activités mortuaires et rendent les derniers devoirs aux femmes décédées. Les membres de ces congrégations se relaient pour assister l'agonisant dans ses derniers moments, l'inviter à se repentir et à se confesser. Ils se chargent aussi de constater la mort. Les yeux seront ensuite fermés lentement par le fils aîné ou le plus proche parent. Une bougie allumée est également placée à côté de la tête du défunt pour symboliser l'immortalité de l'âme. Il est d'usage également de retourner les miroirs contre les murs ou de les recouvrir d'une étoffe. Comme le corps d'un mort ne doit jamais être laissé seul, il est veillé sans cesse tandis que les membres de la « société des derniers devoirs » récitent des psaumes, lisent des textes bibliques et rabbiniques qui traitent notamment de la maladie et de la mort.

Comment se déroule la célébration de l'enterrement ?
Dans le judaïsme, l'enterrement des morts est un commandement religieux qui doit primer même sur l'étude de la Torah. Enterrer un défunt sans famille proche est un acte particulièrement méritoire, un devoir qui dépasse les autres commandements. Il en est de même pour un cadavre que l'on trouve sur la route : il faut l'enterrer le plus près possible du lieu où on l'a découvert[1]. Même un Grand Prêtre qui, d'habitude, est exclu du contact avec les morts, doit s'occuper de l'inhumation d'un *met mitsva*[2] si personne d'autre ne peut le faire[3]. Cette préoccupation ne connaît aucune restriction. On doit prendre en charge les non-juifs qui en ont besoin[4]. À l'époque biblique, laisser un cadavre sans sépulture représentait un affront grave.

Toute la cérémonie se déroule au cimetière, car le cadavre est source d'impureté et de ce fait ne peut entrer à la synagogue. Par contre, il mérite le plus grand respect car il a été habité par le souffle de Dieu. Le corps est mis en terre, parce qu'il vient de la terre et doit retourner à sa source. D'où l'interdiction de la crémation dans le judaïsme. C'est pour la même raison que les juifs très pratiquants ne lèguent leur corps à la science que dans des conditions exceptionnelles. Nous devons accompagner le cortège funéraire au moins pendant une courte distance sur le chemin du cimetière. Un tel acte peut prendre la priorité sur d'autres commandements[5]. L'inhumation se fait dans un linceul et ce pour éviter la discrimination sociale. Après l'enterrement, le fils aîné, ou le plus proche parent, récite le *kaddich*[6], une prière de louange à Dieu qui évoque notamment la résurrection des morts et la vie éternelle.

---

1 Meg. 28b ; *Baba Kama* 81a.

2 Mort abandonné dont l'inhumation est obligatoire par celui qui le trouve.

3 Nazir 7, 1.

4 *Choulhan Arouch, Yoré Dé'a* 367, 1.

5 *Berachoth* 18a ; *Choulhan Arouch, Yoré Dé'a*, 361, 3.

6 Prière de sanctification que l'on récite à la fin des passages importants de l'office. Le *kaddich yatom* est récité par les orphelins pendant les onze mois qui suivent le décès de leurs parents et le jour anniversaire chaque année. Le *kaddich derabbanan* se dit après une étude ou la lecture d'un texte talmudique.

La pratique du vêtement déchiré dont il est question dans la Bible est-elle encore pratiquée ?
Tout à fait. Et c'est d'ailleurs un moment très émouvant quand, après la mise en terre, les membres de la famille qui sont en deuil déchirent leur vêtement pour marquer le déchirement de cœur de tous ceux qui pleurent la personne disparue. Un usage qui ne se réduit pas à un simple rite. Il permet, en effet, à celui qui est en deuil d'exprimer son affliction par un acte de destruction contrôlé et sanctionné par la religion. C'est pendant l'accomplissement de ce geste que les fidèles récitent la prière : « Tu es juste ô Éternel ! Et Tes jugements sont pleins d'équité. L'Éternel est juste dans toutes Ses voies et bienfaisant dans toutes Ses actions.[1] » Une invocation par laquelle ils acceptent le verdict divin.

Solidarité communautaire

Y a-t-il d'autres coutumes qui concernent les personnes en deuil ?
Les personnes qui sont en deuil sont particulièrement entourées durant les sept premiers jours. Les membres de la communauté viennent leur rendre visite, parfois même préparer les repas et les assister moralement durant ces jours difficiles. C'est un temps privilégié où s'exprime la solidarité communautaire. Il n' y a rien de plus dur que de se retrouver seul après avoir enterré celui ou celle que l'on a aimé. C'est bien pour cette raison que la tradition juive considère comme un des commandements le plus important, celui de consoler les endeuillés[2].

Les juifs prient-ils pour ceux et celles qui les ont quittés ?
Oui, surtout durant la première année qui est celle du jugement des fautes. Durant cette période, les actes méritoires des enfants sont portés au crédit des parents disparus. Ainsi, la prière du *kaddich*, dite à la louange de Dieu, rachète les fautes des défunts. Toutes les personnes en deuil sont dès lors invitées à réciter le *kaddich* tout au long de l'année, surtout les jours de grande fête et certainement au premier anniversaire de la mort où tous les membres de la famille sont invités à se recueillir et à prier. À tous les anniversaires, on allume également bougies ou veilleuses à huile.

---

1 *Tsiddouk Hadin*. Justification du jugement.
2 *Michné Torah*, Hilchot Evel, chap. 14, halacha 1.

LE JUIF DANS LA CITÉ

LE DIALOGUE INTERRELIGIEUX ENTRE DÉFIS ET RÉALITÉS

> « Je t'aime mon frère, qui que tu sois. Je t'aime. En prière dans ta mosquée, en dévotion dans ton église ou en vénération dans ton temple. Car toi et moi sommes les enfants d'une même religion : l'esprit. Et les divers sentiers religieux représentent les différents doigts de l'unique main aimante de l'Être suprême. Et cette main se tend vers nous avec ardeur pour nous guider vers la plénitude de l'âme. »
> **Khalil Gibran**

Quelques jalons sur la voie de la réconciliation

Le 30 juillet 1947, à Seelisberg, en Suisse, septante personnalités, venues de dix-sept pays, se sont réunies pour « promouvoir une coopération entre chrétiens et juifs dans le but de lutter contre l'intolérance et la haine raciale ». À l'occasion du 50e anniversaire de cet événement qui restera comme le véritable point de départ du grand mouvement de redressement et de réparation, essayons de faire le point et de voir où nous en sommes. Mais, auparavant, relisons quelques passages de ce texte, qui n'a rien perdu de son actualité : « Malgré la catastrophe qui s'est abattue sur les persécutés, catastrophe qui nous fait mesurer l'angoissante gravité et l'urgence du problème juif, l'antisémitisme n'a non seulement rien perdu de sa force, mais il menace d'atteindre des parties de plus en plus étendues de l'humanité, d'empoisonner l'âme des chrétiens et de les entraîner dans une faute grave aux conséquences désastreuses. Sans doute, les Églises ont-elles souvent affirmé le caractère antichrétien de l'antisémitisme mais nous constatons avec consternation que deux mille ans de prédication de l'Évangile de l'amour ne suffisent pas à empêcher l'éclosion parmi les chrétiens, sous des formes diverses, de la haine et du mépris à l'égard du peuple de Jésus. Cela serait impossible si tous les chrétiens étaient fidèles au message de Jésus-Christ sur la miséricorde de Dieu et l'amour du prochain... Nous devons reconnaître que, malheureusement, cette volonté en éveil a souvent manqué. »

La deuxième grande étape de ce dialogue entre juifs et chrétiens fut sans conteste la déclaration *Nostra Aetate* sur les relations entre l'Église et les religions non-chrétiennes, qui fut promulguée par le pape Paul VI. Elle constitue véritablement une prise de position contre ce que l'on a appelé « l'enseignement du mépris ». On y lit notamment : « L'Église se souvient du lien qui l'unit spirituellement à la descendance d'Abraham. » « L'Église n'a pas oublié qu'elle se nourrit de la racine de l'olivier franc sur lequel ont été greffés les rameaux de l'olivier sauvage qui sont les gentils... » « Les juifs restent encore, à cause de leurs frères, très chers à Dieu dont les dons et les appels sont sans repentance. » Le pape Jean-Paul II a, de son côté, fait sienne cette déclaration et révèle en plus des préoccupations nouvelles. Dans un discours prononcé à l'occasion du 25e anniversaire de *Nostra-Aetate*, le pape a souligné que ce document n'a rien perdu de sa force. Il a aussi affirmé qu'aucun dialogue entre juifs et chrétiens ne peut occulter la pénible et terrible expérience de la Shoah. Le pape Jean-Paul II a multiplié les gestes de rapprochement pour que ce dialogue se noue dans la vérité. Il y a d'abord la mémorable visite à la synagogue de Rome, visite au cours de laquelle il a eu cette phrase nouvelle et percutante à propos des juifs : « Vous êtes nos frères préférés et, d'une certaine manière, nos frères aînés. » La formule de Jean-Paul II exprime la foi qu'a l'Église d'être enracinée dans l'Élection et la vocation d'Israël, telle qu'elle s'exprime entre autres dans ce passage de son discours à la synagogue de Rome : « L'Église du Christ, dit-il, découvre son lien avec le judaïsme en scrutant son propre mystère. La religion juive ne nous est pas extrinsèque mais, d'une certaine manière, elle est intrinsèque à notre propre religion. » Et puis vint, en 1993, enfin, la reconnaissance de l'État d'Israël par le Vatican. Très tard. Les juifs ont toujours exprimé le sentiment que cette absence de relations diplomatiques signifiait que l'Église continuait à ignorer « les liens inextricables entre les juifs, leur identité et Israël ». En refusant de reconnaître l'État d'Israël, l'Église perpétuait l'idée que le peuple juif était puni pour déicide.

Aujourd'hui, la situation s'est normalisée et nous en sommes très heureux. Très heureux, parce que cet accord entre un petit État et un État encore plus petit va bien au-delà des frontières. Après des millénaires de haine, d'ignorance et de peu de lumière, il est imprégné et guidé par un esprit de modération et d'entente. Très heureux, parce que cette non-reconnaissance pesait lourdement sur les relations entre juifs et chrétiens qui ne comprenaient pas le refus du Saint-Siège d'établir des relations diplomatiques normales avec l'État d'Israël alors qu'il reconnaissait de nombreux États dictatoriaux ainsi que d'autres qui ont voulu la destruction de l'État juif. En reconnaissant l'État d'Israël et le retour de son peuple à sa terre, l'Église mettait courageusement un terme à cette situation absurde. Tout en répétant que les niveaux « religieux » et « diplomatique » étaient différents, le cardinal Edward Cassidy, chef du Comité du Vatican pour les relations religieuses avec les juifs, a reconnu que la signature de l'*Accord fondamental* entre le Saint-Siège et l'État d'Israël avait ouvert une nouvelle ère dans les relations entre juifs et catholiques.

Le 11 avril 1997, lors de la réunion de la Commission biblique pontificale, le pape Jean-Paul II a déclaré : « Des siècles de préjugés et d'opposition réciproque ont creusé un profond fossé que l'Église s'efforce désormais de combler... En réalité, on ne peut exprimer pleinement le mystère du Christ sans recourir à l'Ancien Testament... » Parlant de Jésus, le pape ajoute : « Il est devenu ainsi un authentique fils d'Israël, profondément enraciné dans la longue histoire de son peuple. » Le pape a aussi rappelé que « si les chrétiens avaient pleinement conscience de cette évidence, ils ne pourraient plus accepter que les juifs, en tant que juifs, puissent être méprisés ou, pire, maltraités ». Ce n'est certes pas la première fois que le pape parle ainsi. Mais, au fil des siècles, les incompréhensions furent si totales qu'il n'est jamais superflu de réaffirmer cette filiation et le refus de toutes les haines. Puis ce fut le 26 mars 2000. Ce matin-là, marchant seul de son pas fatigué, le pape a arrêté le temps, le temps interminable durant lequel, depuis le premier siècle, les chrétiens voyaient dans la destruction du Temple de Jérusalem le signe de la déchéance d'Israël. Au pied du Mur, Jean-Paul II a prié « le Dieu de nos pères ». Le pape a glissé une feuille de papier dans l'interstice des pierres, une requête, une véritable déclaration de repentance, affirmant : « Dieu de nos pères, tu as choisi Abraham et sa descendance pour que Ton Nom soit apporté aux peuples. Nous sommes profondément attristés par le comportement de ceux qui, au cours de l'histoire, les ont fait souffrir, eux qui sont Tes fils, et, en Te demandant pardon, nous voulons nous engager à vivre une fraternité authentique avec le peuple de l'Alliance. »

Les embûches

Entre juifs et chrétiens, nous remarquons, depuis des décennies, un effort de régularisation. Et pourtant, les choses ne vont pas comme on l'aurait souhaité. Du côté juif, les choses ne sont pas simples et les craintes et les appréhensions s'avèrent nombreuses. Il est difficile de se débarrasser du poids de l'histoire, cette histoire remplie de larmes et de sang. Dans l'esprit de beaucoup de juifs, l'image de la Croix est liée à un grand nombre de malheurs subis par le peuple juif. Beaucoup d'entre eux se posent des questions. Pourquoi, se demandent-ils, les chrétiens veulent-ils dialoguer avec nous ? Que signifie ce changement ? Aussi, il est impératif que, dans ce dialogue, le chrétien fasse preuve de patience et, surtout, comprenne cette sensibilité et l'accepte. Pour d'autres, un vrai dialogue nécessite la présence de deux partenaires qui s'estiment et se respectent. Deux partenaires qui s'acceptent tels qu'ils sont et non pas tels qu'on voudrait qu'ils soient. Or, ce dialogue est faussé d'avance. En effet, que peuvent représenter 15 millions de juifs face au milliard de chrétiens ? Le poids écrasant du nombre ne donne-t-il pas, d'avance, un avantage aux chrétiens ?

Le seul moment où un dialogue d'égal à égal a été établi entre juifs et chrétiens fut le moment de la signature de l'accord sur le déplacement du Carmel d'Auschwitz. Les carmélites sont parties. Pourtant, la Croix est toujours là, triomphante, malgré toutes les protestations. Pour d'autres encore, dans le dialogue judéo-chrétien, la relation, bien que symétrique, n'est pas réciproque. Le juif n'a pas besoin du christianisme pour être juif. Pour le juif, la relation avec le chrétien est une variante de la relation interhumaine. Le peuple juif a vécu en sérénité de longues périodes de son histoire en milieu non-chrétien. Il s'y est épanoui. Le christianisme, au contraire, porte en lui le judaïsme. Le chrétien ne peut oublier que Jésus est né juif, a vécu en juif et est mort en juif. Le juif est indispensable au chrétien. Il est l'un des personnages centraux de sa vie spirituelle. Et puis, il y a la peur inconsciente des conversions. Fort heureusement, les choses ont beaucoup évolué, mais certains juifs continuent à se demander : comment dialoguer avec celui qui pourrait avoir comme arrière-pensée ma conversion ? Pour le chrétien, le juif est un converti en puissance. Et c'est cela qui, parfois, maintient la difficulté de l'approche du christianisme. Dans le dialogue judéo-chrétien, deux hommes se parlent. Deux hommes qui n'ont pas, pour s'apprécier, la même échelle de valeurs. Pourquoi et comment dialoguer avec cet autre issu de mon sein mais qui, aujourd'hui, cherche à m'occulter, à me remplacer, à se mettre à ma place ? Voilà, résumées de façon synthétique, les raisons qui poussent encore, chez nous, un certain nombre de personnes à refuser le dialogue ou à s'en éloigner. Or, pour nous, c'est précisément en raison de ces difficultés que nous cherchons le dialogue. Car refuser de dialoguer ne ferait qu'augmenter les préjugés de part et d'autre et creuser davantage le fossé qui existe entre les hommes de bonne volonté. Il bloquerait les progrès que l'on pourrait enregistrer dans un domaine, certes délicat, mais si important pour nos cultures et religions.

Les conditions du dialogue

Ce dialogue entamé, quelles conditions devrait-il remplir pour atteindre les objectifs fixés ? Les débats dans lesquels juifs et chrétiens tombent très vite d'accord reposent généralement sur des démissions et des compromis. C'est en toute lucidité et en toute franchise que la confrontation doit être entreprise, dût-elle se prolonger longtemps, ou aboutir à une impasse. Car il vaut mieux se respecter dans la divergence que se rencontrer dans la démission. Le vrai dialogue implique la compréhension, l'effort de comprendre le partenaire en ses termes à lui plutôt que simplement dans les nôtres. Il implique le partage, l'apport au dialogue de nos convictions les plus profondes, même si elles sont potentiellement douloureuses pour l'autre. Mais, pour cela, il ne faut pas sous-estimer ou atténuer les différences. Le dialogue est d'abord une attitude spirituelle. Il est une spiritualité qui nous conduit du refus à l'accueil, du classement par catégorie à la compréhension, du défigurement d'autrui au respect, de la condamnation à la miséricorde, de l'intimité à la concorde, de la concurrence à la complémentarité, de l'antipathie à la rencontre et de l'hostilité à la fraternité. Aussi, un des plus grands mérites de ce dialogue est précisément d'abattre les barrières entre les hommes, de leur permettre de se rencontrer, de discuter, de s'unir, de s'estimer et de s'apprécier. Cette connaissance implique l'acceptation des divergences qui assignent à chacun sa propre voie. Il nous faut admettre l'autre tel qu'il est et non point tel qu'on aurait voulu qu'il soit. C'est ce que Emmanuel Lévinas appelle « l'épiphanie de l'autre ». Cette découverte de l'autre, son écoute attentive nous permet de mieux connaître notre héritage et nos valeurs spirituelles. À l'instar d'Abraham, nous devons répondre « *hinéni* [1] » (me voici).

Dialoguer avec autrui consiste à le connaître et à le reconnaître dans la plénitude de sa responsabilité et à l'accueillir comme un achèvement de nous-mêmes plutôt que comme un adversaire, concurrent ou ennemi. Cela ne peut se faire qu'à l'abri des idées préconçues, des intérêts et des égoïsmes de toutes sortes. Dans un tel climat, le dialogue devient une richesse partagée sans que l'un des partis ait à renoncer à son identité et à son patrimoine. Il ne fait pas de doute que le fanatisme, sous ses diverses formes, au nom de Dieu, de la religion, de la nation, de la confession, de la terre, de l'ethnie ou de la langue, comme au nom de l'appartenance culturelle et sociale, est l'ennemi numéro un du dialogue. Le dialogue est le moyen par lequel on prend conscience que l'on n'est pas seul en face des autres hommes et de Dieu. Dieu est le premier à avoir recherché le dialogue. C'est Lui qui a commencé à parler à l'homme après l'avoir créé. C'est Lui qui s'est lancé à la recherche d'Adam, désespéré d'avoir mangé du fruit défendu, et de Caïn qui avait tué son frère. Dieu n'a pas abandonné ses créatures à leur silence oppressant. Il a appelé sa créature, capable du pire et du meilleur, à entrer en dialogue avec lui. « Et Dieu dit à Adam : "Où es-tu [2] ?" » Le vrai dialogue implique la compréhension, l'effort de comprendre le partenaire en ses termes à lui plutôt que dans les nôtres. Il implique le partage, l'apport au dialogue de nos convictions les plus profondes, même si elles sont potentiellement douloureuses pour le partenaire. Dialoguer signifie donc introduire les différences dans des relations de respect et de confiance mutuelle.

Le dialogue engage des personnes. Il demande une égalité, une réciprocité des partenaires. Un vrai respect de l'autre. Il n'a pas d'intérêt immédiat, il est à long terme : on n'en a jamais fini de découvrir une personne humaine dans sa complexité et sa richesse. Le dialogue est donc toujours ouvert. Un dialogue de qualité doit permettre à des individus de s'enrichir mutuellement de leurs différences, de se féconder l'un l'autre. Il n y a pas de vainqueur ni de vaincu, mais des êtres humains qui sortent renouvelés de cette expérience. La rencontre de l'autre, comme le dialogue, est toujours une expérience interpersonnelle. Ce ne sont pas les monothéismes

---

1 Gen. 22, 1.
2 Gen. 3, 9.

qui dialoguent mais les croyants, libres, situés, chacun, dans une tradition et dans une histoire. Une histoire, un devenir, qui sont entre leurs mains. L'autre, lorsqu'il est accueilli et écouté en vérité, vient renouveler, élargir notre appréhension du mystère de l'homme. Cela est vrai de toute rencontre véritable entre des personnes, mais cela l'est, à plus forte raison, si l'autre est différent de moi, surtout s'il est situé dans une autre tradition religieuse. Il y a là – pour chaque personne et pour chaque tradition – la possibilité d'un accroissement de sens, d'un renouvellement en profondeur, d'une fécondation, et donc d'un dynamisme neuf. Comme l'écrivait Franz Rosenzweig, ce pionnier sur la voie d'un nouveau mode de dialogue entre juifs et chrétiens « chacun est à saisir dans la richesse et la complexité de son existence concrète, et en même temps doit être perçu dans le relief que lui confère la vocation divine ».

Le *Midrach* illustre bien ce relief qui confère à chaque individu cette vocation divine. Dans le Talmud[1], un rabbin demandait :

« À quoi peut-on reconnaître le moment précis où la nuit s'achève et où le jour commence ? À cette question, un des disciples répondit :
– Quand on peut distinguer de loin entre un chien et un mouton.
– Non, dit le rabbin.
– Quand on peut distinguer de loin entre un dattier et un figuier.
– Non, dit encore le rabbin.
– Mais alors, à quel instant, s'inquiète le disciple.
– C'est lorsqu'en regardant le visage de n'importe quel être humain, prononce le rabbin, tu reconnais en lui ton frère ou ta sœur. Alors, tu peux être sûr que le jour s'est levé. Mais, jusque-là, il fait nuit dans ton cœur. »

Reconnaître l'autre comme ton frère, c'est la meilleure façon de servir Dieu et les hommes. Car l'homme a été créé à l'image de Dieu et, en aimant l'homme, on aime Dieu, inéluctablement. Voilà donc des expressions d'universalité qui peuvent réellement étonner par leur nature inconditionnelle, incluant à la fois monothéisme et polythéisme, croyance et incroyance. On pourra toujours ironiser sur la solennité de déclarations communes qui prônent tolérance, paix, réconciliation, dialogue et qui sont immédiatement bafouées sur le terrain. On pourra toujours relever les écarts énormes qui séparent les élites religieuses, les intellectuels et leurs courants sectaires et extrémistes. On pourra toujours montrer du doigt l'incapacité des

1 *Berachoth* 9b.

hommes de foi à contrôler la moindre violence au nom de Dieu. Mais c'est grâce à de telles rencontres que des progrès énormes ont été réalisés. Que de chemin a été parcouru depuis la Seconde Guerre mondiale ! À cet égard, l'une des plus spectaculaires mutations vient de l'attitude de repentance adoptée par une Église catholique jadis triomphante. Sans les *mea culpa* multipliés par le pape ou les efforts de « purification de la mémoire » auxquels il a tant convié ses fidèles, aucune réconciliation interreligieuse n'aurait été possible.

Comment les sources juives pensent-elles le dialogue ?

Il est intéressant, dans le cadre de cet article, de relever certaines citations prononcées par des penseurs juifs du Moyen Âge qui retracent pour nous le contour de ce dialogue et décrivent le rôle de la relation existant entre le judaïsme et les autres religions. Parlant du christianisme et de l'islam, Rabbi Yehouda Ha Levi (1075-1141), l'auteur du *Sefer Ha Kusari*[1], qui croisa véritablement le fer avec les chrétiens, écrit : « Le christianisme et l'islam sont, d'une certaine manière, une préparation et une introduction aux temps messianiques, fruit de cet arbre qu'ils devront finalement reconnaître comme leur racine, même s'ils le méprisent pour le moment. » Rabbi Menahem Ha Meiri[2] ajoute : « Ceux qui respectent les sept lois de Noé, c'est-à-dire qui s'abstiennent du culte des idoles, qui ne blasphèment pas le Nom divin, qui ne volent pas, ne commettent pas d'inceste, qui ne sont pas cruels envers les animaux, et qui possèdent des tribunaux, jouissent des mêmes droits que les juifs. Combien

---

1 Le *Sefer Ha Kusari* est un ouvrage capital de la pensée juive médiévale. Dans cet ouvrage, l'auteur brosse le décor suivant : le roi du peuple Khazar est visité en songe par Dieu qui lui affirme que son intention religieuse est bonne mais que ses actes ne le sont pas. Il se met alors en quête de la vérité religieuse. À cet effet, il convoque le représentant des philosophes, un adepte du christianisme, un musulman et un juif. Chacun de ces savants a pour mission d'exposer sa doctrine. On ne retiendra ici que les paroles que l'auteur place dans la bouche du chrétien : « Bien que nous parlions de trois personnes, dans notre cœur et notre esprit nous pensons à une seule. » En reconnaissant que les chrétiens adoraient un Dieu unique, il lavait le christianisme de tout soupçon polythéiste. Cité par Maurice Robert Hayoun, in *Les Cahiers de l'AIU*, n° 113, p. 44.

2 Rabbi Menahem Ben Chlomo (1249-1316). Auteur français de commentaires talmudiques. Son œuvre classique est le *Beth Habehira*, un épais commentaire sur trente-six traités du Talmud expliquant le texte de façon claire et logique. Beaucoup de ces volumes n'ont été imprimés pour la première fois qu'au cours des dernières décennies. Il est également l'auteur de *Hibbour Ha Techouva*, exégèse sur le repentir et d'un commentaire sur la Bible, dont deux volumes seulement ont été imprimés.

plus encore de nos jours, alors que les nations se distinguent par leur religion et par leur respect de la foi ! Cependant, nous devons concéder aussi les mêmes droits à ceux qui n'ont aucun code de lois, afin de sanctifier le Nom divin. » Aussi, pour les sages du Talmud, la Torah n'est pas l'unique voie menant au salut. Elle reconnaît à l'éthique universelle une efficacité certaine puisqu'elle peut faire accéder à l'éternité.

Les Tossafistes[1] écrivent : « Il n'est pas défendu aux autres nations d'associer à la foi en Dieu la foi en d'autres créatures ». Enfin, Maimonide[2], qui n'était pas tendre envers les chrétiens, écrivait pourtant : « Toutes les paroles de Jésus le Nazaréen et celles de Mohammed qui vint après lui ont été dites uniquement afin de rendre droite la route pour le roi Messie qui rendra le monde parfait et capable de servir Dieu comme il est écrit : "Alors je donnerai à tous les peuples des lèvres pures pour que tous puissent prier le Seigneur et le servir épaule contre épaule[3]." » C'est bien dans cet esprit que le judaïsme comprend les relations avec les autres religions. Il n'y a pas là un esprit de tolérance, car la tolérance suppose l'acceptation de l'autre avec des réticences. « Je le tolère », signifie : « J'ai décidé de lui permettre de vivre et d'être à mes côtés. » Autrui n'est pas là pour être toléré, mais pour être accepté tel qu'il est. Autrui n'est pas là pour être toléré mais pour être aimé pour ce qu'il est. Autrui n'est pas là pour être toléré mais pour avoir les mêmes droits que moi et sans aucune distinction de race ni de religion. En dehors du judaïsme, il y a le salut. Il suffit pour cela de respecter les sept lois noachiques, règles indispensables à la survie de toute société humaine. L'homme qui agit ainsi est considéré par la tradition juive comme un juste des nations. Et ce titre lui donne une

---

1 Les disciples de Rachi et en premier lieu ses gendres et ses petits-fils. Ils développèrent les commentaires de Rachi sur la Bible et le Talmud au cours des XIIe et XIIIe siècles. Toutes les éditions ordinaires du Talmud de Babylone, depuis les débuts de l'imprimerie hébraïque, reproduisent une partie des notes rédigées par les Tossafistes, car leur connaissance est indispensable à la compréhension du Talmud et à la fixation de la *Halacha*. Le commentaire original de Rachi se présente de manière concise, comme une adaptation littéraire de la tradition de l'étude de la loi orale en France et en Allemagne à son époque. En interrogeant les affirmations de Rachi, les Tossafistes élaborèrent une forme systématique d'explications et d'inductions fondées sur la mise en relation des différences entre un exemple et un autre ou une source et une autre. L'école des Tossafistes commença avec les deux gendres de Rachi, Rabbi Meir Ben Samuel et Yéhouda Ben Nathan, et le plus illustre d'entre eux fut le fils de Rabbi Meir, Rabbenou Tam.

2 Voir note 1 page 171.

3 Soph. 3, 9.

place dans le monde à venir au même titre que le juif qui respecte les six cent treize commandements de la Torah.

Dialogue et engagement

Que faire pour que ce dialogue porte ses fruits ? Ce dialogue ne doit pas être l'apanage d'une élite. Il faut qu'il puisse toucher les masses et les sensibiliser. C'est le seul moyen efficace pour faire face, ensemble, à la menace de haine qui pèse sur tous les groupes humains et dont l'antisémitisme est une des expressions. Ce dialogue doit être soutenu par une éducation permanente et quotidienne et par une perception correcte et objective de la religion juive. Il faut que le monde chrétien fasse un effort supplémentaire pour purger encore davantage ses prières de tout ce qui peut être considéré comme un enseignement du mépris[1]. Un des plus grands mérites de ce dialogue est précisément d'abattre les barrières entre les hommes, de leur permettre de se rencontrer et de discuter, de chercher ensemble les solutions à leurs problèmes, de s'unir en vue de mieux répondre aux problèmes actuels qui, souvent, dépassent l'intérêt égoïste. L'unité dans la diversité, tel doit être l'objectif du dialogue entre juifs et chrétiens. C'est la seule façon de nous pousser vers une solidarité renouvelée. Car nos racines sont des racines communes. Nous nous reconnaissons tous dans la foi d'Abraham. Nos morales, nos modes de vie sont axés, dans nos deux religions, sur un principe fondamental : l'amour du prochain[2] qu'on trouve dans le Lévitique aussi bien que dans l'enseignement de Jésus le Nazaréen. Or, que constatons-nous aujourd'hui ? Une montée extrêmement dangereuse du racisme et de l'antisémitisme avec le développement des mouvements d'extrême droite qui prolifèrent un peu partout en Europe. Ce problème n'est malheureusement pas un problème spécifique à une région de l'Europe. Il est celui de toute l'Europe.

Au cours d'une conférence donnée en 1966 à l'Union Theological Seminary de New York, le rabbin Heschel, penseur juif de ce siècle et rescapé de la Shoah, affirmait : « Dans son essence même, le nazisme

---

1 Nous avons regretté que, lors de la diffusion du film *La passion du Christ* de Mel Gibson, le pape n'ait pas jugé nécessaire de condamner avec force l'accusation de juif déicide, qui est le thème essentiel de ce film.

2 Lév. 19, 18.

était une rébellion contre la Bible et contre le Dieu d'Abraham. Sachant que l'attachement au Dieu d'Abraham et l'enracinement hébraïque dans le cœur de l'homme occidental étaient l'œuvre du christianisme, le nazisme avait pris une double résolution d'exterminer les juifs et d'éliminer le christianisme, pour instaurer en échange un renouveau du paganisme teutonique. Le nazisme a échoué, mais le processus consistant à effacer la Bible de la conscience du monde occidental se poursuit. C'est au maintien de l'influence de la Bible hébraïque sur l'esprit humain que juifs et chrétiens sont appelés à collaborer. Ni les uns ni les autres ne peuvent y parvenir seuls. Les uns et les autres doivent reconnaître que, à notre époque, l'antisémitisme est de l'antichristianisme et l'antichristianisme est de l'antisémitisme. »

Ensemble, nous devons lutter plus efficacement contre les injustices sociales et les préjugés, promouvoir un monde plus humain et plus généreux car nos diverses religions exigent de nous la pratique de l'entraide sociale, le respect de l'autonomie individuelle, la responsabilité personnelle, la défense des faibles, la condamnation du racisme sous toutes ses formes, la primauté de l'homme créé à l'image de Dieu. Le peuple juif attend impatiemment le Messie. Les chrétiens espèrent la Parousie. Dans un cas comme dans l'autre, cette attente ne doit pas être une attente passive. Bien au contraire. Elle doit se fonder sur des actes concrets, sur le respect et l'accomplissement de la volonté divine, sur la fidélité aux commandements d'amour, de justice et de paix des prophètes d'Israël.

Un tableau de maître

Le mot « *Chalom* », qui signifie paix et qui se retrouve comme un leitmotiv dans nos prières et nos actes quotidiens, dérive du verbe « *lehachlim* » qui a pour signification « se compléter mutuellement ». La vraie paix, selon nos sages, ne réside que dans la complémentarité de l'un par rapport à l'autre. La vraie paix, c'est tendre la main vers l'autre dans le but de s'entraîner et de vivre harmonieusement. Un tableau de maître n'ayant qu'une seule couleur ne représente rien. Ce qui fait la beauté du tableau, c'est l'harmonie des couleurs qui le composent et leur juxtaposition. Chacun d'entre nous doit constituer l'ébauche d'un tableau géant. À chacun d'entre nous d'entamer la réalisation du tableau le plus beau, du tableau le plus admiré, du tableau vers lequel les yeux de tous les hommes sont portés, du tableau enfin où toutes les couleurs et les nuances sont respectées. La route est longue. Mais, comme le souligne les Maximes des Pères : « Il ne t'est pas demandé d'achever le travail, mais tu n'es pas libre de t'y soustraire[1]. »

---

1 *Pirké Avot*, 2, 21.

LA VIEILLESSE : COURONNE DE ROSES OU COURONNE D'ÉPINES ?

> Chez les cigognes, les vieux oiseaux qui ne peuvent plus voler restent au nid, tandis que leur progéniture vole à travers les mers et les terres, rassemblant de partout des provisions pour subvenir aux besoins des parents. Avec cet exemple au-dessus de leurs têtes, les êtres humains qui ne se soucient pas de leurs anciens ne devraient-ils pas, à juste titre, se cacher la figure de honte ?
>
> **Philon**, *Sur le Décalogue*

Nombreux sont les critères qui permettent à un homme de juger le degré d'une civilisation et l'évolution d'une société. Une nation peut exprimer sa force et sa puissance par sa richesse matérielle, par sa production industrielle et son expansion économique, par sa force à conquérir ou à acquérir de nouveaux territoires, par sa puissance militaire et sa force de frappe, par son développement scientifique et technologique ou par sa richesse artistique et littéraire. Un autre critère non moins important est la force morale d'une société et son approche vis-à-vis des couches sociales les plus démunies. Comment appréhende-t-on les problèmes soulevés par ceux et celles qui constituent un poids pour la société et qui exigent des soins et des moyens importants pour leur survie ? L'approche vis-à-vis des personnes âgées constitue un baromètre précis pour jauger la moralité d'un peuple ou d'une civilisation. La vieillesse implique un engagement de moyens physiques et parfois financiers considérables. Et c'est là le grand défi qui se pose à nos sociétés modernes. Comment se comporter face à des personnes âgées ? Comment le judaïsme voit-il la vieillesse au sein de la famille et de la société ? Quelles sont les obligations des membres de la famille ? Quel est l'ordre de priorité à accorder aux personnes âgées par rapport aux autres couches de la société ?

Un peu d'histoire

La relation avec la personne âgée n'a pas été la même partout et de tout temps. Certains peuples ont respecté de façon remarquable les personnes âgées. Ils les ont honorées en raison de leur expérience et de leur savoir et les ont parfois nommées à la tête de leur tribu[1]. Inversement, il y a ceux qui ont considéré les personnes âgées avec moins d'égards, et les ont traitées comme des êtres qui ne remplissaient plus de fonction dans la société dans laquelle ils vivaient. Ils ont vu en eux des bouches à nourrir qui réduiraient les ressources du groupe[2]. Aussi, ils les ont privées de leurs droits essentiels et les ont précipitées dans la mort.

Dans nos sociétés modernes, l'approche est quelque peu ambiguë. D'une part, tout le monde préconise de respecter et d'honorer les personnes âgées. On exige pour eux un confort de vie et une approche humanitaire. Comme tous les citoyens, ils ont le droit « de mener une vie conforme à la dignité humaine ». Mais, dans la pratique, les choses ne vont pas dans le même sens. Il y a une rupture entre les intentions et les faits. Souvent, les enfants n'assument plus, ou peu, leur responsabilité vis-à-vis de leurs parents. En raison de l'espérance de vie qui s'allonge de plus en plus, le nombre des personnes âgées et leurs besoins augmentent considérablement. Dans nos sociétés modernes, les personnes âgées sont considérées comme un poids financier qu'il est difficile d'assumer. Un exemple parmi tant d'autres. Le bimensuel *Park Mail*, distribué gratuitement à la sortie des parkings ou des salles de cinéma de notre pays publiait un article intitulé « Retraite en 2020 génération papy-boom. Les vieux nous arnaquent-ils[3] ? » Comment résoudre ce dilemme ? À qui donner la priorité ?

Jadis, la personne âgée restait dans le cadre familial. Elle était prise en charge par les membres de la famille. Mais, depuis fort longtemps, des institutions et des maisons d'accueil pour personnes âgées ont été créés afin d'aider ceux qui n'avaient pas de possibilités de subvenir à leurs propres besoins. La personne âgée était considérée comme un membre à part entière de la famille. Son insertion au sein du groupe était naturelle et ne posait généralement pas de problèmes majeurs. C'est bien pour cette raison que les premiers homes pour

1 Les Indiens, les Chinois, les Japonais, etc.
2 Certaines tribus en Afrique, les Esquimaux, etc.
3 Cité par Albert Evrard in *Gérontologie et Société*, Paris, n° 93, juin 2000, p. 178.

personnes âgées ne se sont créés que tardivement. Le premier home juif a été créé en Pologne, à Cracovie dans la première moitié du XVIIIe siècle[1]. Cet exemple a été suivi par la Communauté juive portugaise à Amsterdam qui a ouvert son home en 1749. Ce n'est qu'au XIXe siècle que des maisons pour personnes âgées ont été fondées un peu partout au sein des communautés juives afin d'accueillir les personnes qui ne pouvaient rester dans un cadre familial.

La Bible et son rapport avec la personne âgée

« Lève-toi à l'aspect d'une tête blanche, et honore la personne du vieillard : crains ton Dieu ! Je suis l'Éternel[2]. » Les premiers mots de ce verset sont affichés dans tous les autobus en Israël, afin d'encourager les gens à céder leur place aux personnes âgées. Les chauffeurs insistent auprès des voyageurs pour qu'ils appliquent cette recommandation. Il est à remarquer que ce verset qui se rapporte au respect des personnes âgées se termine par les mots « crains ton Dieu. » Cette expression biblique suit inévitablement chacun des commandements destinés à protéger les membres les plus faibles de la société. Commentant ce verset, le Talmud écrit : « Fais preuve de respect pour la vie de l'homme qui a oublié son savoir sans que ce soit sa faute ; parce que nous avons appris que les fragments des vieilles Table de la Loi étaient placés à côté des Tables neuves dans l'Arche de l'Alliance[3]. » Il est remarquable que l'on ait placé dans l'Arche de l'Alliance non seulement les secondes tables que Dieu écrivit pour manifester son pardon aux enfants d'Israël, mais également les débris des premières. Pourquoi fallait-il garder également les débris des premières tables ? Les rabbins ont tiré de cette pieuse conservation des tables brisées une leçon importante. Il faut respecter les vieillards parce qu'ils ressemblent aux Tables brisées. Ils ont été le réceptacle et le véhicule de la Loi ; aujourd'hui, ils ont perdu leur force, ils sont « brisés » ; il n'en faut pas moins les vénérer.

---

1 Les Pères de l'Église ont créé les premières institutions pour personnes âgées au IVe siècle déjà.

2 Lév. 19, 32.

3 *Berachoth* 8b.

Le respect des parents et des personnes âgées

Tout homme a le devoir de veiller au bien-être de ses parents et des personnes âgées. En quoi consiste cet honneur ? Dans le Talmud[1], il est écrit : « On lui donne à manger et à boire, on l'habille, on le couvre, on le promène. » Mais le don seul ne suffit pas. Tout dépend de la manière de donner. Abimé, fils de Rabbi Abahou, enseigne : « Il y a des fils qui donnent à leurs parents des oies rôties et qui vont en enfer, et d'autres qui les obligent à tourner la meule et qui méritent le paradis. » Abimé illustre ses propos en donnant l'exemple suivant : « Un jeune homme donnait à son père un dîner succulent. Celui-ci demanda à son fils comment il avait pu se le procurer. Le fils lui répondit : "Est-ce que cela te regarde, vieux ?" Les meilleurs dîners du monde ne peuvent racheter une pareille grossièreté. Par contre, un autre fils, meunier de son métier, étant appelé à tourner la meule pour le compte du roi, dit à son père : "Continue à tourner la meule, ici. Moi, je me mettrai au service du roi, car s'il y a une humiliation à recevoir, je préfère que ce soit moi qui la supporte, plutôt que toi[2]". »

Pour bien saisir la portée de l'honneur réservé aux parents, analysons le terme hébraïque utilisé par la Bible. *Kavod* désigne le rapport particulier de l'enfant au père et à la mère. Ce terme est généralement traduit par « honneur » ou « gloire ». Mais ce terme désigne également ce qui a un poids, ce qui pèse. Matériellement, mais aussi intellectuellement et affectivement. Rendre aux parents le *kavod* (l'honneur) qui leur est dû évoque une situation précise : celle qui révèle la dépendance du père et de la mère devenus vieux. L'obligation du *kavod* (d'honorer) s'exerce afin que la vieillesse soit vécue non pas telle une décrépitude mais comme un accomplissement. Honorer le père et la mère, c'est subvenir à leurs besoins matériels, veiller à leur subsistance. Mais c'est aussi les vêtir. Il faut leur procurer non seulement un vêtement physique mais également une vêture affective qui s'inscrit dans la suite des générations par laquelle l'histoire se poursuit, du père et de la mère, vers le fils et la fille, devenus, à leur tour, père et mère et ainsi de génération en génération. Il ne s'agit donc pas de continuité seulement physique des générations, de leur simple juxtaposition, indifférente ou hostile parfois, mais comme une suite de générations liées l'une à l'autre dans la continuité voulue d'un temps interhumain qui lui ne se perd jamais.

---

1 *Kiddouchine* 31b.
2 Talmud de Jérusalem, traité Péa I.

La vieillesse : bénédiction ou malédiction ?

La vieillesse est perçue de façon positive en général car elle constitue une somme d'expériences et de connaissance. Les citations suivantes en sont une parfaite illustration. « La vieillesse est considérée comme une bénédiction[1]. » Elle est la récompense à l'application de certains commandements divins. « Honore ton père et ta mère afin que tes jours se prolongent sur la terre que Dieu a promis de vous donner à vous et à vos descendants[2]. » « La charité est un commandement dont la récompense est la longévité[3]. » « La vieillesse conduit à la sagesse[4]. » « Manquer de respect aux personnes âgées est signe de décadence d'une société[5]. » « Celui qui étudie chez une personne âgée est considéré comme celui qui mange des raisins mûrs et qui boit du vin vieux[6]. » « Si des personnes âgées te demandent de détruire et des jeunes de construire, détruis et ne construis pas. La destruction des vieux est une construction[7]. » Car, qui dit jeunesse, dit immaturité ; qui dit immaturité, dit immédiateté ; qui dit immédiateté, dit pulsion, instinct, violence peut-être et pari sur un savoir sans mémoire. La Torah[8] n'a jamais privilégié un âge. Il y a certes une période de la vie où l'on apprend plus, mais la Torah n'a jamais mis l'impasse sur les anciens. Dès que Dieu donnait un commandement à Moïse, il lui demandait de se rendre chez les anciens pour le leur enseigner. Ils sont symboles d'expérience, symboles des tempêtes auxquelles on a su faire face, exemples d'une vie qui a su se maintenir malgré les adversités.

La Torah rêve des personnes âgées qui auraient accumulé cette expérience de la vie et qui pourraient être la référence visible de tous les combats de l'existence. Ce souci de transmission de valeurs et de relation étroite entre les générations se retrouve incarné dans la pose des « phylactères », commandement qui s'impose au jeune âge de treize ans qui vient d'atteindre alors sa majorité religieuse et qui

---

1 Is. 65, 2 ; Zach. 8, 4 ; Ps. 92, 15 ; Pv. 3, 16.
2 Ex. 20, 12 ; Dt. 6, 2 ; 11, 9 ; 11, 21 ; 17 ; Is. 53, 10 ; Prov. 28, 16.
3 Prov. 16, 31.
4 Job 12, 12 ; 32, 7-9.
5 Dt. 28, 3 ; Is. 3, 5 ; Lam. 4, 15.
6 Maximes des Pères 4, 20.
7 *Meguilla* 31b ; *Nedarim* 40a.
8 La Torah est la première partie de la Bible qui comprend les cinq premiers livres de Moïse, que l'on appelle Pentateuque. Mais souvent, le mot Torah fait allusion au texte biblique dans sa totalité. C'est bien le cas ici.

devient responsable de ses actes. Dans les phylactères, il y a plusieurs nœuds. Un qui les attache à la tête et l'autre qui les rattache aux bras. Pour que les phylactères soient valables, ces deux nœuds doivent être bien serrés. S'ils sont lâches et coulants, les phylactères deviennent impropres. Ces liens doivent unir les générations entre elles. Ils doivent nous guider vers l'amour de Dieu et l'amour de l'autre. Mais si les rabbins du Talmud accordaient une place importante aux personnes âgées, ils étaient conscients des ravages que la vieillesse pouvait causer. Ils perçoivent bien la tragédie de la vieillesse et les problèmes inhérents à la longévité. Rab Dimi compare la jeunesse à « une couronne de roses » et la vieillesse à « une couronne d'épines[1] ». De là, nous pouvons déduire que tout dépend de la personne âgée. Il y a des personnes qui, durant leur vieillesse, disposent de toutes leurs capacités physiques et mentales et peuvent achever l'œuvre entreprise durant leur jeunesse. Pour ces hommes, la vieillesse est un privilège, une chance, un bonheur. Par contre, la personne âgée qui souffre et qui est atteinte dans ses facultés physiques et mentales, quel bénéfice tire-t-elle de sa vieillesse ?

Le culte de la jeunesse

L'écoute attentive du passé et la sauvegarde de la mémoire sont des obligations que la Torah nous impose. Elle nous oblige à nous pencher sur l'expérience de nos pères. Cet enseignement semble s'opposer à la tendance qui a dominé le XXe siècle qui rêve du mirage d'une société neuve, peuplée d'hommes et de femmes neufs. Aujourd'hui, dans nos sociétés, il n'y a qu'un mot qui fait recette et qui revient dans toutes les bouches : les jeunes. Le culte de la jeunesse est devenu aujourd'hui une fascination. Au nom de quoi Lénine et Staline ouvrent-ils les premiers camps de concentration ? Au nom d'une société neuve, peuplée d'hommes et de femmes neufs. Au nom du communisme qui est, selon eux, la jeunesse du monde. Que dit Hitler, un peu plus tard, quand il déclare la guerre aux juifs ? Qu'a-t-il en tête quand il se lance dans cette aberration qu'est la destruction de tout un peuple ? Il dit que ce peuple est ancien et qu'il faut « rajeunir » le monde. Il rêve d'un homme neuf et

1 *Chabbath* 152a.

régénéré. Que ferait-il de cette parole juive ? Que disent les Cambodgiens, quarante ans plus tard ? Au nom de quoi sacrifient-ils le quart ou le tiers de leur peuple ? Un mot revient tout le temps dans la phraséologie de ces gens : « Nous voulons un monde jeune. » Mais alors que faut-il répondre au juvénisme ? La réponse de la Torah est claire. « Souviens-toi des jours antiques. Médite les annales de chaque siècle. Interroge ton père, il te l'apprendra, les vieillards, ils te le diront[1]. »

La mémoire

La mémoire est au cœur de l'existence juive. La communauté d'Israël n'est pas une association spirituelle qui pourrait adopter la devise de l'Internationale : « Du passé faisons table rase. » Elle porte témoignage non seulement par les valeurs auxquelles elle adhère, mais par la réalité même de son histoire. Il est donc indispensable de conserver en mémoire les faits du passé ; le souvenir, *Zachor,* est un des impératifs les plus significatifs et le plus souvent répété dans la Torah. On ne peut dissocier le présent du passé comme si chacun pouvait commencer l'histoire ! Or, qui est le garant de la pérennité de cette mémoire ? C'est grâce à la personne âgée, et à travers elle, que la mémoire est véhiculée de génération en génération. C'est par elle que ce passé prend vie et surgit devant nous comme un fragment de notre histoire. Malheureusement, notre société a mis fin à ce rôle de transmission. Elle a créé une cassure entre les générations et a isolé les personnes âgées dans des homes ou des maisons spécialisées. Elle a construit autour d'elles des murailles d'indifférence et les personnes âgées n'ont plus personne à qui transmettre non seulement leur mémoire informative mais, surtout, leur mémoire affective. Notre société a érigé des barrières entre les différentes générations. Elle a multiplié les écrans et a coupé les ponts entre parents et enfants. Ainsi, leur isolement et leur solitude s'ajoutent aux problèmes de santé liés à leur âge.

Monsieur M. Elkaim, psychothérapeute à Bruxelles, me racontait un jour le récit suivant. Il devait s'occuper d'un home pour personnes âgées à Schaerbeek où un grand nombre de pensionnaires souffraient de dépression. Aucun traitement ne pouvait les aider. Il a alors

---

1 Dt. 32, 7.

demandé à l'échevin de l'Éducation de sa commune l'autorisation de permettre aux pensionnaires de se rendre dans les écoles de la commune et de raconter aux enfants leur histoire, leur vécu, leur mémoire. Les enfants étaient passionnés par la richesse du passé de chacun de ces pensionnaires. Car il ne s'agissait pas seulement d'un souvenir informatif, mais surtout d'un souvenir ancré dans la vie. La relation de ce souvenir est devenue un facteur dynamique capable de mobiliser les ressources de l'âme humaine. Grâce à ces contacts et surtout à la narration de leur passé, on a réussi à toucher non seulement leur mémoire informative mais, surtout, leur mémoire affective et mettre ainsi le doigt sur la raison de leur dépression.

Nous trouvons un récit analogue raconté par la psychologue américaine Marie Pypher dans un article intitulé « Rassemblons les générations ». « Une amie journaliste décida d'emménager dans un immeuble habité essentiellement par des retraités. Au début, l'idée n'enthousiasmait guère sa petite famille. Un jour, la jeune femme prépara des gâteaux pour ses nouveaux voisins et les fit porter par ses enfants. Ceux-ci se firent aussitôt beaucoup d'amis avec qui ils partagèrent leurs goûters, leurs histoires et leurs projets. Mes enfants ne se sont plus jamais sentis seuls », affirma cette journaliste. De leur côté, les petits peuvent venir en aide aux vieux. « Je me trouvais un jour dans une maison de repos lorsqu'une femme accompagnée de son bébé vint rendre visite à l'un de ses parents. Immédiatement, un attroupement se forma autour d'elle. Des pensionnaires qui n'avaient pas quitté leur lit de la semaine appelèrent pour qu'on leur apporte un fauteuil roulant. Même ceux qui semblaient plongés dans un état comateux sortirent de leur torpeur pour voir le nourrisson. » Les nouveaux-nés possèdent un formidable pouvoir de réconfort et de guérison.

Un pensionné doit-il cesser toute activité ?

Un des problèmes qui se posent aujourd'hui à tous ceux et à toutes celles qui font valoir leur droit à la retraite et qui disposent de leurs facultés physiques et mentales est de savoir : comment meubler leur temps libre ? La société ne prépare pas les futurs pensionnés à ce qui deviendra leur quotidien. D'un jour à l'autre, ils se retrouvent sans occupation et ne peuvent pas gérer le temps dont ils disposent. Ils sont déboussolés. La Torah nous enseigne qu'il est du devoir de l'homme de ne jamais cesser de travailler tant qu'il a encore la possibilité de le faire. L'homme a le devoir de continuer à produire et à contribuer au bien-être de l'humanité. La retraite ne doit pas être le temps de l'arrêt définitif de toute action productrice. C'est le moment pour l'homme de réaliser ce qu'il a toujours voulu faire et qu'il n'a pas pu réaliser, faute de temps ou de moyens. C'est le moment de se rendre utile et de mettre ses compétences au service des autres. Nos gouvernants devraient promouvoir le bénévolat et favoriser tout ce qui peut aider les personnes âgées à se rendre utiles et à remplir des tâches indispensables à notre société. Ils peuvent apporter leur aide et leur soutien à ceux qui sont dans le besoin. Ils peuvent soulager ceux qui souffrent de solitude ou qui se trouvent démunis. Ils ont accumulé durant leur vie une expérience riche et féconde qu'ils pourraient transmettre aux générations montantes. Le récit suivant est un exemple édifiant.

Le vase d'or

On raconte qu'il n' y a pas si longtemps, dans une terre pas si lointaine vivait un empereur. Cet empereur était craint et redouté par son peuple et par tous les peuples des alentours. Un jour qu'il se promenait dans son palais, il resta pétrifié devant un miroir. Il s'approcha, porta la main à sa tête, se caressa les cheveux, puis il recula, horrifié de voir qu'il avait des cheveux blancs. Il se dirigea vers les fenêtres du palais. Il fit battre le rappel et devant son peuple assemblé, il dit : « À dater de ce jour, tous les hommes qui ont des cheveux blancs seront décapités. Celui qui soustrait un vieillard à cette sentence sera lui-même décapité. »

À travers le pays, les gardes de l'empereur rassemblèrent les vieillards et les enfermèrent dans les geôles les plus sombres et les plus noires du palais. Et bientôt, les maisons, les rues, les parcs du pays tout entier se vidèrent des anciens. Un jeune homme qui habitait ce pays décida de soustraire son vieux père à la folie meurtrière de l'empereur. Un jour, tôt le matin, il emmena le vieillard à la chevelure blanche au sommet d'une montagne, et dans une grotte connue de lui seul, il l'installa. Et chaque matin et chaque soir, le fils alla rendre visite au père et lui apporta son repas. Un jour, pour se distraire, l'empereur fit venir en son palais les plus vigoureux jeunes hommes de son empire : « Écoutez-moi ! Voyez-vous ce lac qui entoure mon palais. Au fond, vous distinguerez un vase en or. Celui d'entre vous qui repêchera ce vase et me le rapportera, celui-là, je gracierai son père. Ils se précipitèrent tous au bord du lac. Ils scrutèrent l'eau, insistèrent et aperçurent un scintillement, puis de plus en plus précisément, une forme : un vase d'or ! Le premier se déshabilla, se précipita, s'élança, plongea et disparut dans le lac. Tous retinrent leur souffle. Peu après, le jeune homme ruisselant, jaillit des flots, sortit de l'eau, bredouille et le regard en peine. Un deuxième, un troisième, un vingtième, puis... un centième tentèrent le sort en vain. Le soir tomba. On attendit le lendemain pour poursuivre l'épreuve. Profitant de la nuit, le fils se précipita et alla trouver son père. Il lui porta son repas, s'installa en face de lui et resta là, pensif. Le père l'interpella.

– Qu'as-tu mon fils ? Pourquoi ce regard en peine ? Serais-tu fatigué de prendre soin de moi matin et soir ?

– Oh non, père.

– Quelque chose te tracasse ?

– Et bien, père ! Voilà !

Et le fils expliqua l'épreuve imposée par l'empereur à tous les jeunes hommes en âge de la tenter. Après le récit de son fils, le père resta silencieux un instant. Ensuite, il approcha son bol plein de soupe encore fumante, souleva sa cuillère et la laissa suspendue au-dessus du bol.

– Regarde bien, mon fils. Que vois-tu dans le bol ?

– Mais de la soupe, père !

– Oui, mais encore, ne distingues-tu rien d'autre ?

– Ah ! si, père, la cuillère est au fond du bol.

– Non, mon fils. La cuillère est au-dessus du bol.

Le fils ne comprend pas. Après le repas, il retourne au bord du lac. Dans l'aube naissante, le fils distingua un arbre immense. Les branches s'élançaient dans toutes les directions et surplombaient le lac. En un instant, il comprit tout. Il attendit le matin. L'empereur et ses collaborateurs s'installèrent pour assister à l'épreuve. Le jeune homme s'approcha de l'empereur et demanda la permission de tenter sa chance. L'empereur hoche la tête en signe d'acquiescement. Au lieu de se déshabiller, de se précipiter, de s'élancer, de plonger et de disparaître dans le lac, tous, le voient avec assurance se diriger vers l'arbre et en commencer l'ascension. Certains riaient à gorge déployée, les moqueries fusèrent :

– Il est fou !

– Il n'est pas fou, il est idiot !

– Eh, l'ami, penses-tu que le lac soit situé au sommet de l'arbre ?

D'autres doutent :
– Non, il n'est pas fou ! Il monte certainement à l'arbre pour plonger le plus profond possible, pour essayer d'atteindre le vase d'or.

Devant le calme et la sérénité du jeune homme, chacun finit par retenir son souffle. L'empereur était pâle. Il s'était levé et, imperturbable, il fixa la scène. Le jeune homme arriva au sommet de l'arbre et, là, prisonnier dans les branches, un magnifique vase d'or.
– Voici, Monseigneur, le vase d'or.
– Bravo, jeune homme ! Ton père sera épargné.

L'empereur s'éloigna puis revint sur ses pas et ajouta : « Si tu me dis, comment tu as fait pour réussir cette épreuve, alors tous les anciens seront épargnés. »

Le jeune homme raconta comment son vieux père à la chevelure blanche lui avait soufflé la solution de l'énigme. Et l'empereur tint sa parole. Depuis ce jour, on raconte que les anciens purent continuer à vivre en toute quiétude et à proposer aux plus jeunes ce que les années ont forgé.

Pour savoir ce que les anciens ont à nous apprendre, nous devons d'abord les aimer ; non pas de façon abstraite, mais les aimer vraiment, auprès de nous, dans nos maisons, notre travail ou à l'école. Nous devons travailler ensemble pour bâtir une société qui nous permette de veiller les uns sur les autres.

LA LOI JUIVE ET LA PROTECTION DES ANIMAUX

La législation juive pose comme principe d'origine divine la défense de faire souffrir les animaux. Cette défense est exprimée dans le Talmud sous la forme suivante : Par disposition de la Torah[1] : « Il est interdit de faire souffrir les animaux. » Non seulement, l'animal ne devra pas être frappé mais, tout comme l'homme, il a droit au repos hebdomadaire : « Durant six jours, tu travailleras, mais le septième est la trêve pour l'Éternel. Tu ne feras aucun travail… ni toi… ni ton bétail[2]. » « Six jours tu travailleras mais, au septième jour, tu te reposeras afin que ton bœuf et ton âne se reposent[3]. »

Il est défendu à l'homme de prendre ses repas avant d'avoir donné à manger à ses bêtes

Il est interdit de faire souffrir les animaux de quelque manière que ce soit. « Ne laboure pas avec un bœuf et un âne attelés ensemble[4]. » Leurs pas sont différents. Leur force également. Et un animal se fatigue plus que l'autre. « Ne muselle point le bœuf pendant qu'il foule le grain[5]. » Il a droit à cette nourriture qu'il prépare pour l'homme et on ne saurait, sans cruauté, exciter son désir et sa faim sans les apaiser. L'aide et la protection envers les animaux sont obligatoires. « Tu ne dois pas voir l'âne ou le bœuf de ton frère s'abattre sur la voie publique et te dérober à eux : tu es

---

1 *Chabbath* 128b ; *Baba Metsia* 36b.
2 Ex. 20, 10.
3 Ex. 24, 4.
4 Dt. 22, 10.
5 Dt. 25, 4.

tenu de les relever avec lui[1]. » « Si tu vois l'âne de ton ennemi succomber sous sa charge, garde-toi de l'abandonner ; aide-le, au contraire, à le décharger[2]. »

Il est également interdit de dénicher une couvée[3]. Lorsqu'un veau, un agneau, un chevreau vient de naître, il doit rester sept jours auprès de sa mère[4]. Il est également interdit de tuer la mère et le petit le même jour[5]. Ce précepte, dit Maimonide[6], « a pour but d'épargner à la mère le douloureux spectacle de l'égorgement de son petit, car les animaux, autant que les hommes, s'attachent à leur progéniture ».

Il est défendu à l'homme de prendre ses repas avant d'avoir donné à manger à ses bêtes[7]. Un récit poignant montre comment les juifs mettent en application ce principe. « C'était dans une des gares de Slovaquie. Un train était à l'arrêt et sa locomotive se trouvait sur les rails qui mènent à Auschwitz. De la lucarne d'un des wagons chargé d'hommes et de femmes condamnés à mourir, surgit la voix d'un homme qui, s'adressant à un de ses amis se trouvant sur le quai, lui dit : « J'ai laissé dans la maison des poules. Elles n'ont rien mangé depuis le matin. Rends-moi un grand service. Va leur donner à manger et à boire. Il est interdit de les faire souffrir. »

L'assistance à un animal accidenté ou en danger est une obligation religieuse. Lorsqu'un animal tombe dans un fossé d'où il n'est pas facile de le faire remonter, il faut lui apporter à manger et à boire ainsi qu'une litière[8]. Il ne faut pas couper la queue à une bête car cela l'empêcherait de chasser les mouches et lui causerait ainsi des ennuis[9]. La chasse est un sport singulièrement impopulaire parmi les juifs, même parmi ceux qui n'observent pas la *Cachrouth*. La position du judaïsme sur la chasse a été résumée par Rabbi Ézéchiel Landau de Prague (1713-1793). « Comment un juif peut-il tuer un animal sans aucune nécessité et pratiquer la chasse simplement pour passer agréablement le temps ? » Selon le Talmud, nous sommes autorisés à éliminer des animaux sauvages seulement lors-

---

1 Dt. 22, 12.
2 Ex. 13, 5.
3 Dt. 22, 6-7.
4 Lév. 22, 27.
5 Lév. 13, 28.
6 Maimonide, *Le Guide des Égarés*, 3, 48.
7 Il est écrit d'abord : « Et je donnerai de l'herbe à tes champs pour ton bétail » et ensuite « … et tu mangeras et tu te rassasieras. » (Dt. 11, 15)
8 *Chabbath* 128b.
9 *Sefer Hassidim*, 589.

qu'ils envahissent nos propriétés. Il nous est cependant interdit de les poursuivre dans les bois, jusque dans leurs terriers, lorsqu'ils ne gênent en rien nos habitations. Pratiquer une telle chasse, c'est simplement suivre les désirs de son cœur. Il en va autrement de celui qui vit du produit de la chasse. Dans ce cas, nous ne dirons pas qu'elle est forcément cruelle. Nous abattons bien les animaux de boucherie et certains oiseaux. Nous pêchons les poissons pour subvenir à nos besoins. Mais, nous considérons purement et simplement la chasse comme une véritable cruauté, quand l'homme la pratique par plaisir ou par sport[1]. La castration est formellement interdite par la religion juive[2].

Moïse et ses moutons

Le Talmud insiste également sur ces prescriptions. Deux histoires sont instructives à ce propos. Gardant les troupeaux, Moïse se mit à la poursuite d'un agneau qui s'enfuyait. Ce dernier, arrivé près d'un ruisseau, s'arrêta et se mit à boire. « Je ne savais pas que tu fuyais parce que tu voulais boire, dit Moïse, mais maintenant tu dois être fatigué. » Et il emporta l'agneau sur ses épaules. Dieu dit alors : « Parce que tu as eu pitié du troupeau que tu gardes, en vérité, tu mérites de devenir le berger d'Israël[3]. » On lit également dans le Talmud : « Rabbi Yehouda Ha Nassi[4] se rendit un jour à l'abattoir. Un veau, échappé, se réfugia auprès de lui et se cacha sous son manteau. Mais le rabbin le repoussa. Va à ton sort, lui dit-il. Le rabbin tomba malade et les médecins ne pouvaient le guérir. Or, un jour que la

1 *Noda' Be Yehouda*; Responsa sur *Yoré Dé'a* 2:10.

2 *Even Ha 'ezer*, 5, 14.

3 *Midrach Rabba, Chemoth*, 82.

4 138-217. Chef spirituel et politique de la communauté juive d'Eretz Israël. Il était le fils de Siméon Ben Gamliel II à qui il succéda à la tête du Sanhedrin aux alentours de l'année 170. Ses maîtres furent, outre son père, Yehouda bar Ilay, Yossé Ben Halafta, Simeon Bar Yohaï et Eleazar Ben Chammoua. Son autorité se trouvait renforcée du fait de sa richesse. Il était reconnu par les autorités romaines comme le véritable chef et le porte-parole de la communauté juive. En coopération avec les principaux maîtres de son époque, il entreprit de rassembler les éléments qui étaient non seulement juridiques, mais aussi théologiques, éthiques et historiques. Ces éléments furent classés, organisés. Cet ouvrage, la *Michna* servit de fondation aux Talmuds de Jérusalem et de Babylone. La profonde religiosité de Yéhouda Ha Nassi s'est traduite dans de nombreuses prières dont certaines ont été intégrées à la liturgie quotidienne, comme la prière demandant protection contre l'arrogance, la mauvaise compagnie, un mauvais procès ou un plaideur juif ou gentil (Berachoth 16b).

servante nettoyait la chambre du malade, elle trouva sous le lit un nid de souris blanches et elle voulut les tuer. Ne le fais pas, dit le rabbin ! Laisse-leur la vie. À partir de ce moment, le rabbin revint à la vie et sa guérison fut complète[1]. »

Quelques règles fondamentales

Il est évident que, pour le judaïsme, toute loi pouvant améliorer la qualité de vie de l'animal est souhaitée et approuvée. Tous les progrès techniques susceptibles de soulager l'animal et de lui éviter des souffrances inutiles ont été adoptés dans nos abattoirs, notamment dans le domaine de la contention. Ceci explique également pourquoi l'abattage selon le rite religieux est confié à un « *Chohet*[1] » qui, en dehors des connaissances théoriques et pratiques exigées par son art, doit présenter les qualités morales allant jusqu'aux scrupules. En effet, après plusieurs années d'études dans une École supérieure talmudique, un étudiant possédant de solides bases théoriques peut effectuer, à titre de spécialisation, un stage de deux ans en moyenne auprès d'un collègue compétent. Il apprend la théorie et la pratique de sa fonction. On lui fait pratiquer plusieurs abattages et on lui apprend comment affûter le couteau. Il ne doit pas perdre le contrôle de lui-même lors de l'effusion du sang. Quand le maître estime son élève suffisamment habile, ce dernier passe un examen théorique et pratique auprès d'un tribunal rabbinique composé de trois rabbins. Si le candidat réussit ses examens, on lui délivre alors un diplôme l'autorisant à abattre. Par la suite, il sera tenu, durant toute sa carrière, de réviser les règles théoriques. Il est également soumis au contrôle rigoureux du rabbin de la communauté pour laquelle il travaille. On doit s'assurer de l'intégrité du comportement moral et religieux du *Chohet*. Eu égard à la responsabilité qui lui incombe, il doit être irréprochable.

L'abattage selon le rite religieux

De très nombreuses lois entourent l'abattage selon le rite religieux. Parmi celles-ci, citons notamment le choix de l'opérateur, sa

1 *Baba Metsia*, 85a.
2 Abatteur rituel.

nomination, les qualités requises, le choix de l'instrument[1], le mode de l'opération[2]. Le *Chohet* doit être un homme en bonne santé et jouissant pleinement de ses capacités physiques. En particulier, il ne doit pas être atteint de tremblements nerveux et les mouvements de ses mains doivent être sûrs et rapides. L'abattage se fait par saignée au moyen d'un couteau dont le fil est aussi tranchant et aussi régulier que celui d'un rasoir. L'incision rapide, sans heurt et sans pression sur les gros vaisseaux rend l'opération quasi indolore et provoque une hémorragie massive et abondante, si complète qu'en quelques secondes elle réalise une anémie cérébrale entraînant la perte de conscience et l'abolition totale de la sensibilité. De très nombreuses autorités médicales estiment que la vie consciente est plus vite abolie par la *shehita* que par n'importe quel autre mode d'abattage. D'autre part, tous ceux qui ont fait l'expérience d'une coupure franche avec un objet tranchant et bien aiguisé (lame de rasoir, feuille de papier, brin d'herbe) s'accordent à dire que la douleur n'est ressentie qu'un certain temps après la coupure et que l'on ne s'aperçoit parfois de la blessure qu'à la vue du sang ou à son contact ou même par l'avertissement d'un tiers. Or, le couteau utilisé est minutieusement aiguisé : son fil, indemne de la plus infime ébréchure, est en outre poli et manié sans pression superflue par un praticien expert. La douleur peut donc parfaitement ne pas être ressentie durant les 6 ou 10 secondes au maximum, suivant la section, au bout desquelles l'animal est déjà inconscient et, à plus forte raison, au bout des deux secondes nécessaires à l'installation de l'hypoxie, à partir de laquelle la conscience est déjà considérablement réduite.

---

1 Le couteau utilisé par le *Chohet* doit être aiguisé, poli, indemne de la moindre entaille. « Il faut faire l'épreuve du couteau sur ses trois côtés à l'aide du doigt et de l'ongle. » (Hullin 17b) Le couteau doit posséder deux fois la largeur du cou de l'animal pour éviter toute pression superflue. Quelle que soit la matière utilisée, le *Chohet* consacre le temps nécessaire à l'affûtage de ses couteaux. Tout *Chohet* est tenu de savoir aiguiser parfaitement ses couteaux et de surveiller leur tranchant. Cette aptitude est d'ailleurs un critère de sélection. Elle nécessite non seulement une grande habileté manuelle mais également une conscience professionnelle sans faille.

2 Par une section pratiquée perpendiculairement au bord du cou, le *Chohet* tranche par aller-retour la peau, les muscles trachéens, la trachée, l'œsophage, les jugulaires, les carotides, les nerfs vagues, récurrents et sympathiques. Il s'arrête aux vertèbres cervicales sans les toucher. L'opération dure une ou deux secondes, l'hémorragie est d'abord importante puis diminue progressivement.

Quelle est la position du judaïsme face à l'étourdissement ?

L'étourdissement préalable de l'animal est rigoureusement interdit[1]. La bête abattue après étourdissement devient « *trefa* » c'est-à-dire « impropre à la consommation ». Ce problème a été étudié de façon approfondie par un grand nombre de décisionnaires. Le rabbin Wajnberg[2], un des grands décisionnaires de notre siècle et dernier directeur du séminaire rabbinique Hildesheimer de Berlin consacre la première partie de son ouvrage *Sridé Ech* au problème de l'étourdissement[3]. Sa conclusion est catégorique : rien ne permet l'étourdissement des animaux avant leur abattage. C'est également l'avis du Grand Rabbin Goren, ancien Grand Rabbin d'Israël, qui déclare à ce propos : « Du point de vue religieux, il est impossible d'autoriser l'étourdissement. Nous devons suivre l'avis des Grands Rabbins d'Israël tels que Rav Chapira et bien d'autres qui ont, de façon catégorique, interdit l'étourdissement sous toutes ses formes. » Ces lois ont été appliquées même en temps de guerre et les rabbins, lors de la Seconde Guerre mondiale et malgré les difficultés de l'époque avaient interdit la consommation de viandes issues de bêtes étourdies.

Que disent les scientifiques ?

L'avis des scientifiques est extrêmement important pour nous. Car il est fondé sur des considérations objectives et dénuées de tout intérêt. Aussi, j'aimerais citer ici un extrait d'une lettre qui nous a été transmise le 19 mars 1991 par le professeur R. Dantzer, vétérinaire, docteur ès sciences, directeur du Laboratoire de neurobiologie de l'INRA et membre du Comité scientifique vétérinaire de l'Union européenne. « Les débats sur l'éventuelle souffrance provoquée par l'abattage rituel doivent être replacés dans un contexte plus pragmatique qui est celui des efforts menés par les autorités responsables pour améliorer les conditions d'abattage et, plus particulièrement, la contention des animaux tout en respectant le rite. Il s'agit d'un domaine dans lequel d'importants progrès bénéficiant à la fois aux

---

1 *Hullin* 44 ; *Yoré Déah* 29.

2 1892-1966.

3 Cet ouvrage a été rédigé en 1934, suite à la loi promulguée par Hitler interdisant l'abattage selon le rite religieux israélite.

animaux et aux opérateurs peuvent être obtenus rapidement grâce aux apports de la technologie. En résumé, la position adoptée par certains membres du Comité scientifique vétérinaire vis-à-vis de l'abattage rituel est dénuée de tout fondement scientifique sérieux et elle s'oppose aux efforts menés actuellement pour améliorer les conditions d'abattage tout en respectant le rite. Il est donc tentant d'y voir une manœuvre inspirée par des objectifs autres qu'humanitaires. »

ÉCOLOGIE ET ÉCONOMIE[1]

Durant des siècles, un équilibre harmonieux existait entre l'homme et son environnement. Depuis le début de notre siècle, l'homme moderne, surtout dans les pays riches, a dilapidé les richesses naturelles. Pour satisfaire ses besoins sans cesse croissants, il a violé les lois de la nature, ce qui a créé inéluctablement un accroissement des émissions de gaz à effet de serre responsables d'un changement climatique risquant de plus en plus de dévaster la planète. Parlant du respect et de la protection de l'environnement, la Bible écrit : « Si tu es arrêté longtemps au siège d'une ville que tu attaques pour t'en rendre maître, tu ne dois cependant pas en détruire les arbres en portant sur eux la cognée : ce sont eux qui te nourrissent, tu ne dois pas les abattre. Car l'homme est un arbre du champ, tu l'épargneras dans les travaux du siège[2]. » Dans ce précepte biblique, nous trouvons l'idée qui est aujourd'hui au premier plan des préoccupations de l'homme : la conservation de l'environnement, la prévention de la destruction des plantes et du cheptel, les limitations de la pollution de l'air, de l'eau douce et de l'eau de mer pour protéger le système écologique qui rend la vie possible. On peut se demander pourquoi l'interdiction générale de détruire l'environnement se trouve formulée dans une loi qui a trait à une situation spécifique limitée aux périodes de guerre. La guerre a toujours été la plus destructive de toutes les activités humaines. En 1970 par exemple, 250 000 hectares de terres ont été détruits au Vietnam du Sud par l'usage de moyens

---

1 Conférence donnée lors de la Session parallèle organisée à Bonn le mardi 26 octobre 1999 dans le cadre de la 5e Conférence des Nations unies sur le changement climatique.

2 Dt. 20, 19.

chimiques modernes[1]. Nous gardons tous en mémoire ces images terribles de la guerre du Golfe où des milliers de tonnes de pétrole ont été déversées dans les eaux, tuant ainsi la flore et la faune des pays avoisinants. Ainsi, la Torah choisit l'exemple de la ville investie pour démontrer quelles sont les normes de comportement à suivre pour sauvegarder l'environnement, même en état de guerre et, à plus forte raison, en période de paix. Dans la Bible, le respect de l'environnement se symbolise par l'importance de l'arbre et sa protection.

Importance de l'arbre

La protection de l'environnement passe, dans le judaïsme, par le respect de la flore et de la faune. Dans la tradition juive, l'arbre occupe une place de choix. Au moment où Dieu créa le monde – est-il écrit dans le *Midrach* – Dieu s'est occupé en premier lieu de la plantation d'arbres ainsi qu'il est dit : « L'Éternel Dieu planta le jardin d'Éden en Orient[2]. » « Dieu jardinier » : telle est la première profession de l'Éternel. De là, nos sages ont déduit que notre première occupation devrait être la plantation d'arbres et le reboisement des terres. Parlant du respect de la création, le *Midrach* ajoute : « Quand le Tout-Puissant créa l'homme, il lui fit faire le tour du jardin. Regarde Mes œuvres, comme elles sont belles et réussies, lui dit-il. Tout ce que j'ai créé, c'est pour toi que je l'ai créé. Prends donc garde à ne point dégrader ni détruire Mon univers. Si tu le faisais, personne ne pourrait y remédier[3]. » Ainsi donc, l'homme doit prendre conscience de ce que la nature ne lui appartient pas. Elle constitue un dépôt entre ses mains. Elle ne saurait être uniquement source de profit et de jouissance. Elle doit également être une source d'obligations. Nous avons une responsabilité vis-à-vis de nos enfants.

Le récit suivant, extrait du Talmud[4], illustre cet enseignement. « L'empereur Hadrien allait en guerre contre ses ennemis. En route, il rencontra un vieil homme qui plantait des figues. Hadrien lui dit alors : "As-tu l'espoir de manger les fruits de cet arbre ? Tu es vieux. Pourquoi fournis-tu tellement d'efforts ?" Le vieil homme répondit :

---

1 *Times*, le 25 mai 1970.
2 Gen. 2, 8.
3 *Ecclésiaste Rabba* 7, 13.
4 *Levitique Rabb*, 25, 5.

"Si Dieu me donne longue vie, je mangerai de ces fruits et j'en profiterai. Sinon, mes enfants les mangeront. Quand je suis venu au monde, j'ai trouvé des figues plantées par mes ancêtres, je veux que mes enfants, à leur tour, trouvent également ces fruits." L'empereur dut guerroyer trois années durant. À son retour, il rencontra à nouveau le vieil homme qui lui remit un panier plein des figues qu'il avait plantées auparavant. L'empereur prit les figues avec plaisir et remplit le panier de pièces d'or. »

Ce récit doit nous faire prendre conscience de l'importance de notre tâche sur cette terre. Nous devons lutter contre l'égoïsme dans lequel nous nous installons confortablement. Nous devons veiller au bien-être de l'humanité en maintenant l'équilibre écologique. Nous devons nous efforcer de réduire toutes sortes de pollutions qui demain risquent de causer une catastrophe au niveau de l'univers. Nous devons surtout penser au bien être de nos enfants, à qui nous léguons un monde explosé. Cet amour de l'arbre, ce souci de la défense de l'environnement ne doivent pas être un enseignement théorique. Ils doivent être inculqués à l'enfant depuis sa plus tendre enfance et faire partie de son quotidien. Aussi, la tradition avait-elle institué l'usage qu'à la naissance d'un garçon les parents plantaient à Jérusalem un cèdre, symbole de force et de puissance. Pour la fille, les parents plantaient un cyprès, symbole de parfum et de douceur. Les enfants avaient la charge de prendre soin de ces arbres et de veiller à leur développement. Le jour de leur mariage, on coupait des branches de ces arbres pour en faire les montants de leur dais nuptial.

Ce même souci d'amour et de protection de la nature se retrouve dans cette phrase tirée des *Aboth* de Rabbi Nathan. Rabbi Yohanan Ben Zaccaï disait : « Si tu es en train de planter un arbre et que l'on te dise "Le Messie est venu", continue à planter ton arbre ; après quoi tu iras accueillir le Messie. » Oui ! Le Messie, tant attendu, patientera quelques instants, juste le temps de planter l'arbre sans lequel toute vie humaine est impossible sur terre. Et dans le *Pirké* de Rabbi Éliezer, nous trouvons cette autre citation talmudique : « Un arbre fruitier que l'on coupe pousse un gémissement d'un bout du monde à l'autre. » En d'autres termes, cet homme qui vient de briser cet arbre cause un préjudice à l'humanité tout entière. Il en va de même de celui qui exploite sans vergogne les richesses souterraines.

Non à la pollution

Mais si, dans la Bible, l'arbre est comparé à l'homme qu'il faut protéger et soigner, l'environnement aussi doit être respecté. Déjà le texte biblique recommande aux enfants d'Israël, encore dans le désert, de maintenir propre leur campement car « le Seigneur Dieu marche au milieu des camps ». « Tu réserveras un endroit en dehors du camp, où tu puisses aller à l'écart : tu auras aussi une bêchette dans ton équipement et quand tu iras t'asseoir à l'écart, tu creuseras la terre avec cet instrument et tu en couvriras tes déjections[1]. » Maimonide a incorporé cette loi biblique dans son Code : « Il est interdit, prescrivait-il, de se soulager à l'intérieur du camp ou dans un champ quel qu'il soit. C'est un commandement d'y aménager un endroit spécial pour y faire ses besoins[2]. »

La pollution de l'air n'était pas non plus inconnue. Aussi les rabbins cherchèrent-ils par tous les moyens à limiter ses effets en interdisant de construire une aire de battage au milieu de la ville pour que la poussière emportée par le vent n'entame en rien la santé des habitants[3]. De la même façon, l'équarrissage, les tanneries, les cimetières n'étaient pas autorisés à moins de quarante coudées des limites d'une ville. Les tanneries, en raison de l'odeur qu'elles dégageaient, n'étaient pas autorisées non plus au milieu des villes et l'on ne devait pas construire des hauts-fourneaux dans la ville de Jérusalem à cause de la fumée[4].

Parlant de la construction des villes, la Bible[5] impose l'établissement de deux zones concentriques à la périphérie : la première destinée à l'installation des jardins publics ; la seconde destinée aux champs et à l'exploitation de la terre.

La protection de variétés importantes de plantes est réglementée dans le Talmud. De façon à protéger l'environnement, il était interdit de brûler du bois d'olivier, de vigne, de palmier ou de figuier sur l'autel du Temple[6]. Le Talmud aborde aussi le problème de la protection des ressources minérales. Ainsi, il était interdit de faire brûler trop vite une lampe à huile de naphte, car c'est gâcher une précieuse

---

1 Dt. 23, 13-15.
2 *Hilchot Melachim*, 4, 14-15.
3 *Baba Batra* 24b 25a.
4 *Baba Kama* 82b.
5 Lév. 25, 32-33.
6 *Tamid* 29 a et b.

valeur naturelle[1]. Ces exemples ne sont pas parlants pour notre monde moderne. Ils semblent être désuets et totalement dépassés. C'est vrai. Mais ce qui est important pour nous aujourd'hui, c'est l'enseignement qui s'en dégage. Et cet enseignement reste d'une grande actualité. Il nous invite à ne pas oublier que les richesses naturelles ne sont pas inépuisables. Et que, de ce fait, nous devons tout faire pour les utiliser à bon escient.

Le permis de polluer

Dans le Talmud, on explique que Dieu a donné deux éléments naturels en abondance : l'air et l'eau. Ces éléments sont disponibles. Ils n'appartiennent à personne. Cette gratuité s'explique par la vitalité de ces éléments. L'environnement est un bien commun. Il n'est pas négociable. Aujourd'hui, des voix s'élèvent dans le monde pour essayer d'introduire des mécanismes d'ajustement des marchés afin de limiter l'anarchie actuelle et pénaliser le pollueur. Ils proposent, pour ce faire, de fixer des quotas à ne pas dépasser. Le pays qui dépasserait le quota qui lui est accordé serait lourdement pénalisé. À court terme, la politique des quotas va probablement limiter quelque peu les dégâts. Mais, il est à craindre qu'un commerce de quotas ne s'installe et que les pays riches rachètent aux pays pauvres leur permis de polluer. Les dirigeants des pays pauvres, tentés par un afflux d'argent nécessaire aux besoins de leur population, seront enclins à vendre leurs quotas aux pays riches et industrialisés. Cette situation limitera peu l'émission des gaz et rendra de ce fait inutile ou inefficace le but visé. Par contre, elle handicapera le développement industriel des pays du tiers et du quart-monde qui ont davantage besoin que d'autres de ces permis pour pouvoir développer le niveau de vie de leurs citoyens. Il est impératif de songer à des solutions qui puissent limiter d'une part la pollution capable de ruiner et de détruire l'humanité mais, d'autre part, de veiller à respecter l'homme dans sa dignité. Il faut songer à libérer quelque peu l'homme de l'emprise de l'objet et d'arrêter ce cycle de consommation qui le rend esclave de l'objet et génère un gaspillage d'énergie immense. Il est également impératif d'éduquer les citoyens du monde à être respectueux de leur environnement et ce depuis

1 *Chabbath*, 68b.

l'enfance. Seul un effort d'éducation général est capable de libérer l'homme du cycle infernal consommation/gaspillage[1].

Conclusion

Une étude de l'écologie dans la tradition juive serait incomplète si l'on ne mentionnait pas le passage de la Bible où l'ère messianique est décrite comme une ère de paix entre l'homme et la nature. Cet extrait d'Amos devrait suffire : « Voici, des jours vont venir, dit l'Éternel, où le laboureur se rencontrera avec le moissonneur, celui qui foule le raisin avec celui qui répand la semence. Les montagnes ruisselleront de moût et les collines deviendront liquides. Je ramènerai les captifs de mon peuple Israël : ils restaureront leurs villes détruites et s'y établiront, planteront des vignes et en boiront le vin, cultiveront des jardins et en mangeront les fruits. Je les replanterai dans leur sol et ils ne seront plus déracinés de ce sol que je leur ai donné, dit l'Éternel, ton Dieu[2]. » Incomparable est la métaphore biblique affirmant « Et je les planterai sur leur terre » parce qu'elle décrit l'harmonie qui existe entre l'homme et son environnement naturel que nous devons protéger et garder à tout prix.

---

1 Deux milliards de personnes dans le monde, en particulier en Asie, devraient vivre dans des zones menacées par les inondations en 2050, en raison des changements climatiques et de la croissance démographique, selon une étude de l'ONU rendue publique le dimanche 13 juin 2004. Les experts de l'Université des Nations unies (UNU) estiment que près de 1 milliard de personnes, soit un sixième de la population mondiale, vivent déjà dans des zones menacées de crues centennales. Ce chiffre pourrait doubler dans deux générations, quand la planète abritera dix milliards de personnes, si aucune mesure préventive n'est prise. Selon l'UNU, les zones à risques s'étendront en raison des changements climatiques, de la montée du niveau de la mer, de la poursuite de la déforestation en particulier dans les zones montagneuses, et à cause de l'attrait des zones inondables pour la richesse de leur sol. Selon ce rapport, les cyclones et les tempêtes augmenteraient également avec le réchauffement de l'atmosphère.

2 *Amos* 9, 13-15.

JÉRUSALEM DANS LE TALMUD ET LE *MIDRACH*

Même déserte, Jérusalem,
Tu étais pour nous tous les délices de la terre ;
Même roulée dans la poussière.
Tu étais sur nous la couronne de gloire.
David Chimoni

Le 9 *Av* 565 avant l'ère chrétienne, Nabuchodonosor roi de Babylone, entra à Jérusalem, détruisit le Temple et exila le peuple après avoir vaincu la résistance héroïque des Judéens. Alors commença l'exil. Nous trouvons dans les Psaumes un écho de ces jours de deuil et nous y découvrons l'état d'âme de ces exilés.

« Sur les rives des fleuves de Babylone,
Là nous nous assîmes et nous pleurâmes
Au souvenir de Sion.
Aux saules qui les bordent,
Nous suspendîmes nos harpes
Car, là, nos maîtres
Nous demandaient des hymnes,
Nos oppresseurs – des chants de joie.
Chantez-nous (disaient-ils), un des cantiques de Sion[1] ! »

Le *Midrach* raconte : « Lorsque les vainqueurs voulurent forcer les captifs à jouer sur leurs instruments, les lévites se coupèrent les pouces sans faire entendre le moindre gémissement, la moindre plainte. Ils se tenaient debout, figés, et du sang coulait de leurs mains. Mais, soudain, un vent souffla ; il effleura les harpes et les

1 Ps. 137, 1-3.

cordes se mirent à vibrer. Les lévites levèrent les yeux vers le ciel et tendirent leurs bras aux mains mutilées vers l'Orient, disant :

« Comment chanterions-nous l'hymne de l'Éternel
En terre étrangère ?
Si je t'oublie, jamais, Jérusalem,
Que ma droite me refuse son service,
Que ma langue s'attache à mon palais,
Si je ne me souviens toujours de toi,
Si je ne place Jérusalem
Au sommet de toutes mes joies[1]. »

Depuis lors, exilés sur une terre étrangère, ils firent le serment de ne plus oublier Jérusalem. De génération en génération, ce serment sacré se transmit et la cité de David ne disparut jamais de la mémoire du peuple d'Israël. Dans les moments les plus obscurs de son histoire, soumis à l'oppression de l'ennemi, le juif, sans aucun espoir, répétait avec obstination : « L'an prochain à Jérusalem. » Ses prières, ses offrandes, ses vœux et ses souhaits ont toujours été orientés vers Jérusalem et à aucun moment il n'a jamais cessé d'être « non le juif errant, mais le pèlerin de Jérusalem ». Au fil du temps, Jérusalem devint la conscience du judaïsme. « La conscience chrétienne a trouvé très tôt une autre Jérusalem à Rome et au ciel ; la conscience musulmane, elle aussi, en a, dès son éveil, construit une autre à La Mecque et à Médine ; et la conscience agnostique, enfin, en a édifié d'autres à Paris, à New York, à Moscou et à Pékin », note André Neher[2]. Les juifs ont toujours refusé une autre Jérusalem. Depuis plus de vingt-cinq siècles, sans arrêt, sans pause, sans interruption, ils répétaient : « Si je t'oublie Jérusalem, que ma droite me refuse son service... » Il n'est donc pas étonnant, aujourd'hui, de remarquer pourquoi, en Israël, l'unification de Jérusalem a non seulement obtenu l'adhésion de tous les partis politiques, sans aucune exception, mais est devenue une plate-forme commune qui marque l'unanimité juive après la guerre des Six Jours[3]. Le juif a retrouvé son âme, son essence, le centre de sa vie spirituelle, son génie... Comment y renoncer aujourd'hui ?

---

1 Ps. 137, 4-6.
2 A. Neher, *Dans tes portes Jérusalem*, Paris, 1972, p. 12.
3 *Ibid.*, p. 14.

Jérusalem dans notre vie quotidienne

L'attachement inconditionnel du peuple juif à sa capitale n'est pas un accident fortuit. Il a été forgé au cours des siècles et nourri par les enseignements du Talmud et du *Midrach*. Un des deux *Talmudim* est appelé Talmud de Jérusalem, même s'il a été rédigé en Galilée et composé à Césarée. Le nom qui a été attribué à ce Talmud marque l'amour qu'éprouvaient ses rédacteurs pour la ville sainte. Pour perpétuer le souvenir du Temple et faire rappeler au peuple, jusque dans les actes de sa vie quotidienne, la lourde perte qu'il avait subie, les rabbins ont marqué de mille pratiques notre vie afin qu'on n'oublie jamais Jérusalem. À tout mariage, on rappelle que nulle joie ne sera parfaite tant que Jérusalem ne retrouvera pas sa gloire. Pendant la cérémonie, l'époux brise un verre à terre en souvenir de la destruction du Temple. Si l'on construit une maison, un pan de mur doit rester inachevé[1] pour signifier qu'Israël est en deuil et le monde imparfait tant que Jérusalem n'est pas relevée de ses ruines. Une femme néglige toujours un détail de sa toilette et de son maquillage[2] pour se souvenir de la ville sainte saccagée. Depuis la destruction du Temple et la ruine de Jérusalem, les rabbins ont introduit la coutume de dater les événements par rapport à la destruction du sanctuaire. Dans la vie privée, l'ère de la destruction était fréquemment combinée à celle des cycles sabbatiques. Par exemple, une pierre tombale trouvée à Ksar et Tuba est datée du « premier de *marheshvan* de la première année du cycle sabbatique, l'an 364 depuis la destruction du Temple[3] » (432-433 de l'ère chrétienne). Chose curieuse, aucune administration romaine ne semble avoir empêché le remplacement de l'ère impériale par une autre qui commémorait la tragique destruction de la ville sainte et de son sanctuaire.

Des radicaux voulaient renoncer tout à fait à l'usage de la viande et du vin, puisqu'on ne pouvait plus offrir ces aliments sur l'autel de

---

1 Batra 60b.

2 *Ibid.*

3 *Cf.* T. Reinach, « Inscriptions de Touba ». Rej. 85, 1-10. La même double date qu'à Touba se rencontre aussi dans les trois inscriptions de cette période et d'une période ultérieure, qui figurent sur « les pierres tombales juives de Zoar ». *Cf.* l'essai en hébreu de E.L. Sukenik in « *Kedem* », II, 83-88. Ce système de datation persista en Palestine et dans les pays voisins jusqu'à l'époque des croisades. L'ère juive de la Création, en revanche, bien que fondée sur des computations admises, telles que celles de « *Seder 'Olam* » de R. Jose, ne pénétra que très lentement dans l'usage établi. La plus ancienne des inscriptions connues qui l'utilisent semble être celle découverte par David Chwolson en Crimée et qui, si sa lecture est correcte, date de 376 de l'ère chrétienne.

Jérusalem. Toutefois, à en croire une vieille tradition talmudique, Rabbi Josua protesta. Il soutint que si on voulait être logique jusqu'au bout, cette interdiction devrait signifier aussi l'abstention du pain et des fruits, qui, l'un comme les autres, avaient fait l'objet d'offrandes sacrificielles. La déclaration finale de Rabbi Josua selon laquelle il ne faut pas se lamenter du tout, la chose est impossible, car le décret fatal a été promulgué ; se lamenter trop est également impossible, car on ne doit pas édicter une interdiction que la société est incapable de supporter[1], peut être regardée comme la vue autorisée des dirigeants juifs peu après la catastrophe. Les femmes, quant à elles, afin de se souvenir de la ville assassinée, avaient l'habitude de se parer jadis d'un bijou en or sur lequel était gravé l'image de Jérusalem. Ce bijou s'appelle en araméen *Yeruchalaym de dahaba*[2] (Jérusalem d'or).

Mais c'est dans les prières quotidiennes que le souvenir de la ville sainte revient à chaque instant. Trois fois par jour, nous demandons à Dieu de « faire revenir nos juges comme au début, et nos conseillers comme au commencement. À Jérusalem Ta ville, dans la tendresse, reviens, habite son sein comme Tu l'as dit, bâtis-la prochainement, de nos jours, en édifice d'éternité. Tu es béni, Éternel, constructeur de Jérusalem ». Après chaque repas, la prière pour l'édification de Jérusalem revient comme un leitmotiv qu'il s'agit d'ancrer dans nos mémoires à jamais. « Miséricorde, Éternel pour Ton peuple Israël, et pour Jérusalem Ta ville et pour Sion, sanctuaire de Ta gloire, et pour la royauté de la maison de David[3]. Reconstruis Jérusalem, ville du sacré, promptement de nos jours. Tu es béni, Éternel, constructeur en sa grâce de Jérusalem. Amen[4]. »

Sainteté de Jérusalem

Ces rappels et ces prières sont motivés non seulement par la place qu'occupe cette ville dans nos cœurs mais aussi par son importance pour notre culte et sa sainteté. Pour cette raison, nos sages glorifient sans cesse la beauté et la sainteté de Jérusalem. « Rien ne peut égaler

---

1 *Sotah* 49ab.

2 *Nedarim* 50a ; *Chabbath* 59a.

3 *Berachoth*, 44a.

4 Nous avons adopté pour toutes ces prières, la traduction d'André Chouraqui, *Vivre pour Jérusalem*, Paris, 1973, p. 115-116.

la beauté de Jérusalem[1]. » « Dix parts de beauté ont été accordées au monde entier ; neuf parts reviennent à Jérusalem et une part pour le reste du monde[2]. » « Celui qui n'a pas vu Jérusalem dans toute sa splendeur, n'a jamais vu une belle cité de sa vie[3]. » « Jérusalem et son Temple sont la lumière du monde[4]. » Aux yeux des anciens, Jérusalem est située au centre du monde. « Israël se trouve au centre du monde ; Jérusalem au centre d'Israël et le Temple au cœur de Jérusalem[5]. » « Quel est le nombril du monde ? » se demande le Talmud. « C'est Jérusalem[6]. » Un grand nombre de rabbins, par amour pour cette ville, ont ajouté à leur nom, celui de Jérusalem. « Rabbi Zeira de Jérusalem[7]. » « Chebna de Jérusalem[8]. » « Yossi Ben Yohanan, homme de Jérusalem[9]. » Le séjour à Jérusalem est si important que nos sages n'ont pas hésité à déclarer : « Celui qui habite à Jérusalem a droit au monde futur[10]. » Selon le *Midrach*, septante noms ont été attribués à la ville de Jérusalem. Parmi ces noms, nous pouvons citer : « *Menouha ve Nahala*[11] » (lieu du repos et du patrimoine) ; « *Ariel*[12] » (nom poétique de Jérusalem qui signifie : lion de Dieu) ; « *Behirah*[13] » (la choisie) ; « *Gefen*[14] » (la vigne) ; « *Hayym*[15] » (la vie) ; « *Har hatov*[16] » (la bonne montagne) ; « *Har hammor*[17] » (le mont où coule la myrrhe).

Parmi les mesures qui ont été prises par les notables de Jérusalem pour préserver la sainteté de la ville et ne pas causer des dommages aux pèlerins qui la visitaient, citons notamment : « On n'y dépose

---

1 *Abot de Rabbi Natan* 28.
2 *Kiddouchin,* 49b.
3 *Souccah,* 51b.
4 *Batra,* 4a et *Berechit Rabba,* 59.
5 *Tanhuma Kedochim,* 19-10.
6 *Sanhedrin* 37a.
7 *Sota,* 25a ; *Sanhedrin,* 88a ; *Sifré Débarim,* 218.
8 *Chabbath* 12b.
9 *Yehamot* 53b.
10 *Pessahim,* 113a.
11 *Bemidbar Rabba,* 14 ; *Zebahim,* 119a-b.
12 *Michna Middot,* 4,7 ; *Psiqta de Rab Kahana,* Jer. 1,1.
13 Douze ont été choisis par Dieu : Abraham (Néh. 9, 7) ; Jacob (Is. 41, 8) ; Israël (Is. 44, 2) ; Moïse (Ps. 106, 3) ; le Messie (Is. 42, 1) ; David (Ps. 78, 1) ; Salomon (I Chron. 28, 8) ; Jérusalem (Is. 4, 3).
14 *Hullin* 92a.
15 Parmi les douze noms à qui on a attribué le nom « *hayym* » citons : D. (Jér. 10, 10) ; la Torah (Prov. 3, 18) ; Israël (Dt. 4, 4) ; Jérusalem (Is. 4, 3).
16 *Sifré* section *Pinhas* 134.
7 *Tanhuma* section *Vayyera* 44.

pas les immondices, pour ne pas attirer les insectes ; on n'y construit pas des fourneaux à cause de la fumée ; on n'y élève pas de volailles ; on n'y enterre pas les morts ; on n'y maintient aucune tombe exceptées les tombes du roi David et de la prophétesse Hulda qui existaient déjà à l'époque des premiers prophètes[1]. » Si la ville jouit d'un certain prestige, les habitants aussi sont nommés dans le Talmud d'une façon élogieuse. « Les chers habitants de Jérusalem », lit-on dans le traité *Souccah*[2]. Dans le traité *Sanhedrin*, il est écrit : « Les chères femmes de Jérusalem avaient l'habitude de faire des dons[3]. » Les gens qui vivent à Jérusalem sont qualifiés d'hommes sages « ayant l'esprit clair[4] ». Cette qualité n'est pas seulement l'apanage des parents, les enfants aussi bénéficiaient d'une acuité d'esprit proverbiale.

La sagesse des enfants de Jérusalem

Les enfants de Jérusalem étaient en effet doués, selon le Talmud et le *Midrach*, d'une intelligence hors pair. On les comparait essentiellement aux habitants d'Athènes, rivale de Jérusalem et dont les citoyens passaient à l'époque pour des érudits et des hommes brillants. Les récits qui suivent illustrent bien cet aspect. Un Athénien vint à Jérusalem. Il rencontra un enfant à qui il remit quelques pièces de monnaie en disant : « Va, achète-moi avec ces pièces un aliment que je pourrai manger à satiété et dont une partie servira pour mes provisions. Le petit enfant acheta du sel. L'Athénien dit alors : "T'ai-je demandé de m'acheter du sel ?" "Ne m'as-tu pas dit, répliqua l'enfant, de t'acheter un aliment que tu puisses manger et dont il te restera pour ton voyage ! Le sel est le seul produit bon marché que tu pourras manger à satiété et dont tu pourras prendre le reste avec toi[5]". » Un Athénien vint à Jérusalem. Il rencontra un enfant à qui il demanda de lui acheter du fromage et des œufs. Quand l'enfant arriva, son interlocuteur lui dit : « Peux-tu m'indiquer où se trouve le fromage qui provient d'une chèvre blanche et quel est celui appartenant à une chèvre noire ? » L'enfant répondit : « Tu es un

---

1 *Qamma* 82b et *Abot de Rabbi Natan* 35.
2 *Souccah* 37a ; *Yoma* 19b.
3 *Sanhedrin* 43a ; *Kettoubbot* 106a.
4 *Sanhedrin* 23a et 30a.
5 *Eicha Rabbati* 8.

homme plus âgé et plus intelligent que moi, pourras-tu me dire où sont les œufs pondus par une poule blanche et ceux qui ont été pondus par une poule noire[1] ? »

Rabbi Josua se promenait un jour dans les rues de Jérusalem. Il vit un enfant qui portait un récipient couvert.

– Que portes-tu dans ta main ? lui demanda le rabbin.

– Si ma mère voulait que tu saches le contenu de ce récipient, elle ne l'aurait pas couvert, rétorqua l'enfant.

Il rencontra par la suite une fille qui puisait de l'eau. Le rabbin lui demanda de lui donner un peu d'eau.

– À toi et à tes animaux, répondit la fillette.

Après avoir bu, le maître lui dit :

– Ma fille, tu as agi à l'instar de notre mère Rivka.

– J'ai fait comme Rivka, mais toi, tu n'as pas suivi l'exemple d'Éliezer, reprit la petite fille.

À ce moment Rabbi Josua s'exclama et dit : « Vous êtes heureux Israël, vous qui êtes sages, du plus grand au plus petit[2]. »

Les coutumes et les fêtes à Jérusalem

La ville de Jérusalem avait des coutumes qui lui étaient propres et qui montrent combien les habitants de cette ville étaient soucieux de maintenir la dignité et le respect humain. À Jérusalem, il y avait un tapis étendu près de chaque porte. Les invités pouvaient rentrer tout le temps que le tapis était étendu. Ils cessaient de rentrer dès que le tapis disparaissait[3]. Les gens probes de Jérusalem agissaient ainsi : ils ne signaient un acte de notaire que lorsqu'ils connaissaient le deuxième signataire ; ils ne siégeaient pour rendre justice que lorsqu'ils savaient qui devait siéger avec eux ; ils ne se rendaient à une fête que lorsqu'ils savaient qui étaient les invités[4]. Il y avait en dehors de Jérusalem une coupole où se rendaient les gens qui voulaient faire leurs comptes. Pourquoi ? Ils ne pouvaient pas faire leur compte à Jérusalem de peur de s'apercevoir d'une perte

---

1 *Idem*, 10.

2 *Idem*, 20. Cet exemple, pris parmi de nombreux autres, montre la sagesse et l'érudition des enfants de Jérusalem, sagesse qui émerveille un des plus grands talmudistes de l'époque.

3 *Batra* 93b.

4 *Sanhedrin* 23b.

d'argent et de s'attrister. Jérusalem n'a-t-elle pas été appelée « la joie de l'univers[1] » ?

Une pierre qui avait une grande valeur communautaire se trouvait à Jérusalem. Toute personne qui avait perdu un objet s'y rendait, et toute personne qui avait trouvé un objet s'y rendait également. L'un criait pour trouver le propriétaire et l'autre donnait des signes pour récupérer son bien[2]. Une grande cour se trouvait à Jérusalem. On l'appelait « *Beit Yaazek* ». Tous les témoins s'y rendaient et les juges vérifiaient l'authenticité de leur témoignage. On y organisait des grandes fêtes pour encourager les témoins à venir porter leur témoignage[3]. La ville de Jérusalem avait ses propres pièces de monnaie. « Comment étaient les pièces de Jérusalem ? Sur une face il y avait l'effigie des rois David et Salomon. Sur l'autre face, l'image de la ville de Jérusalem[4]. »

Les réjouissances à Jérusalem revêtaient un caractère solennel. Elles n'étaient égalées par aucune autre ville. La « fête de la libation » est une des fêtes que le Talmud décrit avec un luxe de détails. À l'époque du Temple, la fête de *Souccoth* était marquée par de grandes réjouissances populaires. Accompagnant la libation de vin prescrite par le Talmud, les prêtres versaient sur l'autel de l'eau puisée aux sources de Siloé, à proximité de Jérusalem. Le 15 du mois de *Tichri*, après l'offrande journalière du soir, une grande foule envahissait le parvis du Temple pour assister à un divertissant spectacle en l'honneur de la joie de la libation. Une multitude de lampes géantes, d'heure en heure alimentées d'huile par de jeunes prêtres habiles, illuminaient le sanctuaire qui offrait ainsi un aspect vraiment féerique. Une joyeuse animation régnait. La foule ne ménageait pas ses applaudissements à ses chefs qui faisaient de véritables tours de force avec des torches allumées qu'ils lançaient en l'air et qu'ils rattrapaient ensuite. On raconte que Rabbi Simeon Ben Gamliel était passé maître dans ce genre d'exhibition. Il réussissait à projeter en l'air huit torches simultanément et à les rattraper sans que les unes touchassent les autres. Le tout, cependant, revêtait un caractère religieux par les airs, vocaux et instrumentaux, que les Lévites, rangés sur les quinze degrés qui séparaient le parvis des

---

1 *Chemoth Rabba* 52, 4.

2 *Metsia* 28b.

3 *Roch-Hachanah* 23b.

4 *Qamma* 93b.

hommes du parvis des femmes, faisaient entendre. Ce n'était qu'à l'heure du chant du coq que ces réjouissances prenaient fin. Au son des trompettes, on se dirigeait alors vers Siloé pour puiser l'eau pour la nouvelle libation... Le souvenir de cette fête grandiose est resté tellement vivant dans l'esprit de nos sages qu'ils ont écrit : « Celui qui n'a pas vu la joie de la libation d'eau n'a jamais connu de joie[1]. » En dehors des fêtes de pèlerinage où la ville accueillait une foule de pèlerins imposante, deux fois par an, la ville de Jérusalem revêtait sa parure de fête. Selon Rabbi Simeon Ben Gamliel « parmi toutes les fêtes, aucune n'égalait le 15 *Ab* ni le *Yom Hakippourim* où les jeunes filles, toutes de blanc vêtues avaient emprunté leurs parures pour ne pas faire rougir les pauvres... Les jeunes filles de Jérusalem dansaient dans les vignobles en chantant : jeune homme, considère qui tu choisis[2] ! »

Destruction de Jérusalem et de son Temple

La littérature talmudique et midrachique est marquée par la destruction de Jérusalem et de son Temple. La lecture du *Midrach Eichah Rabbati* relève avec une force dramatique les souffrances subies par les exilés. Les prophètes, des siècles durant, ont mené une lutte acharnée pour éviter la destruction de Jérusalem. Le peuple, cependant, a refusé de voir clair et de revenir vers Dieu. Alors le courroux divin s'acharna sur lui et, dès lors, l'exil devint inexorable.

Plutôt que de blâmer l'ennemi étranger, les dirigeants du judaïsme suivirent la ligne d'auto-accusation des anciens prophètes et imputèrent la ruine aux propres transgressions du peuple. Une histoire racontée à propos de Rabban Yohanan Ben Zaccaï, illustre d'une manière typique des justifications théoriques de ce genre. Au cours de son voyage à Emmaüs, il remarqua sur la route Miriam, fille de Naqdimon Ben Gourion, qui avait été un homme de haute naissance. Rabbi Yohanan avait signé lui même, en qualité de témoin, le contrat de mariage qui assurait à Miriam un million de deniers d'or pour le cas où elle deviendrait veuve. À présent, elle était devenue si pauvre que, pour apaiser sa faim, elle ramassait des grains d'orge dans le crottin laissé par le cheval d'un cavalier arabe. Rabbi Yohanan fut incité à spéculer sur les implications homilétiques du verset : « Si

---

1 *Soucca* 51a.
2 *Soucca* 30b.

tu ne le sais pas, ô la plus belle des femmes ! » « Vous ne vouliez pas être soumis à Dieu, commença-t-il à prêcher, et voici qu'à présent vous êtes soumis à des êtres humains. Vous ne vouliez pas payer d'impôt personnel à Dieu, maintenant vous payez une capitation de quinze sicles à vos ennemis. Vous ne vouliez pas réparer les routes et les rues qui conduisaient au Temple ; maintenant il vous faut entretenir les postes et les relais sur la route qui mène aux villes royales. Parce que tu n'as pas voulu servir Dieu dans l'amour, tu serviras donc ton ennemi dans la haine ; parce que tu ne servais pas le Seigneur, ton Dieu lorsque tu étais dans l'abondance, tu serviras ton ennemi dans la soif[1]. »

Le Talmud, dans le traité *Chabbath* donne les raisons qui ont mené à la destruction de Jérusalem. « Jérusalem n'a été détruite que parce qu'on y a transgressé le *Chabbath*... Jérusalem n'a été détruite que parce qu'on a cessé d'y lire le *Chéma'*[2] matin et soir... Jérusalem n'a été détruite que parce que les enfants y ont cessé d'étudier la Torah... Jérusalem n'a été détruite que parce que les gens n'y étaient plus pudiques[3]. » Mais c'est le manque de respect d'autrui et la non-application des valeurs humaines les plus élémentaires, qui selon le Talmud, ont causé la chute du Temple et la ruine de Jérusalem. Le récit talmudique suivant illustre bien notre propos.

Un homme avait un ami qui s'appelait Kamtsa et un ennemi dont le nom était Bar Kamtsa. Il offrit un banquet et envoya l'un de ses serviteurs inviter Kamtsa au festin. Mais ce dernier invita par erreur Bar Kamtsa. L'organisateur du festin, voyant Bar Kamtsa assis parmi ses invités, s'adressa à lui dans les termes suivants :

– « Tu as toujours été mon ennemi, que viens-tu faire ici ? Lève-toi et va-t'en ! »

– « Je t'en prie – dit l'invité indésirable – puisque je suis venu et me trouve ici, laisse-moi rester ; ne me couvre pas de honte et je te rembourserai la boisson et la nourriture que je prendrai. » Le maître

---

1 *Mekilta, Hahodech*, I, sur *Exode*, 19 : 1-2 ; *Cant.* 1, 8 ; Ex. 38, 26 ; *Dt.* 28, 47-48.

2 Le *Chéma'* est le nom de la confession de foi de l'israélite : elle est appelée ainsi parce que le premier mot de la formule sacré est *Chéma'* (Ecoute). Elle est empruntée à un discours de Moïse aux enfants d'Israël dont le texte est : « Écoute Israël le Seigneur (est) notre Dieu le Seigneur (est) un. » Le *Chéma'* est composé de trois passages du Pentateuque (*Dt.* 6, 4-9 ; *Dt.* 11, 13-21 ; *Nb.* 15, 37-41). Cette prière qui forme la partie centrale des offices du soir et du matin, proclame le principe de l'unité divine, et le devoir, pour le fidèle, de le faire vivre en son propre cœur et de l'inculquer à ses enfants.

3 *Chabbath* 119b.

de maison refusa catégoriquement. Bar Kamtsa lui offrit alors de payer la moitié du banquet, mais cette offre fut également rejetée. Bar Kamtsa proposa alors de payer les frais entiers mais le maître de maison se saisit de lui et le jeta à la porte. L'homme humilié et dégradé pensa : « Puisque les rabbins présents au festin sont restés tranquillement assis sans élever la moindre protestation, il est évident qu'ils l'approuvent. Je vais m'adresser à l'empereur et je les attaquerai tous. » Il alla chez l'empereur et lui dit : « Les juifs se sont révoltés contre vous. » Lorsqu'on lui demanda de prouver la vérité de ses paroles, il dit : « Demandez que l'on offre à Jérusalem un sacrifice en votre nom et vous verrez si votre ordre sera exécuté ou non. » L'empereur envoya par l'intermédiaire de Bar Kamtsa un veau engraissé mais, sur son chemin, Bar Kamtsa blessa l'animal à la lèvre supérieure et, de cette façon, rendit la bête inutilisable en tant que sacrifice. Les rabbins décidèrent, afin de ne pas provoquer la colère de l'empereur, de sacrifier l'animal malgré sa blessure. Mais Rabbi Zakaria Ben Avkilos annula cette décision en affirmant que le peuple serait scandalisé de voir que l'on sacrifiait sur l'autel sacré un animal blessé. Rabbi Yohanan dit alors : « La piété de Zakaria Ben Avkilos détruisit le temple, brûla le sanctuaire et nous exila de notre pays ! » Rabbi Eleazar, quant à lui déclara : « Rends-toi compte combien est grave le fait de faire honte à quelqu'un en public ! Dieu a aidé Bar Kamtsa dans son entreprise néfaste, à être la cause de la destruction du Temple et l'incendie de son sanctuaire[1]. »

Après la destruction de Jérusalem

Après la destruction de Jérusalem et de son Temple, les juifs continuèrent à monter à Jérusalem pour y résider, même après qu'ils eurent été rigoureusement exclus par Hadrien d'un séjour permanent dans la ville. Ceux qui ne pouvaient résider continuèrent à se rendre à Jérusalem lors des fêtes de pèlerinage. Rabbi Yohanan encourageait d'ailleurs fortement de tels pèlerinages. Il assurait aux visiteurs éventuels qu'en contraste avec la Jérusalem céleste qui n'est accessible qu'aux élus « quiconque veut monter à la Jérusalem

---

1 *Gittin* 55b et 57a. Cette histoire, relative aux antécédents de la destruction du Temple, est typique et montre comment d'insignifiants épisodes initiaux aboutissaient à des désastres majeurs.

terrestre peut le faire[1].» Suivant le conseil de Rabbi Yohanan, un groupe de rabbins parmi lesquels se trouvait Rabbi Akiva, s'était rendu à Jérusalem. Arrivés près du Mont des Oliviers, les hommes déchirèrent leurs vêtements. Soudain, ils virent sortir du Saint des Saints, un renard. Ils commencèrent à pleurer. Rabbi Akiva, par contre, riait.

– Pourquoi ris-tu ?, lui demandèrent-ils.

– Et vous, pourquoi pleurez-vous ?

– Comment ne pas pleurer ? Ne vois-tu pas. Le lieu à propos duquel il est écrit "et le profane qui s'approcherait serait frappé de mort[2]" est aujourd'hui foulé par des renards !

– C'est bien pour cela que je ris.

Il est écrit : « Je me fis assister de témoins dignes de foi ; d'Urie le pontife et de Zacharie fils de Berakhyahu[3]. » Or quel rapport existe-t-il entre ces deux témoins ? Urie a vécu à l'époque du Premier Temple alors que Zacharie, lui, a vécu à l'époque du Second Temple.

Le texte a volontairement relié les prophéties de ces deux personnages. Le premier a écrit : « Sion sera labourée comme un champ[4]. » Zacharie a annoncé : « De nouveau, des vieux et des vieilles seront assis sur les places de Jérusalem, tous un bâton à la main à cause de leur grand âge[5]. » Avant que la prophétie d'Urie ne se réalise, je craignais que celle de Zacharie ne trouve jamais sa réalisation. Maintenant que la prophétie d'Urie a été réalisée, il est certain que celle de Zacharie trouvera également sa réalisation. À cette réponse, les rabbins répondirent : « Akiva, tu nous a consolés[6]. »

Rabbi Yossi raconte : « Un jour, je marchais sur une route et je suis entré dans une ruine de Jérusalem pour y prier. Vint Élie le prophète qui m'attendit à la porte jusqu'à ce que j'eusse fini ma prière. À la fin de l'oraison, il me salua et me dit :

– Mon fils, pourquoi es-tu entré dans cette ruine ?

– Pour prier.

– Tu n'avais qu'à prier en route !

– J'avais peur que les passants ne m'interrompent.

---

1 *Batra*, 75b.
2 Nb. 18, 7.
3 Is. 8, 2.
4 Jér. 26, 18.
5 Zac. 8, 4.
6 *Maccot* 24b.

– Mon fils, quelle voix as-tu entendue dans cette caverne ?
– J'ai entendu une voix qui gémissait comme une colombe et qui disait : "Malheur aux enfants qui, par leurs fautes, ont causé la destruction de Ma demeure, l'incendie de Mon temple et leur exil parmi les nations."
– Chaque jour, à trois reprises, cette voix répète ce gémissement[1], s'écria le prophète Élie et il disparut. »

Malgré l'interdiction de vivre à Jérusalem, les juifs, à toutes les époques, montaient et s'installaient dans la ville sainte. Les pèlerins juifs qui sont montés à Jérusalem et l'ont vue désolée et détruite firent le vœu de ne plus manger de viande ni de boire du vin ce jour-là. Au spectacle de la ville et de son Temple[2], ils déchirèrent leurs vêtements et prononcèrent ces paroles : « Tes villes saintes sont devenues une solitude. Sion un désert, Jérusalem une ruine abandonnée. Notre saint et glorieux Temple, où te célébraient nos ancêtres, est devenu la proie des flammes : nos biens les plus chers ont été livrés à la destruction[3]. » Ils ont, par ailleurs, institué que tout juif devait opérer une double déchirure. La première en souvenir du Temple ; la seconde en souvenir de Jérusalem. Prendre le deuil pour Jérusalem est un devoir impératif. « Celui qui s'endeuille pour Jérusalem, verra sa résurrection. Quant à celui qui ne prend pas de deuil pour Jérusalem, il ne verra point sa joie[4]. »

La paix à Jérusalem

Vingt-cinq siècles se sont écoulés depuis la chute du Temple et la ruine de Jérusalem. Le 9 *Av* est devenu non seulement le jour anniversaire de ces douloureux événements mais aussi l'anniversaire de mort de tous les martyrs juifs qui ont donné leur vie pour sauver la pérennité du peuple juif. Le désir de rester attaché à ce passé inoubliable, loin d'être un élément dissolvant du judaïsme, est devenu, depuis le premier siècle de notre ère, le secret de la vitalité du judaïsme. La construction de Jérusalem est devenue l'idéal vers lequel il fallait tendre et qu'il fallait réaliser. Mentionnée plus de 600 fois dans la Bible, elle sert de point de repère national à la

1 *Berakhot* 3a.
2 *Moed-Qatan*, 26a.
3 Is. 64, 9-10.
4 *Taanit* 30b.

tradition juive. Elle représente notre âme collective. C'est elle qui unit chaque juif à son prochain.

Aujourd'hui, Jérusalem est et reste un des problèmes qui divisent Israéliens et Palestiniens. Que les Palestiniens souhaitent maintenir des liens étroits avec cette ville, plus qu'avec d'autres lieux, rien n'est plus compréhensible. Quoique son nom n'apparaisse pas une seule fois dans le Coran, Jérusalem est la troisième ville sainte de l'islam. Mais, pour les juifs, elle demeure la première, l'unique. Formons le vœu que les obstacles qui se dressent aujourd'hui en vue de trouver une solution heureuse et harmonieuse puissent un jour être levés. Que, dans les rues de Jérusalem, on voit comme le dit le prophète, « garçons et filles, remplir de leurs jeux les rues de Jérusalem, sous l'œil amusé des grands-pères et des grands-mères, chacun appuyé sur son bâton, dans les rues de Jérusalem[1] ». Je suis convaincu que, malgré les difficultés, des ponts humains peuvent être bâtis entre les deux communautés. En effet, « grande est l'importance de la paix que Dieu ne console la ville de Jérusalem que par la paix, ainsi qu'il est dit : "Je ferai affluer dans ses murs (de Jérusalem) la paix comme un fleuve[2]." »

L'histoire de Jérusalem n'est pas une histoire banale. Elle s'inscrit dans la voie tracée par les prophètes d'Israël qui faisaient de Jérusalem la ville universelle « où toutes les nations afflueront… car c'est de Sion que sort la doctrine et de Jérusalem la parole du Seigneur... Alors les peuples de leurs glaives forgeront des socs de charrue et de leurs lances des serpettes ; un peuple ne tirera plus l'épée contre un autre, et on n'apprendra plus l'art de la guerre[3]. »

---

1 Zach. 8, 4-5.
2 Is. 66, 12.
3 Is. 2, 2-5.

LE JUDAÏSME ENTRE TRADITION ET MODERNITÉ

ÉTHIQUE MÉDICALE ET JUDAÏSME

Définition

L'éthique médicale juive comprend les principes moraux qui régissent les problèmes médicaux touchant l'homme et le monde qui l'environne. Le concept de l'éthique médicale dans la tradition juive est fort ancien. Ses bases et ses principes se trouvent ancrés dans les textes bibliques et talmudiques. Nous trouvons également dans la littérature rabbinique des prises de position relatives aux différents problèmes de la médecine. Il existe une différence fondamentale entre l'éthique juive et l'éthique en général. L'éthique juive puise son essence dans la foi en Dieu et en Sa Loi. Les principes de l'éthique juive, à l'instar des principes religieux, se réfèrent aux commandements qui régissent la relation de l'homme avec son prochain et la relation de l'homme avec Dieu. Il n'y a pas, dans la vision juive, de différence entre les règles religieuses et la morale. Elles constituent, toutes les deux, une partie intégrante de la Torah.

Développement de la définition historique

Depuis le début de notre siècle, la science médicale a enregistré des progrès mécaniques et techniques si immenses qu'un grand nombre de penseurs s'inquiètent de voir sombrer les principes moraux qui régissent la fonction médicale. Les progrès techniques, le morcellement des connaissances en secteurs séparés, indépendants, l'utilisation excessive de l'esprit d'analyse risquent de faire perdre la vision de l'ensemble et de conduire à des généralisations souvent arbitraires, injustes et inhumaines, pouvant entraîner l'abandon des lois morales essentielles. Le début de notre siècle est surtout marqué par le développement d'un esprit d'utilisation immédiate et de rentabilité. Ce souci risque de menacer les lois fondamentales qui commandent la vie des sociétés humaines et de mener parfois à des situations intolérables. Aussi est-il plus nécessaire que jamais de sauvegarder l'éthique médicale, de lui rendre la place d'honneur qui lui revient dans l'exercice de la médecine et de retourner à nos sources pour nous mettre à l'écoute de Dieu et de l'homme. Pour essayer de comprendre les décisions rabbiniques prises dans ce domaine, nous avons jugé opportun de reprendre ici quelques principes éthiques qui guident les décisionnaires dans leur prise de position.

Le caractère progressif de la Halacha

La loi juive se dit en hébreu *Halacha*. Ce terme dérive du verbe hébraïque *HaLoCh* dont la signification est « marcher avec, avancer, progresser ». Ce vocable signifie que la loi juive n'est pas une loi statique. Elle évolue en tenant compte des progrès techniques. L'exemple le plus frappant est celui des transplantations cardiaques. Il y a plus d'une vingtaine d'années, très peu de greffes réussissaient, notamment celles du cœur. À l'époque, pour certains décisionnaires, ces greffes étaient considérées comme un double assassinat[1]. Aujourd'hui, grâce à la découverte de la ciclosporine et d'autres produits antirejet d'une part, et à la maîtrise des techniques sophistiquées d'autre part, ces opérations sont devenues classiques. Dès lors, le Grand Rabbinat d'Israël a autorisé, ces dernières années, la transplantation du cœur des accidentés de la route, au Centre universitaire Hadassa, à condition que la commission chargée de fixer l'heure de la mort comprenne un délégué du Grand Rabbinat et qu'au préalable le patient ait donné son accord par écrit.

Une conception unitaire : le corps et l'esprit

Un des principes de base de la médecine hébraïque est la conception unitaire de l'être humain, dont le corps et l'esprit forment un tout inséparable. Dans le judaïsme, le corps et l'âme ne font qu'un et les commandements divins s'appliquent de la même façon au corps et à l'âme. Hygiène et morale se complètent et celui qui s'intoxique par des aliments impurs altère son âme comme son corps. Ce principe

1 On diminuait la vie du donneur en prélevant son cœur alors qu'il était encore en vie et on réduisait, en même temps, la vie du receveur puisque les techniques de prélèvement, et surtout les moyens pour lutter contre le rejet, n'étaient pas encore au point.

doit également concerner l'unité du cœur et de l'esprit. Notre siècle donne la primauté à l'intelligence sur le sentiment. On veut être objectif, rationnel, froid, mais cette objectivité et cette impassibilité risquent de détruire l'humanité. L'unité du conscient et de l'inconscient est aussi prise en compte et le judaïsme refuse de voir l'homme tronqué vers le haut ou vers le bas. Il le voit dans sa totalité, entier avec son conscient et son inconscient, sa volonté et ses rêves. Ce principe concerne enfin l'unité de l'individu et de la société. Notre époque est dominée par le conflit entre l'individu et la société. Les aspirations morales semblent souvent s'opposer à la réalité de la vie sociale. Une barrière infranchissable semble se dresser entre l'idéal et la réalité. Le judaïsme veut que l'idéal et la réalité quotidienne soient conjugués. Les lois de la Torah ne doivent pas être « au ciel ou au-delà des mers », comme il est écrit, mais « dans la bouche et dans le cœur » pour être accomplies chaque jour[1]. La Torah veut une société juste sur terre.

La valeur d'une vie

Depuis toujours, le peuple juif a créé une relation étroite entre la médecine et lui. Le rêve de beaucoup de mères juives est d'avoir un fils médecin. Très souvent, les rabbins exerçaient comme profession la médecine[2]. Cet amour pour l'art de guérir n'est pas dû au hasard. Il trouve son essence dans l'importance que le judaïsme accorde à la vie[3]. Cet enseignement se trouve corroboré par un texte de la *Michna*[4]. « L'homme est chéri par (Dieu) parce qu'il a été crée à Son image ainsi qu'il est dit : Il créa l'homme à Son image et à Sa ressemblance[5]. » De ce verset, nos rabbins déduisent : « De même que l'homme ne peut pas porter atteinte à la vie de son prochain, ainsi il ne pourra pas porter atteinte à sa propre vie. » « C'est pourquoi l'homme a été créé unique, pour t'enseigner que celui qui détruit une vie est considéré comme s'il détruisait un monde entier et celui qui maintient une seule vie est comme s'il maintenait un monde entier[6]. »

Cette importance considérable accordée à la protection de la vie n'est pas sans répercussion sur la vie religieuse. En effet, certaines

1 Dt. 29, 12.
2 Maimonide et Nahmanides entre autres.
3 *Sanhedrin* 4, 5 ; *Hilchot Sanhedrin* 12, 3.
4 *Aboth*, 3, 14.
5 Gen. 9, 6.
6 *Sanhedrin* 37a.

lois religieuses sont modifiées pour tenir compte de l'importance de la vie. Rapportons ici quelques exemples de ces changements. Tout enfant juif doit être circoncis à l'âge de huit jours[1]. Cette date est impérative. C'est bien pour cela que la circoncision se fait le *Chabbath* ou un jour de fête et repousse ainsi une série de commandements. La seule raison qui permette de décaler la date de la circoncision est la raison de santé de l'enfant. « On ne circoncit pas un enfant malade. Cet enfant ne sera circoncis que lorsqu'il sera en bonne santé[2]. » Dans le Talmud, nous trouvons un principe qui ne souffre d'aucune exception. Il est permis, voire obligatoire, de profaner le *Chabbath* et de transgresser d'autres commandements pour sauver une vie humaine[3]. *Yom Kippour*, jour du pardon, est une des journées les plus sacrées du calendrier hébraïque. Durant cette journée, il est interdit de travailler et de consommer tout aliment. Toutefois, en cas de danger, il est permis de donner au malade à manger et à boire jusqu'à ce que ce que le danger soit écarté[4]. Si une femme enceinte est prise d'une envie de manger, on la nourrira selon ses besoins. La Torah ne se limite pas seulement à nous obliger à sauver une vie humaine. Elle nous indique même la façon de le faire. « Celui qui est zélé (à sauver la vie humaine) mérite des éloges[5]. » Cela signifie que même en cas de doute, il ne faut pas commencer à se poser des questions ou à hésiter. L'essentiel est d'agir le plus vite possible et de faire tout ce qui est nécessaire pour sauver la personne en danger.

Nous pouvons ainsi résumer l'approche de la Torah lorsqu'il s'agit d'un danger qui risque de porter atteinte à une être humaine : c'est une obligation sacrée de préserver la vie et toute action visant à sauvegarder la vie prend une dimension religieuse évidente ; selon la loi juive, il est obligatoire de repousser des commandements ou des interdictions qui s'opposeraient à la préservation de la vie ou qui mettent la vie d'un individu en danger ; l'action de sauver une vie est considérée comme un commandement de la Torah. Il est, de ce fait, impossible de sacrifier une seule vie humaine, dont la valeur est incommensurable. Ce principe donne également une grande place à

---

1 Gen. 18, 10-11.
2 *Yoré Déah*, § 263, 1 ; *Idem*, 262, § 2.
3 *Yoma* 92a ; Lév. 18, 5.
4 *Orah Hayym*, 617 § 2.
5 *Yoma* 84b.

ce que l'on appelle dans la tradition juive « *hayyé cha'a*[1] ». Rien ne peut permettre à un médecin de raccourcir une vie, fût ce d'un instant.

L'individu face à la collectivité

Le sauvetage de la collectivité, par contre, passe avant celui de l'individu. Il est impératif de donner la priorité absolue aux soins collectifs avant les cas individuels. Une flèche ou une grenade destinée à tuer un grand nombre de personnes peut être déviée de sa trajectoire au risque de tuer une ou deux personnes. Certains doutent cependant quant à l'application de ce principe[2]. Le rabbin Steinberg m'a raconté le cas de ce général américain qui, lors de la guerre du Golfe, se demandait s'il fallait envoyer des *Patriots* chargés de dévier la trajectoire des *Scud* irakiens qui risquaient de tomber sur l'agglomération de Tel-Aviv. Les rabbins avaient autorisé cette opération au risque de tuer des victimes innocentes dans d'autres régions où les *Scud* déviés allaient tomber. Des deux maux, on choisit le moindre. Nous avons un cas similaire qui, en son temps, a été étudié par Rabbi Chaul Israeli. C'était lors d'un attentat qui eut lieu au Liban. Quarante personnes étaient prises sous les décombres d'un bâtiment au premier étage et vingt autres dans un étage supérieur. Il s'agissait d'une voiture piégée qui avait réussi à pénétrer dans un bâtiment sous autorité israélienne. Les sauveteurs avaient le choix : soit sauver les soldats du rez-de-chaussée ou ceux de l'étage supérieur. Le sauvetage des uns devait inéluctablement causer la mort des autres. La priorité a été donnée au nombre le plus important de vies à sauver.

Le rôle du médecin

La tradition juive considère la maladie comme un scandale, une anomalie. S'efforçant de soigner une personne malade, l'homme intervient dans le plan et les actes du créateur. Où situer sa légitimité et comment concilier les conflits qui peuvent apparaître dans le respect de la tradition, notamment lorsque la loi doit être enfreinte pour sauver la vie humaine ? Un texte du *Midrach*[3] situe explicitement les enjeux d'une réflexion relative aux conditions de la pratique de l'acte médical sur l'homme.

---

1 Vie momentanée ou un instant de vie.

2 A. Steinberg, « Priorité des soins médicaux », *op. cit.*, vol. 5, p. 527, note 134.

3 *Midrach Temoura*, chapitre 2.

Accompagnés d'un inconnu, Rabbi Ismaël et Rabbi Akiba se promenaient dans les rues de Jérusalem ; ils furent accostés par un malade qui leur demanda de lui indiquer un remède pour le guérir. Ils le conseillèrent. Le compagnon de route les interpella et leur dit :

– « Qui a frappé cet homme ? »

– « Dieu », répondirent-ils.

– « Ainsi, vous, docteurs de la loi, vous vous permettez d'intervenir au regard du plan de Dieu ? Dieu a frappé cet homme et vous, vous le guérissez ? Vous violez Sa volonté ! » Les deux maîtres lui demandèrent alors : « Quel est ton métier ? » « Je travaille la terre, comme en témoigne la faucille que j'ai en main. » Ils poursuivirent l'échange :

– « Qui a créé la terre ? Le vignoble ? »

– « C'est Dieu », leur répondit-il.

– « Ainsi, toi-même, tu te mêles de ce qui ne t'appartient pas. Dieu a créé la terre et toi tu en consommes les fruits. »

– L'homme rétorqua : « Ne voyez-vous pas cette faucille ? Si je ne labourais la terre, si je ne taillais la vigne, si je ne la fumais et la sarclais, elle ne produirait rien. »

– Les rabbins lui répondirent alors : « Insensé que tu es ! Tire donc exemple de ton métier. De même qu'un arbre s'il n'est fumé, sarclé, labouré et arrosé ne survit pas et meurt, ainsi en est-il du corps humain comparable à l'arbre. Son fumier, c'est le médicament et le travailleur de la terre, c'est le médecin. » Le cultivateur se rendit à l'argument et présenta ses excuses.

De même qu'il est imparti à l'homme d'intervenir sur l'état de nature du monde pour le transformer et le porter à dimension de culture, il lui est enjoint d'être préoccupé de la santé de l'homme.

Le Rav Kook donnait un avis qui fait désormais référence : « Il semble établi que nous nous en tenons généralement à l'avis des médecins. Seulement, en cas de doute – car eux-mêmes ne peuvent pas prétendre à l'infaillibilité, puisqu'il arrive qu'en médecine une chose considérée comme absolument certaine par tel médecin ou même par la plupart d'entre eux, vienne à être réfutée par la génération suivante – l'opinion des médecins ne peut être considérée que comme hypothétique, et si l'on en tient compte pour lever les interdictions du *Kippour* et du *Chabbath*, c'est que, même en cas de doute (de danger sur la vie), toutes les interdictions de la Torah peuvent être supprimées. »

Le judaïsme concède au médecin un espace de liberté qui lui permet d'intervenir sans infraction pour autant que soient respectées les conditions qui justifient et autorisent ainsi ses pratiques lorsque les circonstances l'imposent. Il est bien évident que l'investigation dans ce champ de la tradition juive n'a pour intérêt majeur que de préciser la place fondamentale reconnue à la personne humaine et donc les obligations qui procèdent du respect inconditionnel de son existence. Parce que l'homme est détenteur de la vie, il lui doit également tout le respect. C'est dans cet ordre de perception que le médecin se doit de fonder les principes et les limites des pratiques qu'il consacre à l'homme. Tout, dans la tradition juive, contribue à rendre l'homme modeste et infiniment respectueux à l'égard de la vie qui lui est confiée, sans, pour autant, l'inciter à la neutralité ou à l'obscurantisme là où s'impose son intervention afin de la préserver.

■

Réponse à trois questions complexes d'éthique médicale

En 1976, le professeur Shim'on Glik adressa au rabbin Chlomo Zalman Oirbach trois questions se rapportant à des sujets complexes d'éthique médicale. La réponse à ces questions a été rédigée le vendredi 2 *Nissan* 5736 (printemps 1976). En raison de l'importance des sujets abordés par ces questions, il nous a paru nécessaire de traduire les questions et les réponses de l'hébreu en français et de les reproduire ici presque *in extenso*[1].

Peut-on administrer des calmants à des malades en phase terminale ?

Question :
Comment agir face à un patient atteint d'une maladie incurable, qui souffre terriblement, et qui, selon toute vraisemblance, est arrivé « au bout du chemin » en raison d'un cancer ou d'une autre maladie ?

1 Cette réponse est parue dans *Assia* 59-60, Institut Schlesinger, Jérusalem, 1997, p. 46-50.

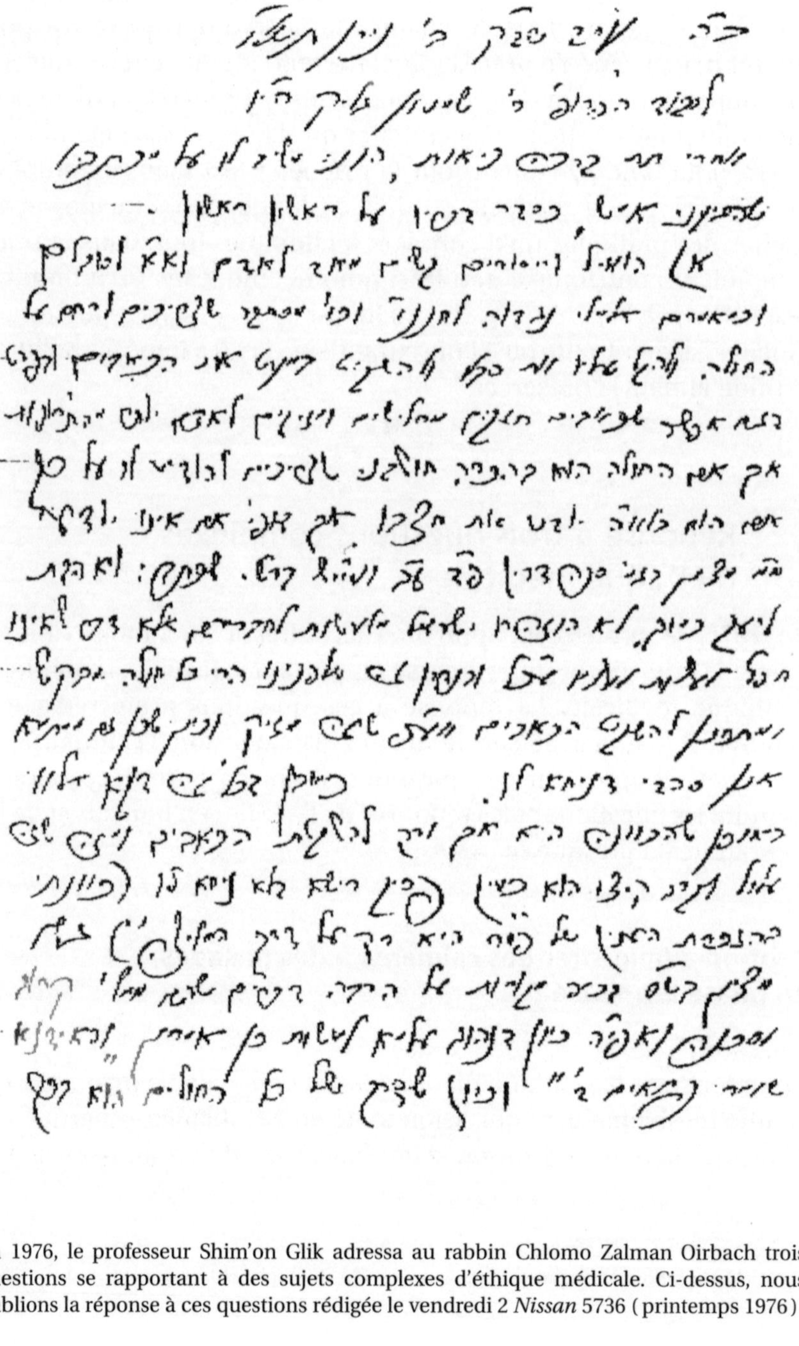

ב"ה עש"ק ב' ניסן תשל"ו

לכבוד הרב פרופ' ר' שמעון גליק הי"ו

En 1976, le professeur Shim'on Glik adressa au rabbin Chlomo Zalman Oirbach trois questions se rapportant à des sujets complexes d'éthique médicale. Ci-dessus, nous publions la réponse à ces questions rédigée le vendredi 2 *Nissan* 5736 (printemps 1976)

ישנן דוגמאות אפשר לומר רק זה גם בנוגע לשירים
שאפשר להשמיע הבמאים, וגו' ירחם.

ב) שאלה זאת הבעל פנה הרי תחת הוא בספר אף אם
גם מה יפגר המשגיח מסדרון לאיש אחד מקנה הבון ...
ייצא והוא זורז ומדקדק המואר צניעות אפשר לומר להם
בדרך הרגילה. אבל לא לעשות תחבולות ואיגוף שם
בשביל השמירה. מהבעל זה. ואם רק הסכמת וגם דומה
מבקשת את זה ואם טוב להיות בה כמו שם בהם מתחלן
בלי שום ויכוח עכשיו.

ג) כתב הכתב כרישום שאם כתוב: אם יש אחד לנדא.
מסופק על הרופאים והמשגיח ולפי סנה ורפואה אחת אין
מספיק לעניין כל זאת דוחה הספק ״תבל ולא שירים
כאילו להתחלף על שכל הישנים ואת הסיבות והכלה
– התחבורות כאן ״לא רק בתחום ״ ושין כגון
עם בחירות כמות ודומי סדר של סיפור באין הבנה
שבו וכן אין בינה ונפשה אם חושבים שבצינור של
מאוד להבין לפי זה, אולם ~~[illegible]~~ להיעדר
אפשר נשמה מחולה, לאחר שנתגלו כך ואם קצת או
שש לשנה ואם מקיימים להבא שבוע אחד כי יתכן
דחשיך באלו הראשון כבר כמו במקשה ומחולה

Est-il possible de lui administrer des piqûres qui calment la douleur et atténuent les souffrances alors que nous savons que ce traitement endort et qu'il est presque certain qu'il précipite l'heure de la mort du patient ?

Réponse :
« Étant donné que les souffrances sont insupportables pour le patient… il s'avère que l'on doit avoir pitié du malade, soulager et calmer ses douleurs. En effet, parfois des souffrances insupportables affaiblissent l'homme et lui nuisent plus que des médicaments[1]. Toutefois, si le patient est conscient, il me semble qu'il faut l'informer du traitement administré s'il sait de quoi il souffre. Et même s'il ignore la gravité de son état de santé, nous avons trouvé dans le traité *Sanhedrin* 84b le commentaire suivant de RaChI : "Tu aimeras ton prochain comme toi-même." Cela signifie : les enfants d'Israël ont reçu l'avertissement de ne rien faire à autrui de ce qu'ils ne voudraient pas qu'on fasse pour eux-mêmes. Or, dans le cas qui nous concerne, c'est bien cette situation qui se présente et tout patient supplie d'atténuer ses douleurs même si cela peut nuire à sa santé. Et puisque c'est ainsi, nous sommes témoins que c'est bien cela qu'il souhaitait. »

« Tout ce qui a été dit précédemment ne peut avoir de sens que si l'intention du médecin vise exclusivement à calmer les souffrances. Et le fait que ce traitement puisse éventuellement écourter l'espérance de vie du patient ressemble au principe talmudique "*Psik reicha dela niha leh*[2]" (conséquence involontaire). Nous avons trouvé également, dans le Talmud, un grand nombre de situations pouvant être dangereuses et, malgré cela, parce que l'usage s'est répandu d'agir ainsi, nous disons : "Et maintenant, Dieu protégera." Et étant donné que tous les malades sont soignés ainsi, il vaut mieux adopter dans le sujet qui nous concerne la même attitude et, ainsi, calmer les souffrances. Puisse Dieu avoir pitié. »

---

1 Voir les remarques de Rabbi Chlomo Zalman Oirbach sur le livre *lev Abraham*, vol. 1, p. 15. Cette même idée a été développée par Rabbi Moché Feinstein dans *Iggeroth Moché, Hochen michpath*, New York, 1982, vol. 2, chap. 73, 9.

2 L'auteur ajoute, entre parenthèses, la remarque suivante : « Mon intention en invoquant la règle du *Psik Reicha* est seulement rhétorique. » Voir Avigdor Navtseel, *Injection de calmants à des malades en danger, Assia*, New York, 1997, vol. 4, p. 260-262.

Procréation et handicap

Question :
Une femme retardée mentale s'est présentée, en compagnie de sa mère chez un médecin pour un problème endocrinien susceptible d'être la cause de son infertilité. Elle est mariée, mais des doutes pèsent quant à sa capacité de s'occuper de façon convenable d'enfants qui naîtraient de cette union. Faut-il, oui ou non, offrir à cette femme un traitement susceptible de lui donner la possibilité de tomber enceinte ?

Réponse :
« Si le mari est normal, il est tenu d'accomplir le commandement de procréer[1]. Ce qui n'est pas le cas si lui-même est arriéré mental[2]. Toutefois, selon toute logique, si un des membres du couple[3] souffre de cette situation et demande et cherche un traitement[4], nous avons le devoir de l'aider en procédant de façon normale. Nous ne devons cependant pas nous évertuer et chercher des méthodes sophistiquées telles que l'insémination artificielle du sperme du mari[5], etc. Si, par contre, la demande de traitement émane uniquement de la grand-mère ou de quelqu'un d'autre, il vaudrait mieux s'en abstenir. J'ai écrit tout cela en me basant sur la logique et sans me référer à aucune source talmudique. »

Priorité dans les soins

La troisième question aborde de façon directe, et sans faux-fuyant, le problème de la responsabilité du médecin qui a devant lui un grand nombre de malades et dont les moyens en hommes et en médicaments sont limités. Il y joint également une série de sous-questions auxquelles le médecin se trouve confronté.

---

1 Et, dans ce cas, il faut l'aider à avoir un enfant.

2 Dans le cas où tous les deux sont arriérés mentaux, il ne semble pas souhaitable, pour l'intérêt de l'enfant, que cette femme tombe enceinte.

3 Où tous les deux sont arriérés mentaux.

4 Pour avoir un enfant.

5 Nous avons posé la question suivante au professeur A. Steinberg qui a connu le rabbin Shlomo Zalman Oirbach. « Est-ce que, selon lui, le rabbin Oirbach aurait modifié son avis une trentaine d'années plus tard et aurait autorisé l'insémination artificielle qui, désormais, est pratiquée couramment dans nos hôpitaux ? » Sa réponse a été négative, parce que le rabbin Oirbach n'a jamais accepté le principe de l'insémination artificielle.

Question :
Comment nous comporter face aux cas qui se présentent à nous au quotidien et, à plus forte raison, en cas de guerre, et pour lesquels nous ne disposons pas de moyens suffisants pour nous occuper de plusieurs malades en état critique qui arriveraient au même moment ? Existe-t-il des critères à appliquer pour accorder la priorité à l'un plutôt qu'à l'autre ? Devons-nous consacrer plus de temps à un patient dont les chances de survie sont plus favorables ? L'âge a-t-il une importance quelconque dans le choix des priorités ? Est-il permis de débrancher un patient d'un respirateur artificiel pour le donner à un autre qui, lui, se trouve dans un état plus critique ou plus favorable ?

Réponse :
Au début du chapitre 328, l'auteur du « *Peri Megadim*[1] » a écrit : « Si nous nous trouvons face à un patient gravement malade et à un autre qui l'est moins et que nous ne disposons que d'une seule dose de médicament, nous devons donner la priorité à celui qui est gravement atteint. » C'est pourquoi nous devons tenir compte de la gravité du danger et des perspectives de guérison. L'âge n'est pas un critère qui entre en compte.

Pour déterminer l'ordre des priorités à appliquer, il est nécessaire de se référer au texte qui se trouve à la fin du traité *Horayoth* dans la *Michna* et la *Gemara* et qui fixe l'ordre de priorité à appliquer en cas de rachat de prisonniers ou en cas de répartition des fonds de charité. Mais il me semble que, de nos jours, il est difficile de se baser sur ces critères. Toutefois, transférer un respirateur artificiel d'un patient à un autre qui se trouve dans un état plus grave ou pour lequel il n'y a plus d'espoir de guérison me paraît être un acte douteux. Car il est possible que le premier soit considéré comme s'il avait acquis un droit sur l'appareil. De ce fait, ce patient n'est pas obligé de céder l'appareil à un autre, même si ce dernier est dans un état plus critique.

De même, si un médecin a commencé à s'occuper d'un patient en état critique, il est obligé de garder le premier patient au détriment du second alors que tous les deux sont en danger, même si la probabilité de sauver le second est plus grande. Quant au respirateur artificiel, il me semble que tout dépend de l'avis du médecin. Si la

---

1 Rabbi Joseph Teomim (Pologne et Allemagne orientale, XVIIIe siècle).

majorité des médecins considèrent que la situation devient sans espoir, il vaudrait mieux alors opérer le transfert vers le second[1]. »

À la fin des réponses données aux trois questions, le rabbin Ch. Z. Oirbach conclut sa lettre par ces mots : « Je te dirai sincèrement que je n'établis pas la loi de façon définitive car les questions posées sont très graves. Et je n'ai pas de preuves claires et évidentes. »

Aussi, sur base de cette troisième réponse donnée par le rabbin Ch. Z. Oirbach et sur base de décisions prises par un grand nombre de décisionnaires contemporains, nous pouvons résumer ainsi les principes qui régissent la priorité des soins à donner aux malades[2]. Si nous avons deux malades en danger et une seule dose de médicament pour les deux, on devrait diviser cette dose de médicament en deux parties pour que chaque patient puisse bénéficier d'une prolongation de vie, même limitée. Peut-être qu'entretemps, on pourra disposer d'autres doses de médicaments. Admettons que nous ayons un malade en danger de mort certain et un autre en danger de mort probable et que nous ne disposions que d'une seule dose de médicament. Si le médicament appartient au malade qui est en danger probable, ce dernier n'est pas obligé de s'en priver et de le donner à l'autre. Mais si le médicament appartient à un tiers, la priorité doit être donnée à celui qui est en danger de mort certaine[3]. L'âge ne doit pas être un critère de priorité dans les soins à attribuer[4]. S'il est impossible de déterminer lequel des deux patients est le plus gravement atteint, certains préconisent d'attribuer le médicament après tirage au sort[5]. Certains décisionnaires pensent que, dans les unités des soins intensifs, il conviendrait de prendre la décision de ne pas brancher un patient en phase terminale à un appareil de réanimation puisqu'il existe une probabilité certaine que d'autres patients susceptibles d'être réanimés arriveront bientôt. En effet, si

---

1 Nous retrouvons ce même avis chez un autre décisionnaire le rabbin Zalman Nehemia Goldberg, dans son *Responsa « 'Emek Halacha »*. *Cf. Assia*, 5746 (1986), p. 64-83.

2 HaTaM Sofer, *Responsa*, chapitre 338 ; MaHaRChaM, *Responsa*, vol. 6, chapitre 124 ; Dibrey Chaoul, *Yoré Déa*, chap. 394 § 3 ; Hacham Tsvi, *Responsa*, chap. 77 ; M. Feinstein, *op. cit.*, vol. 2, § 146 ; Tsits Eliezer, *op. cit.*, vol. 9, § 46 ; *Peri Megadim*, chap. 328, § 47, *littera* 1 ; Hazon Ich, commentaire sur *Baba Metsia* 62a etc.

3 E. Waldenberg, *Tsits Eliezer*, Jérusalem, vol. 9, paragraphe 28, *littera* 3, 1967.

4 M. Feinstein, *Igroth Moché*, *Hochen Michpath*, New York, 1982, vol. 2, chap. 75, *littera* 7.

5 A. Steinberg, « Priorité des soins médicaux », *op. cit.*, vol. 5, Jérusalem, 1996, p. 521, note 114.

on rattache le patient en phase terminale à un respirateur artificiel, il n'y aura éventuellement plus de place dans l'unité pour un patient qui peut être sauvé[1]. D'autres pensent encore que si un médecin a rattaché un patient en phase terminale à un respirateur artificiel alors qu'il n'aurait pas dû le faire, il est permis, dans ce cas, de débrancher le malade en phase terminale et de céder sa place à celui qui a plus de chance de survie. Dans tous les cas, il faut veiller à assurer à ce patient les soins requis et, surtout, le maximum de confort. Toutefois, si cette situation risque de porter atteinte au moral du patient en danger de mort, il est interdit de le faire sortir de l'unité des soins intensifs[2]. Pour d'autres décisionnaires, le premier a droit à tous les soins puisqu'il était là avant l'autre[3].

■

Le judaïsme face au problème de l'euthanasie

« Il est interdit de faire quoi que ce soit qui puisse hâter sa mort »

Pour le judaïsme, le respect de la vie humaine est sacré, inviolable. La vie de l'homme n'est sujette ni à être mesurée, ni à être pesée. Chaque seconde d'une vie a une valeur absolue. Un instant, une minute dans une vie sont investis d'une importance incomparable, puisqu'il suffit d'un moment de repentir complet pour permettre à l'homme de se transformer de pécheur endurci en juste parfait[4]. La vie humaine a une valeur infinie parce que l'homme est fait à l'image de Dieu.

Cette importance considérable accordée à la protection de la vie n'est pas sans répercussion sur la vie religieuse. En effet, certaines prescriptions sont modifiées, voire supprimées pour sauver une vie en danger. Rapportons-en quelques exemples. On sait l'importance du repos du *Chabbath*. *Yom Kippour*, jour du pardon, est une des journées les plus sacrées du calendrier hébraïque. Durant ces vingt-quatre heures, il est interdit, entre autres, de travailler et de consom-

---

1 E. Waldenberg, *op. cit.*, 1988, vol. 17, § 72, *littera Kaf*; Voir aussi A. Steinberg, *op. cit.*, vol. 5, p. 524, note 123.

2 A. Steinberg, « Priorité des soins médicaux », *op. cit.*, vol. 5, p. 525, note 124.

3 I. Klein, *Bichvilé Ha Réfouah*, vol. 8, 5747 (1987), p. 16 et suiv.

4 E. Gugenheim, *Les portes de la Loi*, Paris, 1982, p. 249.

mer tout aliment. Toutefois, en cas de danger, il est permis de nourrir un malade autant que cela lui sera nécessaire[1]. Nous comprenons dès lors pourquoi le mot « euthanasie » suscite l'opposition des penseurs juifs traditionnels. Le judaïsme en effet, refuse l'idée de mettre un terme à la vie, même par compassion, pour abréger les souffrances des malades.

Le droit hébraïque est contre toute forme de dépénalisation de l'euthanasie. Le *Choulhan 'Arouch* est catégorique à ce sujet : « Le moribond doit être considéré comme un être vivant… Il est interdit de faire quoi que ce soit qui puisse hâter sa mort. » La tradition juive compare l'état du moribond à la lumière tremblotante d'une bougie qu'il suffit de toucher pour qu'elle s'éteigne[2]. La Torah ne fait pas de distinction entre un enfant qui a toute la vie devant lui et un vieillard âgé.

Légaliser l'euthanasie pourrait ouvrir la porte à tous les abus. On parle d'abréger la vie par pitié. Or, la pitié est un concept ambigu. Le psychiatre Henri Baruk rappelle qu'en hébreu le mot euthanasie se traduit par « *hamatat hessed* » (mise à mort par pitié). Or en hébreu, le mot « *hessed* » a une double signification : « pitié » mais aussi « opprobre, excès de compassion irréfléchie ». Le sentiment de pitié et de compassion, affirment les rabbins du Talmud, doit être soutenu par un souci de vérité, selon l'expression classique « *hessed ve émeth* » (pitié et vérité). Or, souvent, la compassion envers la maladie cache des motifs, conscients ou inconscients, qui ne répondent pas nécessairement à la seule pitié. Parfois, des raisons d'ordre économique peuvent trouver leur expression dans une pitié déguisée. La maîtrise des dépenses en soins de santé, préconisée par certains gouvernants, risque de déboucher sur une loi qui favorise « l'euthanasie économique » et dont les premières victimes seraient les pauvres et les indigents.

Non à l'acharnement thérapeutique

Si l'euthanasie est interdite par le judaïsme, le médecin a le devoir de soulager la souffrance physique et morale des patients par tous les moyens dont il dispose. Le judaïsme invite à l'action et à la solidarité dans le malheur d'autrui. Rien ne saurait servir de prétexte à un refus

1 *Choulhan 'Arouch, Orah Hayym*, 617, 2.
2 *Idem, Yoré Déa*, 339, 1.

d'action devant la souffrance. L'acharnement thérapeutique n'est pas un devoir moral. Aider un malade à survivre, c'est un devoir ; mais maintenir en survie prolongée un mourant irrémédiablement atteint dans ses fonctions vitales, et cela à l'aide d'une médication ou d'un appareillage sophistiqué, est une prouesse scientifique, nullement une action humanitaire.

Le *Choulhan 'Arouch* explique ainsi la position du judaïsme : « S'il y a une cause quelconque qui empêche l'expiration de l'agonisant, il sera permis d'écarter cette action ; dans ce cas, il n'y a pas d'action directe qui accélère la mort, mais on ne fait qu'enlever la cause qui retarde la mort sans toucher à l'agonisant[1]. » Le judaïsme exige le droit de la personne à mourir dans la dignité, dans le calme et dans la paix sans le recours stérile à une technologie médicale de pointe. Dans tous les cas, il faut assurer au malade les éléments indispensables à la survie de tout être humain[2]. Ainsi, le développement d'institutions de soins palliatifs semble répondre à cette préoccupation. La grande majorité de nos rabbins ne voient pas dans la souffrance une valeur en soi. Nous avons le devoir de lutter contre cette souffrance. Or, précisément, les possibilités de lutte contre la douleur, dont la médecine dispose actuellement, rendent la nécessité d'une loi sur l'euthanasie superflue. Dans ce cas, une législation en la matière devient dangereuse dans la mesure où l'expérience a montré que, dans les pays où cette législation existe, il y a un très grand nombre d'abus. Montesquieu écrivait déjà que : « Lorsqu'il n'est pas nécessaire de légiférer, il est nécessaire de ne pas légiférer[3]. »

La voie, certes, n'est pas facile. Sensibles à la double tradition de respect de la vie et du soulagement de la souffrance d'autrui, nous devons nous efforcer à trouver la difficile voie qui permettrait à ces deux devoirs de s'affirmer, quand, comme c'est ici le cas, la contradiction est évidente. Nous devons faire confiance au médecin dont la vocation est de soulager la douleur et de combattre la maladie et la mort. Dans l'éthique juive, il n'y a ni chemin tout tracé ni portes grandes ouvertes. Il y a tout juste des lumières pour nous éclairer dans une nuit où guettent la souffrance, la solitude et la mort.

■

1 *Yoré Déa*, 339, 1.

2 La nourriture et la boisson par perfusion ou sonde, l'oxygène et, éventuellement, la transfusion sanguine.

3 Citation faite par le docteur André Wynen.

La transplantation d'organes dans le judaïsme

Les xénogreffes et le judaïsme

La xénogreffe désigne des transplantations d'organes, de tissus et de cellules de l'animal à l'homme. Que pense le judaïsme des xénogreffes ? Un malade peut-il vivre avec le cœur d'un babouin ou d'un cochon ? En raison de l'importance accordée à la vie[1], il semble évident que les xénogreffes ne posent aucun problème religieux. Il est permis de sauver une vie humaine grâce à la transplantation d'un organe, de tissus ou de cellules de l'animal à l'homme. D'autant plus qu'aujourd'hui, nous souffrons d'un manque chronique de donneurs d'organes. Mais cette autorisation ne doit en aucune façon permettre de faire souffrir un animal inutilement. Il est exigé de tout faire pour que l'animal éprouve le moins de douleur[2]. Le problème psychologique éprouvés par des personnes qui reçoivent dans leur corps un organe, des tissus et des cellules provenant de l'animal, les peurs et les réactions émotionnelles que la xénotransplantation peut susciter, la transmission de toute contagion de provenance animale sont des problèmes qu'il faudrait cependant résoudre avant de se lancer dans une politique élargie relative aux xénogreffes.

Transplantation d'organes : donneur vivant

Il est permis de venir au secours d'un malade en danger de mort grâce à la greffe d'un organe prélevé sur le corps d'un vivant dès lors que ce prélèvement ne met pas en danger la vie du donneur, et ce, après obtention du consentement éclairé de ce dernier. On peut ainsi, sans aucun problème, donner du sang ou de la moelle osseuse. On peut aussi prélever une partie du foie d'un adulte pour la transplanter sur un enfant qui souffre d'une insuffisance hépatique grave ou d'un cancer qui met sa vie en danger. Ces interventions rencontrent en Belgique, à l'hôpital Saint-Luc à Bruxelles, un très grand succès, surtout lorsque le donneur est le père ou la mère de l'enfant. Le foie du donneur se régénère et le patient retrouve sa santé comme auparavant. Dans le cas de la transplantation d'un rein (organe double), les avis sont partagés.

---

1 Voir le chapitre consacré à l'euthanasie.

2 Voir à ce sujet le chapitre consacré au « Judaïsme et protection des animaux ».

On trouve ceux qui interdisent la pratique parce qu'ils considèrent que le donneur se met en danger et qu'il est interdit de risquer son existence[1]. Il y a ceux qui permettent l'opération et qui considèrent ce geste comme un acte charitable[2]. Ils pensent, en effet, que le donneur ne court pas un grand risque. On compte enfin ceux qui soutiennent que c'est un commandement de venir en aide à un malade et de lui offrir son rein[3]. Le rabbin Ovadia Yossef explique que le danger est vraiment minime et qu'il ne faut pas se préoccuper du fait de vivre avec un seul rein. Si le donneur est en bonne santé, le risque futur d'avoir des problèmes rénaux est lointain.

Le judaïsme n'est cependant pas favorable à la banque d'organes. Les rabbins raisonnent de façon concrète : « Si le malade est devant nous », alors ils autorisent telle ou telle greffe. De ce fait, ils sont opposés à l'idée de voir se constituer une réserve d'organes qui, au fur et à mesure des besoins, pourraient être greffés sur l'un ou l'autre corps. Il n' y a pas, au moment du prélèvement, la notion de « *Pikouah nefech* », l'obligation de venir en aide à une personne précise qui serait en danger de mort. Toutefois, en cas de guerre ou d'épidémie, lorsque la mortalité est accrue, on peut constituer une réserve de corps à utiliser ultérieurement en arguant que, dans ce cas, il faut considérer la collectivité comme étant « devant nous ». On exige cependant, dans ces cas, l'accord préalable de la famille du défunt. Par extension, de nos jours, alors qu'on concentre les malades dans les hôpitaux et que ces hôpitaux sont en liaison les uns avec les autres par des moyens de télécommunication et de transport rapide, on peut, selon certains rabbins, considérer que les malades, hospitalisés à une cadence quasi permanente, sont « devant nous » et qu'en conséquence, on a le droit de constituer une « réserve de cadavres », une banque d'organes à greffer en vue d'une utilisation considérée comme immédiate.

---

1 *Tsits Eliezer*, vol. 9, § 45 ; *Idem*, vol. 10, § 25. Il a également écrit qu'il était interdit au médecin de faire une telle opération.

2 Ils considèrent que le danger est minime. Rabbi Moché Feinstein, *op. cit.*, *Yoré Déa*, vol. 2, § 174/4.

3 Ovadia Yossef, *Diney Israel*, vol. 7, 5736, p. 25-43 ; *Yehavvé Da'ath*, vol. 3, p. 84.

Prélèvement d'organes sur le corps d'un homme mort

Dans le judaïsme, le corps n'est pas une enveloppe dépourvue de toute sainteté. Il est doté d'une sainteté qui lui est propre[1], sainteté équivalente à celle d'un rouleau de la Torah[2]. Celui qui assiste au moment où l'agonisant rend son âme doit déchirer son vêtement comme s'il s'agissait d'un rouleau sacré qui est incinéré[3]. C'est bien pour cette raison que le prélèvement d'organes sur le corps d'un homme mort se heurte à deux interdits et à un prescrit :

– on ne peut pas tirer profit d'un cadavre[4] ;
– le cadavre ne peut être mutilé[5] ;
– le cadavre doit être enterré[6].

Toutefois, le prélèvement d'organes peut être autorisé dans certaines situations :

– s'il s'agit de sauver d'autres personnes[7]. La grande majorité des décisionnaires autorisent le prélèvement dans ce cas, puisque tous les commandements de la Torah sont repoussés devant le sauvetage de la vie ;
– si le défunt a donné son accord de son vivant[8]. Certains décisionnaires pensent qu'il est permis d'autopsier un homme qui a donné son accord de son vivant et qui a dit qu'il aimerait faire progresser ainsi les sciences médicales. Le rabbin Abraham Steinberg écrit à ce sujet : « Avant d'entamer mes études à l'École de Médecine de Jérusalem en 1966, je me suis adressé au Grand Rabbin Unterman, au Grand Rabbin Arieli et au Grand Rabbin Waldenberg. Les trois m'ont autorisé à étudier l'anatomie sur les corps de personnes qui, durant leur vie, ont émis le souhait de donner leur corps à la science. Ils ont autorisé également l'observation d'une autopsie sur un corps faite par un autre chirurgien. »

Le prélèvement peut encore se faire dans d'autres cas :

---

1 *Gecher Ha hayym*, vol. 1, chap. 1, § 1 ; Hatam Sofer, *Yoré Dé'a*, § 336.

2 *Berachoth* 18a.

3 *Chabbath* 105b ; *Moed Katan*, 25a.

4 Pour une étude complète de ce sujet, voir E. Gugenheim, *Les portes de la Loi*, p. 255 etc. ; Rachi sur *Sanhedrin*, 47b ; Rabbi Aharon Halevi (XIVe siècle), *Sefer Ha Hinouch (Le livre des 613 Commandements)*, Commandement 154, CLKH, 1974.

5 *Chabbath*, 13b ; Ovadia Yosse, *Yabbi'a omer*, vol. 3, *Yoré Dé'a*, § 23.

6 Dt. 21, 23 ; *Sanhedrin* 46b ; Talmud *Yerouchalmi Nazir*, 7a ; *Sota* 14a.

7 *Ketoubboth*, 19a ; *Sanhedrin* 74a.

8 *Encyclopédia of Jewish Medical Ethics*, Jérusalem, 1966, vol. 4, p. 575, note 245.

– s'il est impossible de déterminer autrement la cause de la mort et à condition que les faits soient établis par trois médecins spécialistes ;
– s'il y a nécessité du point de vue judiciaire[1]. Rabbi Naftali Achkenazi écrit : « Les personnes qui empêchent de telles autopsies n'agissent pas correctement. Bien au contraire, il est impératif d'aider les agents de l'État dans l'accomplissement de leur tâche » ;
– s'il s'agit de déterminer des maladies héréditaires en vue de préserver la santé des proches parents ou des enfants qui sont en vie[2].

Il est évident que, malgré tout ce qui précède, le prélèvement d'organes ne pourra être réalisé qu'à la condition expresse que les médecins qui opèrent procèdent avec le respect dû aux morts et qu'on restitue après l'opération, le corps ou les parties du corps aux fins d'enterrement.

Prélèvement d'organes et heure de la mort

Le problème du prélèvement d'organes est lié à l'heure de la mort. Le point de vue de la loi juive est très strict. La définition de l'heure de la mort admise par toutes les autorités compétentes est celle qui a été donnée par le *Hatam Sofer*[3], selon lequel la mort se reconnaît à l'absence du mouvement, des battements du cœur et de la respiration. Ces trois conditions doivent être remplies pour que le constat de décès puisse être établi. Au cours de ces dernières années, un changement capital s'est opéré et le critère de mort cérébrale s'est imposé dans certaines circonstances. À la demande du directeur général du ministère de la Santé, le Grand Rabbinat d'Israël a désigné une commission chargée d'étudier la position halachique en vue des transplantations d'organes. Cette commission composée des Grands Rabbins d'Israël et d'un nombre d'autres Grands Rabbins[4] s'est

1 *Imré Chefer*, (Venise, 1601), § 92.

2 Y. Arieli in *Noam*, 6, 5723, p. 92 et suiv.

3 Rabbi Moché Schreiber, rabbin à Presbourg dans la première moitié du XIXe siècle, auteur d'un commentaire sur le *Choulhan 'Arouch* et de nombreux *Responsa*.

4 Le Grand Rabbin Shapira, le Grand Rabbin Israéli, le Grand Rabbin Lau, le Grand Rabbin Cohen, le Grand Rabbin Chlouch, le Grand Rabbin Goldberg, ainsi que les docteurs A. Steinberg et Mordechaï Halperin. Le Grand Rabbin Waldenberg a été sollicité pour faire partie de la Commission. Mais, pour des raisons qui lui sont propres, il n'a jamais assisté ni aux réunions ni pris part aux débats.

réunie à maintes reprises. Elle a entendu les rapports des chirurgiens, des anesthésistes et des cardiologues. Les conclusions de la commission ont été présentées en plénière du Grand Rabbinat d'Israël, le 3 novembre 1986. Suite à toutes ces démarches, et aussi en raison des progrès techniques réalisés dans le domaine des transplantations cardiaques, le Grand Rabbinat d'Israël a autorisé ces opérations cardiaques au centre médical Hadassa. « En se basant sur les références talmudiques (*Yoma* 85) et sur la décision rabbinique prise par le Hatam Sofer (*Yoré Dé'ah* 335) la loi a été fixée sur base de l'arrêt de la respiration[1]. C'est pourquoi il est impératif de s'assurer qu'il y ait arrêt de la respiration de façon irréversible. Ce résultat ne peut être obtenu que par la destruction du cerveau dans sa totalité, y compris le tronc cérébral. »

C'est pourquoi le Grand Rabbinat d'Israël a fait siennes les cinq conditions exigées par le monde médical que nous reproduisons ci-dessous :

– la connaissance précise des conditions de l'accident ;
– l'arrêt définitif de la respiration naturelle ;
– l'existence des preuves cliniques détaillées prouvant la destruction du tronc cérébral ;
– l'existence de preuves objectives et la réalisation d'examens scientifiques et objectifs BAER prouvant la destruction du tronc cérébral ;
– la certitude que l'arrêt définitif de la respiration et le non-fonctionnement du tronc cérébral sont irréversibles, et ce après une attente de douze heures sous respirateur artificiel.

En plus de ces conditions communément admises, le Grand Rabbinat d'Israël a autorisé les transplantations cardiaques au centre médical Hadassa en ajoutant ses propres conditions, à savoir :

– la participation d'un délégué du Grand Rabbinat comme membre à part entière de la commission chargée de fixer l'heure de la mort ; ce délégué sera désigné par le ministère de la Santé et choisi sur une liste qui sera proposée par le Grand Rabbinat d'Israël, une fois par an ;
– la transplantation ne peut être effectuée qu'après avoir obtenu l'accord écrit préalable du patient ou de sa famille ;
– la création, par le ministère de la Santé, en collaboration avec le Grand Rabbinat d'Israël, d'une Commission supérieure chargée d'examiner tous les cas relatifs aux transplantations d'organes en Israël ;

1 Rabbi Moché Feinstein, *Iggeroth Moché, Yoré Dé'a*, vol. 3, § 132.

– l'insertion par le ministère de la Santé, de ce Règlement dans la législation nationale.

Toutes ces règles ne s'appliquent qu'aux organes sans lesquels un être humain ne peut pas rester en vie, tels que le cœur et le foie.

■

Procréation

Insémination artificielle

D'après certaines sources talmudiques, il apparaît que les rabbins avaient connaissance de la possibilité pour une femme d'être enceinte sans qu'il y ait de relations sexuelles. Dans le Talmud, traité *Haguiga*[1], on nous enseigne qu'une femme vierge peut devenir enceinte en se baignant dans une eau contenant du sperme[2]. Le *Midrach*[3] rapporte le récit de Ben Sira[4] qui était le fils de la fille du prophète Jérémie. Celle-ci s'était trempée dans un bain chaud d'où son père venait de sortir. Elle fut fécondée par la semence que son père avait laissé s'échapper dans ce bain. Toutefois, un grand nombre de décisionnaires[5] ont mis en doute l'authenticité de ce récit et n'ont pas pu se baser sur lui pour tirer des conclusions halachiques. Une

---

1 *Haguiga* 15a.

2 On a demandé à Ben Zoma : « Quel est le statut d'une jeune fille enceinte vierge qui veut se marier avec le Grand Prêtre ? » (Le Grand Prêtre n'est pas autorisé à épouser une femme qui a eu des rapports avec un autre homme. Lév. 21, 13). Doit-on prendre ou non en considération l'opinion avancée par Chemouel qui admet la possibilité de la conservation de l'hymen malgré les rapports sexuels ? Dans ce cas, nous nous trouvons face à une jeune fille vierge ayant eu des rapports sexuels avec un homme et qui de ce fait serait interdite au Grand Prêtre ? Il répondit : « L'éventualité dont fait état Chemouel est bien trop rare et l'on doit plutôt rapporter cette grossesse à une fécondation après immersion dans un bain. Dans ce cas, la jeune fille serait autorisée à épouser le Grand Prêtre puisqu'il n' y a pas eu de rapport avec quelqu'un d'autre. »

3 *Midrach Alef Beit* de Ben Sira, 10, 4.

4 Likoutéy MaHRiL (sigle de Morenou Ha Rav Jacob Halévi Mollin, décisionnaire allemand 1360-1427), chapitre 5 ; Rabbi Moché Lima (Lithuanie 1605-1658) *Helkat Mehokek, Even Ha'ezer*, 1, 8 ; Hayym David Yossef Azoulay (1724-1806), *Birkey Yossef, Even Ha'ezer*, 1, 14 ; Ytshaq Hizkiah, *Pahad Ytshaq*, (lettre b). Certains pensent que le nom Ben Zera' (fils de la semence) a été attribué à Ben Sira parce qu'il a été conçu par insémination, sans qu'il y ait eu de relations sexuelles. Mais quand il grandit, il était gêné de porter ce nom et l'a transformé en Ben Sira dont la valeur numérique des lettres est l'équivalent de *Yrmiyahou*, forme hébraïque de Jérémie.

5 Malkiel Tsvi Halévi Tenenbaum (?-1874), *Dibrey Malkiel*, vol. 4, § 107 ; Rabbi Chlomo Zalman Oirbach (?-1986) in *Noam*, 1, 5718, p. 145-166 ; *Tsists Eliezer*, vol. 9, § 51, 4.

autre source halachique, en rapport avec l'insémination artificielle, se trouve dans la *Responsa* de Rabbenou Peretz ben Eliahou qui a écrit: « Une femme n'a pas le droit de se coucher dans la litière d'un homme par crainte d'être fécondée par la semence qui aurait pu être déposée là par cet homme. Par contre, Rabbenou Peretz souligne qu'elle peut se coucher dans les draps de son mari en son absence[1]. » Ces textes ont été les premiers à envisager la possibilité d'une insémination artificielle. Ils constituent pour nous l'une des bases de la réflexion légale à ce sujet. Ils nous permettent de déduire que, du point de vue halachique, il existerait une filiation entre le père génétique et l'enfant issu de l'insémination.

D'après la grande majorité des rabbins[2], s'il est prouvé définitivement qu'aucune autre thérapeutique n'est possible et qu'au contraire cette technique a toutes les chances de réussir, dans ce cas précis, on pourrait tolérer, en dernière extrémité, le procédé d'insémination par sperme du mari. En effet, la connaissance de l'identité de l'enfant, sans aucun risque d'erreur, est vitale pour le judaïsme. C'est de cette connaissance de l'identité que dépend la pérennité du peuple juif. L'imprécision quant à l'identité de l'enfant constitue une source de problèmes graves. Certains cependant préconisent de prendre une grande quantité de sperme du mari, afin de le garder de façon utile pour s'en servir plusieurs fois jusqu'au moment où la femme tombera enceinte. Il s'agit de réduire ainsi l'émission de sperme. Il va de soi qu'aucun usage ne peut en être fait sur d'autres femmes que l'épouse[3].

Toute insémination exécutée à partir du sperme d'un donneur autre que le mari est condamnée de la manière la plus absolue[4]. Il existe cependant certains décisionnaires qui permettent l'insémination artificielle par un donneur non-juif et ce dans des situations

---

1 Y. Weiss (Manchester-Jérusalem, XXe siècle), *Minhath Ytshaq*, vol. 4, 5; *Birkey Yossef, Even Ha'ezer*, 1, 14; Ovadia Yossef (XXe siècle), *Yabbiah Omer*, vol 2, *Even Ha'ezer*, § 1.

2 R. Jacob Emden dit Yaabets (sigle de Rabbi Yaacob Ben Tsvi, 1697-1776), *Cheelath Yaabetz*, vol. 1, § 43; Aharon Walkin (?-1932), *Zekan Aharon*, vol. 2, § 97; *Minhath Ytshaq*, vol. 1, 50; *Yabbiah Omer*, vol. 2, *Even Ha 'Ezer*, § 1; Rabbi Zalman Oirbach in *Noam*, 5718, p. 145-166; Moché Feinstein (1895-1986), *Iggroth Moché, Even Ha 'Ezer*, vol. 1, § 71; vol. 2, § 11 et 18; vol. 4, § 32, *littera;* H. Yéhiel Yaacob Weinberg (1885-1966), *Sridé Ech*, vol. 3, § 5.

3 M. Drori in *Tehoumin*, 1, 5740, p. 288; A.Ts. Rabinovitch in *Tehoumin*, 2, 5741, p. 511.

4 Ovadia Hadaya (?-1931), *Yaskil abdi*, vol. 5, *Even Ha 'Ezer* § 10; *Tsits Eliezer*, vol. 13, § 97, etc.

exceptionnelles[1]. Dans ce cas, l'enfant qui naîtrait de cette insémination est juif comme sa mère, et ne nécessite aucune conversion. Si la mère est Cohen ou Lévi, l'enfant suit son statut. Le mari, cependant, doit respecter un délai de trois mois sans relations avec son épouse pour qu'il n'y ait pas de confusion au niveau de la paternité.

Avortement

Dans le judaïsme, l'avortement est considéré comme une absurdité fondamentale et refuser d'avoir des enfants ou avorter, c'est aller à l'encontre de l'histoire et diminuer les chances messianiques. Le texte fondamental de la littérature talmudique, auquel il faut nécessairement se référer, et qui traite directement du problème qui nous concerne, se trouve dans la *Michna*[2] :

« Si une femme a un accouchement difficile, on a le droit de couper l'enfant dans son sein, membre par membre, car la vie de la mère l'emporte sur celle de l'enfant. Si la plus grande partie de l'enfant est sortie, on ne le touchera plus car on ne repousse pas une vie devant une autre vie. »

Ce texte met en relief le caractère de l'enfant dans le sein maternel : être nouveau, différent, que nous n'avons pas le droit de supprimer mais dont la vie est moins sacrée cependant que celle de sa mère[3].

Maimonide, de son côté, écrit : « Cela aussi fait partie des défenses de la Torah de ne pas épargner la vie de l'agresseur. C'est pourquoi les sages ont enseigné qu'il est permis, dans le cas d'un accouchement difficile, de supprimer le fœtus dans le sein maternel, soit par des médicaments, soit membre par membre, parce qu'il est semblable à un agresseur qui menace la vie de la mère. Mais dès que la tête est sortie, on ne le touche point, car on ne repousse pas une vie devant une autre vie[4]... » Maimonide introduit dans la législation juive la notion d'agresseur pour autoriser l'avortement thérapeutique. Il sera permis de provoquer un avortement thérapeutique

---

1 Rabbi Zalman Oirbach, in *Noam, op. cit.* ; *Iggeroth Moché Even Ha ezer*, vol. 1, § 71 ; *Idem*, vol. 2, § 11 et 18 ; *Idem, Even Ha 'Ezer*, vol. 4, § 32, *lettera* 5.

2 *Oholoth* 7, 6.

3 E. Gugenheim, *Les portes de la Loi*, Paris, 1982, p. 239.

4 *Hilkhoth Rotseah* 1, 9.

jusqu'au moment de la naissance, si la vie de la mère est en jeu. Certaines autorités rabbiniques ont étendu l'autorisation de l'avortement thérapeutique chaque fois que la santé de la mère l'exigeait, lorsque cette dernière risquait, par exemple, de faire une dépression très grave[1]. On ne pourra cependant jamais évoquer des raisons économiques ou sociales, des raisons de convenances personnelles, des raisons morales.

Le cas d'une adolescente pose le problème du danger qu'une mineure risque de courir suite à cette grossesse. Il est indéniable qu'indirectement, si l'obsession d'une telle naissance peut avoir des répercussions graves sur l'équilibre physique ou psychique de la mère, cette donnée devrait être prise en considération[2]. Ainsi donc, il n'existe pas de système absolu qui permette de grouper en catégories précises ce qui est autorisé ou interdit ; la seule indication légitime restant toujours la vie ou la santé de la mère.

Les manipulations génétiques

Depuis quelques années, les prouesses technologiques en biologie et en génétique moléculaire font que la biologie et la médecine vivent des moments historiques. Ces fulgurantes avancées des sciences de la vie permettent de donner à l'homme la maîtrise de la reproduction, la maîtrise de l'hérédité, la maîtrise du système nerveux. On peut aujourd'hui prévoir certaines maladies génétiques ou certaines malformations, et ce à un stade très précoce du développement de l'embryon. On peut également, grâce aux manipulations génétiques, intégrer dans le chromosome humain un gène exogène sain et fonctionnel (thérapie génique) ou corriger un gène défectueux (mutagénèse dirigée *in vitro*). Cet essor fantastique de la biologie suscite beaucoup d'espoirs en médecine, tant prédictive que curative. Mais cette révolution biologique peut engendrer des problèmes redoutables :

– les procréations médicalement assistées risquent de brouiller les notions de filiation et d'engendrer des milliers d'embryons dont l'existence même pose un problème de conscience non seulement dans le domaine de la morale, mais aussi du droit ;

1 *Ahiezer*, 3, chap. 2 ; *Tsits Eliezer*, vol. 9, N° 51. *Cf.* E. Gugenheim, *op. cit.*, p. 243.
2 E. Gugenheim, *Les portes de la Loi, op. cit.*, p. 245.

– le diagnostic prénatal peut aboutir à une tentation d'eugénisme, avec la possibilité de sélectionner et de fournir des enfants « à la carte », pour des parents qui souhaiteraient, par exemple, un enfant du sexe masculin, aux cheveux blonds et aux yeux bleus ;
– les manipulations génétiques, véritable chirurgie plastique des gènes, risquent de modifier le patrimoine héréditaire des individus, quand les gènes manipulés sont des gènes provenant de cellules germinales, et d'être une menace pour les libertés et la survie de l'espèce humaine.

Des garde-fous sont devenus nécessaires afin d'établir un code de conduite pour limiter les dérives. Cela semble d'autant plus nécessaire que la science va plus vite que la morale et le droit.

Les greffes intercerébrales

Les greffes intracérébrales de tissus mésencéphaliques viables d'embryons et de fœtus de six à neuf semaines pour expérimentation chez plusieurs malades parkinsoniens posent le problème suivant. Peut-on utiliser des tissus d'embryons et de fœtus suite à une interruption volontaire de grossesse entre six et neuf semaines ?

Si nous lions les deux problèmes et faisons dépendre le prélèvement de tissus mésencéphaliques viables d'embryons de l'interruption de la grossesse, ce prélèvement doit être interdit parce qu'il risque de devenir la cause de l'interruption. Si, par contre, nous considérons les deux problèmes indépendants et que la femme qui a décidé d'interrompre volontairement sa grossesse le fera dans tous les cas, alors le fœtus pourrait servir à soulager la maladie de certains patients et leur permettre de retrouver une vie normale. D'autant plus que les résultats obtenus dans certains pays sont excellents. Il est évident que, dans ce cas, il faut s'entourer de toutes les précautions éthiques. Parmi celles-ci, nous pouvons citer notamment quelques une des règles d'éthiques que NECTAR (Network of European Cns Transplantation and Restoration) a publié dans le *Journal of Neurology* :
– les tissus pour les transplantations expérimentales ou cliniques ne peuvent être obtenus qu'à partir d'embryons ou de fœtus morts ;
– il n'est pas permis de garder artificiellement des embryons vivants dans le but de procéder des prélèvements ultérieurs ;
– l'avortement ne peut être induit à des fins de greffe, même si les patients qui en bénéficieront sont atteints de maladie dramatique ;
– la décision d'avorter doit précéder toute discussion quant à l'utilisation potentielle du fœtus ;

– il ne peut y avoir de lien entre le donneur et le receveur, ni désignation du receveur par le donneur;
– la procédure ou le planning de l'avortement ne peuvent être influencés par les nécessités d'une activité de transplantation;
– l'obtention d'embryons de fœtus ou de leurs tissus ne peut engendrer ni profit ni rémunération;
– le tissu fœtal doit être traité avec le même respect que celui qui entoure les autres tissus provenant de cadavres humains...

Les greffes intracérébrales n'entament en rien la croyance en un Créateur du monde, et de l'humanité. Cette technologie, comme toute autre technologie moderne de reproduction, ne fonctionne que sur base de facteurs déjà existants dans la nature de la création. Dans la vision juive du monde, l'homme est autorisé, et même obligé, de construire et de développer le monde dans toutes les directions qu'il juge favorables à l'humanité. Ainsi, clairement, aucune activité qui contribue à faire avancer l'humanité, ne peut être considérée comme entrant en contradiction avec les décrets de Dieu. Au contraire, il s'agit là d'un partenariat utile entre Dieu et les hommes. De plus, cette technologie ne détruit en rien la création, à condition que ses applications soient limitées à des domaines bénéfiques pour l'humanité et que toute autre évolution soit rigoureusement contrôlée et interdite. C'est bien pour cette raison que nous devons, avant de donner une grande impulsion à ces découvertes scientifiques, lutter contre les dérives qui risquent d'êtres mortelles pour l'humanité. Je songe, entre autres dérives, au développement de méthodes eugéniques, telle que la création d'êtres humains identiques, aux mains de dictateurs comme Hitler, Kadafi, Saddam Hussein ou à la création de groupes humains d'apparence et de personnalité identiques, qui compromettraient l'unicité et l'individualité de chaque homme. Parions sur l'homme et faisons lui confiance. Soulageons ses misères tout en étant conscients que « science sans conscience n'est que ruine de l'âme ».

■

Quelques questions...

Le secret médical

Le secret médical doit être absolu. Il doit recouvrir l'entendu et le sous-entendu. Il repose sur la nécessité d'inspirer une confiance totale, d'assurer une entière sécurité à ceux dont les médecins doivent être les confidents. Le secret ne peut être détourné de sa fonction. Il ne peut être un bouclier permettant au médecin d'échapper à ses responsabilités professionnelles. Le secret professionnel s'étend à tout. Cependant, conscient de l'importance du secret médical, le médecin doit tout faire pour que le secret ne se retourne pas contre la société ou contre le patient.

Aussi, le secret médical peut être levé

- avec le consentement du patient ;
- lorsqu'il s'agit de défendre les intérêts du patient ;
- lorsqu'une tierce personne, bien déterminée[1], risque de subir un préjudice corporel, financier ou spirituel grave en raison de la non-violation du secret médical ;
- lorsqu'il s'agit de livrer des informations à la justice pouvant aider à empêcher des actes de violence (terrorisme, attentats)[2].

Pour illustrer nos propos reprenons ici certains cas particuliers[3]. « Quel doit être le comportement d'un médecin traitant face à un conducteur de tram de quarante ans présentant des crises d'épilepsie inconnues de l'employeur, mais connues de lui ? » Ou encore : « Quel doit être le comportement d'un médecin face à un patient atteint du sida qui exige de lui de ne pas révéler le diagnostic à son (sa) partenaire ? »

Malgré l'importance capitale accordée par le judaïsme au secret professionnel, la loi juive reconnaît qu'il doit y avoir des exceptions. Le respect de la vie privée et l'inviolabilité du secret médical ne doivent pas passer avant la protection des vies humaines et la sécurité des autres. L'obligation de protéger la vie des autres oblige le médecin à prendre les mesures qu'il estime nécessaires pour éliminer tout danger. Le médecin doit certainement informer l'employeur que le conducteur est inapte à conduire. Le secret médical doit être gardé quant à la nature de la maladie. L'employeur ne doit pas savoir de quelle maladie souffre son employé mais doit être au courant du fait que l'état de santé du conducteur est incompatible avec la conduite d'un tramway. Dans le second cas, la même réponse s'impose. Nul n'a le droit de mettre en danger la vie des autres. Toutefois, avant de révéler le diagnostic au partenaire, le médecin doit tout

---

1 Il ne faut pas que le risque soit un risque général qui viserait la société dans sa globalité.

2 A. Steinberg, *Secret médical* in *op. cit*, 1994, vol. 4, p. 627.

3 Voir A. Guigui, *La santé face aux droits de l'homme, à l'éthique et aux morales. 120 cas pratiques*, Éd. du Conseil de l'Europe, Strasbourg, 1996, p. 278-282.

entreprendre pour que cette révélation se fasse par le patient lui-même et éviter ainsi d'enfreindre le respect du secret médical.

A-t-on l'obligation de sauver un malade contre sa volonté ?

« Vous ferez très attention à vous-mêmes. » Ce verset biblique[1] nous enseigne que tout malade doit chercher à se soigner et à ne pas se laisser mourir. Celui qui ne le fait pas transgresse le verset biblique : « Votre sang, je le réclamerai de vous[2]. » De son côté, le médecin a le devoir de soigner. Il doit tout entreprendre pour sauver un être qui est en danger. On n'est pas maître de son corps et on ne peut, en aucune façon, renoncer volontairement à vivre. Dans les cas pathologiques évidents que les médecins maîtrisent de façon certaine, on oblige le patient à subir un traitement pour sauver sa vie. On ne tient pas compte de sa volonté[3].

Cependant, pour obliger un malade à subir un traitement, il faut que les trois conditions suivantes soient remplies :
– que ce soit une maladie bien connue des médecins et dont le diagnostic est certain ;
– que les médecins disposent d'un traitement efficace pour l'enrayer ;
– qu'il s'agisse d'une maladie grave qui peut mettre en danger la vie du patient.

Dans tous les cas, il faut, avant d'entreprendre l'opération, essayer de persuader le patient que son intérêt passe par ce traitement.

Le rabbin A. Steinberg nous raconta le récit suivant : « Une femme atteinte de diabète aigu refusait de subir une amputation de la jambe. Elle ne voulait pas, une fois morte, arriver dans l'au-delà avec une seule jambe. Devant son refus catégorique, on fit appel au Grand Rabbin d'Israël, le rabbin Bakchi Doron. Le Grand Rabbin se rendit en hélicoptère, un vendredi après-midi, quelques heures avant l'entrée du *Chabbath,* auprès de cette femme. Il lui a expliqué qu'il n y avait aucune relation entre l'amputation de sa jambe et le monde à venir et que, dans ce dernier, elle retrouverait ses deux jambes. La femme, convaincue, a été opérée quelques heures plus tard. »

---

1 Dt. 4, 15.

2 Gen. 9, 5.

3 Ces éléments de réponse se trouvent dans une *responsa* célèbre de Rabbi Yaacob Emden (dit Yaavets 1697-1776), dans son ouvrage *Mor U Ktsi'a « Orah Hayym »*, Altona, paragraphe 328, 5536 (1776).

Si les conditions précitées ne sont pas remplies, les décisionnaires de notre génération reconnaissent au patient le droit de disposer de son corps. Ainsi Rabbi Moché Feinstein[1] a écrit : « Si un patient nécessite une intervention chirurgicale et qu'il y a une majorité de médecins[2] qui plaident pour cette intervention, il faut intervenir même contre la volonté du patient. Cependant, cette intervention ne peut être possible qu'à la seule condition que les médecins soient certains qu'une telle opération ne puisse causer un danger plus grave. » Ainsi, selon cette décision, il faut non seulement tenir compte du nombre majoritaire des médecins mais aussi des répercussions négatives qui pourraient découler de l'intervention. D'autres décisionnaires pensent que, si après l'intervention, le patient risque de continuer à souffrir de telle sorte que s'il en avait été informé, il n'aurait pas donné son accord, il ne faudrait pas forcer le patient à subir l'intervention.

Pour illustrer nos propos, rapportons ici des extraits d'une *responsa* donnée par Rabbi Chlomo Zalman Oirbach à une question qui lui a été posée par l'auteur du *Nichmath Abraham*[3]. « Un patient, âgé de cinquante ans, souffre d'un diabète aigu avec des complications telles que la cécité et l'insuffisance rénale. Ce patient a déjà subi une amputation de la jambe droite gangrenée. À présent, il se trouve à l'hôpital avec la seconde jambe gangrenée. Les médecins internistes et les chirurgiens, après consultation, pensaient que le patient risquait de mourir dans quelques jours si on ne lui amputait pas la seconde jambe. D'un autre côté, l'intervention chirurgicale n'était pas sans risques. Et même si l'opération devait réussir et que la vie du patient allait être prolongée, l'intervention ne constituait pas un remède contre sa maladie. Le patient a refusé l'intervention en raison de la peur suscitée par les interventions et les suites opératoires. À cela s'ajoutait le fait qu'il ne voulait plus vivre amputé des deux jambes. Dans ce cas, le rabbin Oirbach a décidé de ne pas procéder à cette opération contraire à la volonté du patient. Il

---

1 Cette réponse a paru dans *Piské Din, Réfua U Michpath* (aspects législatifs), Jérusalem, 1989, p. 101 et 102.

2 Certains pensent qu'il faudrait les 2/3 comme c'est le cas dans une autre réponse parue dans *Chvouth Yaacob* de Rabbi Yaacob Reicher, Prague, vol. 3, paragraphe 75, année 5493 (1733). D'autres considèrent que la majorité absolue (51 %) suffit.

3 Abraham Sofer Abraham, *Principes qui régissent les médecins, la médecine et les malades, Yoré Déah*, Éd. Wagshal, Jérusalem, Éd Wagshal 5743 (1981), 151, 1-2, p. 47-48. Cet ouvrage contribue de façon importante à la structuration des problèmes médicaux actuels vus d'après la *Halacha*.

s'agissait, en effet, d'une opération lourde et dangereuse qui ne ferait qu'augmenter la souffrance du patient sans le guérir totalement. Par contre, si le patient décidait volontairement de subir l'intervention, toutes les interdictions de la Torah pourraient être transgressées en cas de besoin pour sauver sa vie. Certains décisionnaires pensent qu'étant donné que les avis des médecins sont rarement catégoriques, il conviendrait de ne pas forcer le malade à subir un traitement sans son consentement, sauf s'il y a vraiment un danger de mort[1].

L'homme peut-il mettre sa vie en danger potentiel pour sauver un être humain ?

La Torah insiste sur le devoir de venir en aide à celui qui se trouve dans la détresse ou en danger de mort quand on a la possibilité de le sauver. « Tu ne dois pas rester impassible devant le sang de ton frère[2]. » De ce verset, nos sages déduisent l'enseignement suivant : « Quiconque a la possibilité de sauver un être humain et ne le fait pas, est considéré comme un meurtrier. » Ce commandement s'adresse autant au médecin qu'à toute personne susceptible d'aider un homme en danger de mort. La nature du danger peut être médicale et faire intervenir préférentiellement le médecin ou être de caractère plus général et concerner tout un chacun[3]. Il est obligatoire de sauver autrui soit directement, soit indirectement, par exemple par son argent. La victime remboursera – s'il le faut – par la suite les frais exposés pour son sauvetage.

Sauver une vie humaine est plus important que l'étude de la Torah. Dans le Talmud, les rabbins se posent la question suivante : « Qu'appelle-t-on un pieux fou ? Un homme pieux qui se trouve près d'une piscine et qui, voyant une femme se noyer, se dit : "Il s'agit d'une femme. Or, il est interdit de la regarder en la sauvant et ainsi il reste passif[4]." Cet homme est passible de mort. Ou encore, un homme qui voit un enfant se noyer et, comme il est en prière, il préfère ne pas agir[5]. » Souvent, le sauvetage d'une vie peut entraîner

1 A. Steinberg, *L'acceptation volontaire, op. cit.*, vol. 2, p. 30, notes 86 et 87.

2 Lév. 19, 16.

3 *Sanhedrin* 83a ; Maimonide, *Michné Tora, Hilchoth Rotséah Uchmirath Hanefech*, chap. I, §§ 14-16 ; *Choulhan 'Arouch, Hochen Michpath*, 426.

4 *Sota* 21b.

5 *Sota*, chapitre 3, *Halacha* 4.

certains risques pour les sauveteurs. Dans le cas où il y a danger, l'homme a-t-il le devoir de venir en aide à son prochain en risquant sa propre vie ? Cette question a préoccupé un grand nombre de décisionnaires. Tout dépend de la situation et il est important de peser le pour et le contre. Il ne faut pas trop veiller à sa propre personne car celui qui sauve une vie humaine est considéré comme s'il sauvait l'humanité entière[1].

Le fait de donner de son vivant un de ses organes pour le transplanter dans le corps de son prochain, est-ce une obligation ou non ? Le RaDBaZ[2], dans une de ses *responsa* aborde cette question. Quel devrait être le comportement d'un juif à qui l'autorité régnante proposerait l'alternative suivante : « On te prélève un membre dont l'amputation ne cause pas ta mort ou l'on tue l'un de tes coreligionnaires » ? Il est écrit : « Ses voies sont des voies de douceur[3]. » Aussi, faut-il que nos principes religieux concordent avec la logique et la raison. Comment peut-on concevoir qu'il soit permis d'aveugler quelqu'un ou de lui amputer une jambe ou un bras pour ne pas tuer son prochain ? Je ne vois pas de raison à cela si ce n'est un excès de religiosité. Heureux l'homme qui peut atteindre ce niveau. Toutefois, si l'homme court un danger de mort, cet homme est un pieux excessif. »

Cette réponse constitue une des composantes centrales, dans les diverses discussions entre les décisionnaires de notre génération, quant au principe de transplantation d'organes, notamment celui d'un rein prélevé sur un donneur vivant. Ce principe fondamental qui a été posé par le RaDBaZ et qui stipule que les paroles de la Torah sont des paroles de douceur et que toutes ses règles doivent être conformes à la raison doit nous servir de guide dans toutes les décisions et les résolutions. Mais l'utilisation de ce principe doit être faite avec beaucoup de prudence et de sagacité, en tenant compte de tous les impératifs fixés par la Torah. Bien qu'il ait été établi qu'il ne pouvait être question de sacrifier sa vie au bénéfice de celle d'autrui, cela n'implique pas, pour autant, que le risque encouru lors du sauvetage soit un motif de non-assistance.

Quelle est donc l'attitude halachique face au sauvetage à risque ?

---

1 Rabbi Yehiel Michael Epstein, *'Arouch Ha Choulhan, Hochen Michpath*, 426, 4 : Rabbi Ovadia Yossef, *Yehavvé Da'ath*, Jérusalem, 1980, vol. 3, p. 84.

2 RaDBaZ, *Chéeloth U Tchuvoth*, Jérusalem, 1980, 5633 (1873), vol. 3, p. 52.

3 Prov. 3, 17.

Trois opinions s'affrontent sur ce point, qui préconisent :
- l'obligation absolue d'assistance[1] ;
- l'obligation en fonction des risques encourus[2] ;
- l'interdiction d'assistance s'il existe un danger réel pour la vie du sauveteur[3].

Un médecin doit-il prendre des risques ?

Quel doit être le statut du médecin face à la prise de risque ? Doit-il être considéré comme tout être humain et, de ce fait, devons-nous lui appliquer les règles communément admises ? Ou, au contraire, la prise de risque chez le médecin fait-elle partie intégrante de l'exercice de sa profession ? Avant de répondre à ces questions, il nous semble important d'examiner ici comment le judaïsme perçoit le comportement du médecin vis-à-vis du patient. Pour ce faire, rapportons ici un extrait du *Choulhan 'Arouch*[4] : « Le médecin a le devoir de soigner. S'il refuse de le faire, il est considéré comme s'il versait le sang. Même, s'il y a d'autres médecins, il est interdit de ne pas répondre à l'appel d'un patient. » Cette règle montre bien l'importance de la confiance que le malade met en son médecin et des liens personnels qui se tissent entre le médecin et son patient. L'obligation de s'occuper d'un patient ne doit souffrir d'aucune exception. Que le malade soit riche ou pauvre, il a droit au traitement requis sans aucune discrimination. Cette obligation de soigner trouve son essence dans le verset biblique : « Il ne faut pas rester impassible devant le sang de ton frère[5]. »

Le Talmud[6] pose la question suivante : « D'où apprend-on que celui qui voit son prochain se noyer dans le fleuve, une bête sauvage

---

1 Rabbi Yossef Caro, *Kessef Michné, Hilchoth Rotseah*, 1, 14 ; *Havvoth Yair*, Worms, § 146, année 5462 (1702) ; Abraham Ytshaq Hacohen Kook (1865-1935), *Michpath Cohen*, Jérusalem, § 143 ; A. Steinberg, *Doit-on se mettre en danger pour sauver autrui ?* in *op. cit.*, vol. 5, p. 10, notes 43 et 44.

2 A. Steinberg, *Le malade* in *op. cit.*, vol. 2, p. 447-448 ; *Idem*, *Les fêtes et les jeûnes*, vol. 3, p. 516-517.

3 Rav Moché Feinstein, *Igroth Moché, Yoré Déa*, New York, 1982, vol. 2, § 174 ; Maharam Chik commentaire sur *Le livre des 613 commandements, Mitswa n° 238* ; Rabbin Naftali Bar Illan, *Au sujet de celui qui donne son cœur ou son foie pour transplantation* in *Assia*, Jérusalem, vol. 7, 5754 (1994), p. 177-187.

4 *Yoré dé'a* 336, 1.

5 Lév. 19,16 ; *Baba Kama* 81b ; *Sanhedrin* 83a.

6 *Sanhedrin*, 73a.

le traîner ou des brigands l'attaquer, doit le sauver? De ce qui est écrit: "Tu ne resteras pas passif alors que le sang de ton prochain coule[1]." » L'obligation de sauver son prochain a été également déduite du principe halachique: « De restituer au prochain sa *perte*[2]. » Dans ce cas, le mot « perte » se rapporte non seulement à l'objet perdu par son prochain mais également à ce qu'il a de plus cher: « sa santé ». Cet enseignement fait partie du commentaire du verset: « Et tu le lui rendras[3]. » Nous sommes tenus de soigner le patient qui se trouve en danger[4]. Nahmanides[5], qui a exercé la profession de médecin, écrit: « Sauver la vie d'une personne en danger est une *mitsva* importante. Et celui qui est zélé à accomplir ce commandement a le plus de mérite. Tout médecin a le devoir de soigner. Et s'il s'abstient de le faire, il est considéré comme s'il versait le sang[6]. »

Plus que tout homme, le médecin doit aider le patient qui se trouve en danger et même si ce patient est contagieux[7]. De l'avis de tous les décisionnaires[8], il est permis au médecin de se mettre en danger probable pour soigner un patient. Le statut du médecin diffère d'une personne normale. Dans son livre *Nichmath kol haï*[9], Rabbi Hayym Palachi parle de médecins qui s'occupent de malades en période d'épidémie. Certaines personnes voulaient empêcher ces médecins de se rendre à la synagogue pour ne pas contaminer les autres fidèles. Ainsi, le débat soulevé ne concernait qu'un seul point. Fallait-il, oui ou non, permettre à ces médecins l'accès du lieu de culte ? Il n'a jamais été question d'interdire aux médecins de soigner les patients contaminés.

Le Rav Waldenberg[10] rapporte dans son ouvrage *Tsits Eliezer* un autre argument autorisant le médecin à prendre soin des patients contaminés, même s'il y a, pour lui un risque de contamination. Pour ce décisionnaire, c'est l'essence même de l'exercice de la

---

1 Lév. 19, 16.

2 Dt. 22, 1-3.

3 Dt. 22, 2.

4 Commentaire de la *Michna Nédarim*, 4, 4.

5 Rabbi Moshé Ben Nahman connu sous le sigle de *RaMBaN*, mort en 1270, célèbre exégète et cabaliste ayant vécu en Espagne puis en Israël.

6 *Yoma* 8, 5.

7 *Tsits Eliezer*, chap. 15, § 38.

8 Rabbi Moché Isserles, § 19.

9 Tome 2, § 49.

10 Chapitre 9, § 17/5.

fonction du médecin. Et ce n'est qu'ainsi que le médecin accomplit sa tâche. Il arrive à la conclusion qu'il est non seulement permis mais obligatoire de prendre certains risques lorsque l'on s'occupe de malades. « De tout ce qui a été dit, il apparaît clairement qu'il est permis au médecin de prendre certains risques pour soigner des malades atteints de maladies contagieuses. Cette prise de risque est considérée comme un grand mérite. »

EN GUISE DE CONCLUSION

Éthique et liberté[1]

Si j'avais à définir en une phrase l'éthique juive, je reprendrai cette définition qui a été donnée par Hillel, il y a plus de deux mille ans. À qui lui demandait comment il résumerait l'essentiel du judaïsme en une phrase, Hillel, un des grands maîtres du judaïsme, répondit, citant le chapitre 19 du Lévitique, comme l'évoque aussi l'Évangile selon Matthieu : « Ne fais pas à autrui ce que tu ne voudrais pas qu'on te fît[2]. Aime ton prochain comme toi-même[3]. » De son côté, le philosophe contemporain Emmanuel Levinas résumait l'éthique en disant : « Le Moi devant autrui est infiniment responsable. »

Dans la pratique, quels sont les principes qui fondent les aspects de l'éthique juive ? Pour répondre à cette question, j'évoquerai la fidélité, la tolérance, la solidarité et la responsabilité.

– Fidélité à une morale qui trouve ses origines dans le Décalogue et le Pentateuque et qui est universelle.

– Fidélité à une foi monothéiste qui implique la fraternité de tous les

---

1 Allocution prononcée à Bruxelles, au Cercle royal gaulois le lundi 25 mars 1997.

2 Pourquoi Hillel adopte-t-il la forme négative ? En effet, le commandement d'aimer son prochain pose problème. Si l'on définit l'amour comme un sentiment profond, comment peut-on demander à quelqu'un d'aimer ? Les sentiments, les émotions peuvent-ils être maîtrisés par les individus ? L'homme peut-il les canaliser selon son bon vouloir ? C'est pour résoudre cette difficulté que ce commandement d'amour prend dans la bouche de Hillel une forme négative. « Ce que tu détestes pour toi-même, ne le fais pas à ton prochain. C'est là toute la loi. À présent, va étudier. » (*Chabbath*, 31a). La formulation négative de Hillel est présentée dans le Code de Maimonide sous une forme positive : « Fais aux autres ce que tu voudrais qu'ils te fassent. » (*Hilchot Avelout*, 14, 1). Pour une étude approfondie de ce thème, voir notre article « Aimer son ennemi » paru dans *Le loup de Gubbio. Aimer mes ennemis ?*, Racine – Fidélité, 2001, p. 57-79.

3 Lév. 19, 18.

hommes, comme le rappelle l'affirmation du prophète Malachie gravée au tympan du porche de la Grande Synagogue de Bruxelles : « N'avons-nous pas tous un même père ? Un même Dieu ne nous a-t-il pas créés[1] ? »

– Fidélité à la mémoire de toutes les victimes des persécutions et à celles de nos concitoyens de toute appartenance philosophique ou religieuse qui ont risqué – et ont souvent perdu – leur vie pour offrir un asile et un appui à ceux qui étaient persécutés. Permettez-moi, ici, de rendre hommage à tous ceux et à toutes celles qui, au péril de leur vie, ont gardé et sauvé des juifs pendant la tourmente. À ces justes, je voudrais dire aujourd'hui : la communauté juive vous est éternellement reconnaissante.

– Fidélité au devoir civique qui assure la sauvegarde de nos libertés. Un des officiers tués par l'ennemi au premier jour de la guerre appartenait à la communauté juive. Il en est de même du dernier aviateur, membre de la section belge de la Royal Air Force qui tomba dans le Limbourg au retour d'une mission.

La fidélité au souvenir, exprimée sous le vocable « *zachor* », est un commandement qu'on retrouve près de deux cents fois dans la Bible. Le portail du Mémorial aux Justes, sauveurs des juifs persécutés, le Yad Vachem, qui surplombe une colline de Jérusalem, rappelle cette citation hassidique : « C'est dans le souvenir que réside le secret de la rédemption[2]. »

La tolérance

Mais si la fidélité est orientée vers le passé, la tolérance qui, d'une manière générale et à des degrés divers, caractérise notre société et répond à une très ancienne tradition juive s'inscrit, elle, dans le présent. Dieu, en créant le premier homme et en faisant de lui son partenaire, a donné l'illustration la plus parfaite de la notion de tolérance. Grâce à son intelligence, l'homme peut agir sur le monde et sur la nature. Il peut la modifier et la métamorphoser. Or, pour ce faire, Dieu a renoncé à une partie de Sa toute-puissance au profit de Sa créature, laquelle peut progresser par un effort de volonté.

1 Mal. 2, 10.
2 Rabbi Nahman de Bratslav.

Le prophète Isaïe[1] décrit la présence divine comme « remplissant l'univers tout entier ». Or, si la présence divine remplit l'univers, comment peut-il y avoir place pour l'homme ? Comment expliquer le processus de la création de l'espace vide ? C'est ce que l'on appelle, dans la tradition cabalistique, la notion de « *tsimtsum* ». Ce terme désigne la contraction de la divinité sur elle-même, contraction qui eut pour effet de dégager un certain espace intermédiaire. Dieu s'est replié sur lui-même pour laisser la place à l'homme.

Deux fois de suite, à l'origine de la création, Dieu inaugure ses rapports avec l'univers par un acte de générosité absolue. Il se replie sur lui-même, faisant don de Son Être aux hommes, et cet acte d'abnégation produisit l'espace. Puis, il renonce une seconde fois à une partie de Sa toute-puissance, en accordant la liberté aux hommes afin qu'ils puissent agir dans ce monde. C'est bien là le sens de la tolérance : laisser de la place à l'autre pour qu'il vive avec moi. Réduire mon espace pour permettre à l'autre d'être lui-même. Partager mon espace pour permettre à l'autre de vivre à côté. Mais la tolérance commence par le respect de l'autre, son acceptation tel qu'il est. On lit dans le traité *Aboth*[2] : « Que l'honneur de ton prochain te soit aussi cher que le tien. » Et, dans le premier livre des Rois[3], nous trouvons cette belle invocation du roi Salomon, gravée sur l'Arche sainte de la Grande Synagogue de Bruxelles : « Tu entendras la prière de l'étranger et Tu feras tout ce dont il T'implorera. » Le concept de tolérance s'applique même à l'adversaire. Nous lisons dans le livre des Proverbes : « Si ton ennemi a faim, donne-lui à manger ; s'il a soif, donne-lui à boire[4]. »

Dans la culture judéo-chrétienne dans laquelle baigne notre pays et toute l'Europe occidentale, un grand nombre de règles, qui trouvent leur origine dans les textes bibliques ont été intégrées dans le fonds commun de notre civilisation. Nous nous efforcerons de faire référence à quelques prescriptions qui sont à la base de la vie affective et sociale de nos fidèles. Dans la tradition juive, la notion de tolérance conduit tout naturellement aux concepts de solidarité, de justice et de liberté.

---

1 Is. 6, 30.

2 *Traité des Pères* 2, 15.

3 I Rois 8, 41-43.

4 Prov. 25, 21.

La solidarité

La solidarité doit se manifester envers tous les hommes sans distinction. Le Lévitique[1] enseigne que « si un étranger vient séjourner dans votre pays, il sera pour vous comme un compatriote. Vous l'aimerez comme l'un des vôtres. Vous vous souviendrez que vous avez été étrangers dans le pays d'Égypte ». Cet étranger, nous devons porter attention à lui. Plutôt que de l'absorber, nous l'encourageons à se vouloir fidèle à lui-même. Ainsi, au lieu de faire de l'étranger le reflet de mon moi, je l'accepte tel qu'il est, espérant recevoir un fragment de sa connaissance, une étincelle de sa flamme, attendant seulement de lui qu'il respecte les règles civiques et sociales de notre vie commune. C'est bien cette idée qui a été développée par le professeur Vladimir Jankelevitch dans une conférence faite à l'Unesco sous le titre « Religion et tolérance ». Cette idée a été reprise brillamment par le baron Jean Bloch, président du Consistoire central israélite de Belgique[2] lors d'une réunion pluraliste à Anvers à laquelle participèrent aussi le cardinal Danneels, primat de Belgique et Daniel Vanescote, président du Synode protestant ainsi que le président de l'Humanistisch Verbond. Voici cette phrase : « La séparation n'est pas un pis-aller dont il faudrait seulement s'accommoder. Elle ouvre la voie à une autre communication – à l'amour – inconcevable sans la séparation des êtres. La tolérance fraye la voie à cet amour. »

Mais si le judaïsme enseigne la tolérance et l'amour du prochain, il n'implique nullement une passivité coupable devant l'injustice, l'immoralité et les abus du pouvoir. Le prophète Nathan ne tolère pas l'acte de David envers Urie. Amoureux de Bethsabée qui attendait un enfant de lui, David donna l'ordre de placer Urie, son mari, à l'endroit le plus exposé d'une bataille, afin qu'il soit tué. Nathan ne craignit pas de reprocher ce meurtre à David. Il le fit au moyen d'une parabole : « Il y avait, lui dit-il, deux hommes ; l'un, très riche, qui possédait un nombreux bétail, et l'autre, qui ne possédait qu'une seule brebis. Or, recevant un visiteur et voulant lui offrir un repas, l'homme riche fit tuer, non pas une de ses bêtes, mais la brebis du pauvre. David s'indigna :

---

1 Lév. 19, 33-34.

2 Le baron Jean Bloch est né à Bruxelles le 4 octobre 1913. Il y est décédé le 30 mars 2002. Il est issu d'une famille d'origine alsacienne, établie en Belgique depuis le début du XXe siècle. Ce fut une figure de proue qui s'est illustrée de façon remarquable à la tête des institutions juives, des organisations liées à la défense ainsi que des formations à vocation politique, stratégique, éthique et littéraires belges et anglaises.

– Par le Dieu vivant, cet homme mérite la mort.

Et Nathan lui dit :

– Cet homme, c'est toi ! »

Après lui avoir fait ainsi prendre conscience de son crime, Nathan lui annonça le châtiment que lui infligeait Dieu : la mort de ce première enfant, né dans l'adultère mais, en raison de son repentir sincère, le deuxième enfant qu'il aurait de Bethsabée – Salomon – vivrait et lui succéderait. Le prophète Élie, quant à lui, réprouve vigoureusement l'attitude d'Achab et de Jézabel qui s'accaparent du champ appartenant à Naboth. Le judaïsme va plus loin. Au-delà de la tolérance, il prône le droit à la différence pour tous. L'amour du prochain revêt un caractère universel. Le prophète Isaïe unit dans une bénédiction commune l'Égypte, l'Assyrie et Israël : « Bénis soient l'Égypte mon peuple, l'Assyrie, l'œuvre de mes mains et Israël, mon héritage[1]. »

La justice

La fidélité du judaïsme à ses textes fondamentaux, rassemblés dans le Pentateuque, implique un attachement inconditionnel à la justice. Le professeur Chaïm Perelman[2], titulaire à l'Université libre de Bruxelles qui allait devenir président de la Société internationale de Philosophie, a écrit au cours de la Seconde Guerre mondiale, dans la clandestinité de la résistance, une étude terminée le 1er août 1944 et publiée après la Libération par l'Institut de Sociologie Solvay à Bruxelles. Cette étude, intitulée *De la justice*, conclut par ces termes : « Tout système de justice devrait ne pas perdre de vue sa propre imperfection et qu'une justice imparfaite sans charité n'est pas de la justice. » Mais à quel type de justice faisait-il allusion ? Dans la tradition juive, un même vocable hébreu, la *Tsedaka*, traduit les notions de justice et de charité. La *Tsedaka* fait penser à la justice mais, en même temps, à plus que la justice, à une justice élargie. Ce mot, dont la signification est justice-charité, témoigne de cette idée que

---

1 Is. 19, 24-25.

2 1912-1984. Il fut le créateur et l'animateur du Centre national des Recherches et de Logique connu à l'étranger sous le nom de l'École de Bruxelles et qui publiera sous sa direction, une série d'ouvrages collectifs. Deux œuvres retracent l'évolution de la pensée de Pereleman depuis son essai *De la justice*. Ce sont : *Logique juridique. Nouvelle rhétorique* (Paris, Dolloz, 1976) et *Traité de l'Argumentation, la nouvelle rhétorique* (Éd. de l'ULB, Bruxelles, 1970). Il a gravé, sur les insignes de son titre de baron, le verset biblique : « *Tsedek, tesedk, tirdof* » (La justice, la justice, tu poursuivras).

l'assistance aux pauvres était un acte de justice. La justice sociale est une des manifestations les plus efficaces de la solidarité. Le Pentateuque assure ce droit à la veuve, à l'orphelin et aux indigents. La Bible en donne de nombreux exemples mais peut-être le livre de Ruth en offre-t-il une image particulièrement émouvante : « Laissez-la glaner même entre les gerbes et ne l'humiliez pas, dit Booz. Ayez même soin de laisser tomber de vos gerbes des épis que vous abandonnerez pour qu'elle les ramasse ; gardez-vous de lui parler avec dureté[1]. »

La tolérance implique aussi le droit de tous à la liberté. Cette liberté est exprimée dans le Lévitique : « Ils sont mes serviteurs[2] » et non les serviteurs des serviteurs, ajoute un commentateur. L'historien Flavius Josèphe[3] rapporte que les zélotes avaient une passion invincible pour la liberté. Au XIe siècle, évoquant une certaine liberté de pensée, le théologien et moraliste juif Bahya Ibn Paquda[4] écrit que : « Celui qui est capable de faire des recherches sur des thèmes philosophiques par des méthodes rationnelles peut et doit le faire. » Et, au Moyen Âge, le philosophe Joseph Albo[5] écrit : « Il est clair qu'il est loisible à tout homme intelligent d'interpréter les textes bibliques

---

1 Ruth 2, 15-16.

2 Lév. 25, 42.

3 Historien juif (vers 38 - vers 100), général de l'armée, il participa aux guerres des juifs contre Rome (66-70) dont il fit le récit, après la reddition, devenant de la sorte l'une des figures les plus illustres de la littérature juive hellénistique. Il écrivit quatre ouvrages qui ont traversé le temps. Deux sont des témoignages historiques : *La Guerre des juifs* et les *Antiquités juives*. Les deux autres ouvrages sont essentiellement polémiques : *Contre Apion* et son *Autobiographie*. C'est à Flavius Josèphe que l'on est redevable de l'unique témoignage oculaire portant sur la fin de l'État juif antique, ainsi que des informations précieuses, à la fois sur son histoire politique et sociale et sur celle de l'Empire romain.

4 Bahya Ben Yossef Ibn Paquda (XIe siècle). Philosophe juif d'Espagne. On ne sait presque rien de sa vie, hormis qu'il a été juge rabbinique. L'ouvrage qui lui a valu une place de choix parmi les penseurs juifs médiévaux est son *Hovoth ha-levavoth (Les devoirs des cœurs)*, publié en arabe en 1080 et traduit en hébreu par Yehouda Ibn Tibbon (1161). En 1947, André Chouraqui le traduisit en français. Bahya Ibn Paquda pense que la vie religieuse peut être comprise comme axée vers deux directions : celle de l'application des *mistvoth* (le *chabbath*, les fêtes, les lois alimentaires) et celle des « devoirs du cœur », qui concernent la vie intérieure de l'individu, en exigeant qu'une profonde spiritualité soit cultivée et exercée. Ce deuxième aspect de la vie religieuse n'était pas moins important que le premier, selon Bahya.

5 Philosophe juif (1360-1444) ayant vécu en Espagne. Les connaissances d'Albo couvraient tous les domaines de la pensée juive, tant biblique que rabbinique et philosophique. Il était également versé en philosophie islamique et en scolastique chrétienne, notamment au travers des écrits de Thomas d'Aquin. Au plan philosophique, Albo est surtout connu pour son *Sefer Ha Iqqarim* (*Livre des principes*), ouvrage où il expose les enseignements fondamentaux du judaïsme.

en fonction de la vérité telle qu'il la conçoit.» Il n'y a donc pas de délit d'opinion dans la loi juive.

Mais la véritable essence de la tolérance s'exprime dans le dialogue. C'est bien cette idée que nous retrouvons chez le philosophe Jean Wahl dans ses études kirkegaardiennes: «Il est une condition préliminaire au dialogue, comme à tout acte de connaissance, c'est que je m'assume moi-même. Le dialogue n'est possible que si je ne me rends coupable, en face d'autrui, ni d'hostilité, ni de démission. Si je lui présente ma face et les profondeurs de mon regard.» C'est ce que Emmanuel Levinas appelle «l'épiphanie de l'autre».

La responsabilité

La manifestation de la fidélité, de la tolérance et de la solidarité vont nous permettre d'exercer nos responsabilités à l'égard de nos concitoyens et des générations à venir, tant en ce qui concerne la transmission de nos valeurs que dans la confrontation avec des problèmes nouveaux. Sous ce dernier aspect, la loi juive, désignée par le vocable *Halacha*, qui étymologiquement signifie «progression», permet à son application d'évoluer en fonction des progrès scientifiques et techniques[1].

Un des nouveaux domaines lié à l'avenir immédiat de l'homme est celui des technobiologies. Une préoccupation constante du judaïsme – comme d'autres familles de pensée – est d'assurer le respect de l'éthique médicale face à ces problèmes nouveaux. Un des fondements de la conception du judaïsme, quant à la médecine, est le caractère unitaire de l'être humain qui est appréhendé dans sa totalité, avec son conscient et son inconscient, sa volonté et ses rêves. L'hygiène de vie, la prévention des maladies, le respect et la sauvegarde de la vie humaine sont les seuls buts assignés à la médecine. Dans ce cadre, le médecin jouit d'un espace de liberté qui lui permet d'agir, même en infraction avec certaines prescriptions religieuses, pour autant que soient respectées les conditions inéluctables de la primauté de la personne humaine et du respect qui lui est dû. C'est bien pour cette raison que le Conseil de l'Europe vient de publier toute une série d'ouvrages collectifs parmi lesquels nous

---

1 Voir le chapitre consacré à l'éthique médicale.

avons choisi quelques titres significatifs. En premier, *La santé face aux droits de l'homme, à l'éthique et aux morales*[1], ouvrage qui a regroupé des médecins et des hommes de foi pour tracer ensemble les contours d'une éthique médicale respectueuse de toutes les tendances philosophiques et religieuses. Toujours dans le même esprit, et ce afin de favoriser la connaissance de l'autre et le respect de son identité, le Conseil de l'Europe a publié en 2002 un ouvrage intitulé : *Éthique et médecine des catastrophes*. Face à des situations de catastrophes (tremblement de terre, explosions, irradiations, attentats, etc.) caractérisées par l'inadéquation des moyens avec les besoins, les médecins se trouvent confrontés à d'importants problèmes humains et éthiques, liés aux circonstances dramatiques d'urgence et de nécessité. Orientés vers la réflexion, la pédagogie et l'action, ces ouvrages interdisciplinaires s'adressent à tous les acteurs de la santé, membres de comités d'éthique, responsables d'association, juristes, philosophes, théologiens, sociologues et patients. Ils décrivent les réponses du droit international, de l'éthique et des morales religieuses et agnostiques aux questions posées.

J'aimerais terminer en reprenant cette réflexion d'un penseur américain imprégné de la Bible qui fut, au XIXe siècle, un des inspirateurs de la société pluraliste des États-Unis et qui, me semble-t-il, résume en elle l'essence de l'éthique juive. Je le cite :

« Donne-moi ta main.
Cela ne signifie pas : partage toutes mes opinions.
Cela ne signifie pas non plus que je vais partager toutes les tiennes.
Je ne veux pas non plus me mesurer à toi.
Je ne te demande que d'aimer Dieu et les hommes.
Donne-moi ta main. »

1 Éd. du Conseil de l'Europe, 1996.

TABLE DES MATIÈRES

Achevé d'imprimer le 10 septembre 2004
sur les presses de l'imprimerie Chauveheid à Stavelot